国家安全译丛
NATIONAL SECURITY

第二辑

秘密与泄密
美国国家保密的困境

SECRETS AND LEAKS
The Dilemma of State Secrecy

[美] 拉胡尔·赛加尔 著
Rahul Sagar

钟紫凡 译

金城出版社
GOLD WALL PRESS

北京·2022

Secrets and Leaks: The Dilemma of State Secrecy
Copyright © 2016 by Rahul Sagar
Original English edition published by Princeton University Press
Simplified Chinese Translation Copyright © 2022 by GOLD WALL PRESS Co., Ltd.
This Simplified Chinese language edition published by agreement with Princeton University Press through Bardon-Chinese Media Agency.
All rights reserved.

一切权利归金城出版社有限公司所有，未经合法授权，严禁以任何方式使用。

图书在版编目（CIP）数据

秘密与泄密：美国国家保密的困境 /（美）拉胡尔·赛加尔著；钟紫凡译 .— 北京：金城出版社有限公司，2022.7
书名原文：Secrets and Leaks: The Dilemma of State Secrecy
ISBN 978-7-5155-2032-2

Ⅰ.①秘… Ⅱ.①拉… ②钟… Ⅲ.①保密—研究—美国 Ⅳ.① D771.235

中国版本图书馆 CIP 数据核字（2020）第 111944 号

秘密与泄密：美国国家保密的困境
MIMI YU XIEMI：MEIGUO GUOJIA BAOMI DE KUNJING

著　　者	[美] 拉胡尔·赛加尔	
译　　者	钟紫凡	
丛书策划	朱策英	
责任编辑	李凯丽	
责任校对	李明辉	
责任印制	李仕杰	
开　　本	710 毫米 × 1000 毫米　1/16	
印　　张	19	
字　　数	280 千字	
版　　次	2022 年 7 月第 1 版	
印　　次	2022 年 7 月第 1 次	
印　　刷	天津旭丰源印刷有限公司	
书　　号	ISBN 978-7-5155-2032-2	
定　　价	78.00 元	

出版发行	金城出版社有限公司　北京市朝阳区利泽东二路 3 号（100102）
发 行 部	（010）84254364
编 辑 部	（010）84250838
总 编 室	（010）64228516
网　　址	http://www.jccb.com.cn
电子邮箱	jinchengchuban@163.com
法律顾问	北京市安理律师事务所　18911105819

因为事情通常是：人们在避免一种不利的同时，难免遭到另一种不利。但是，谨慎在于能够认识各种不利的性质，进而选择害处最少的作为最佳的途径。

——马基雅维利：《君主论》第 21 章

目 录

前　言		i
序　章	黄雀在后	1
第一章	问题所在 ——如何监管国家保密？	17
第二章	我们应该依靠法官吗？ ——透明度与司法尊重问题	65
第三章	我们应该依靠国会吗？ ——监管与行政特权问题	101
第四章	法律应该赦免未经授权披露吗？ ——火警式监督与合法性问题	129
第五章	我们应该依靠吹哨人吗？ ——违抗与报复问题	159

第六章	我们应该相信泄密者吗？	
	——匿名线人与监管问题	189
结 语	一剂苦药	223

致　谢	251
参考文献	256
英汉对照表	280

前　言

本书是我对国家保密（state secrecy）问题长期思考的结果。撰写这本书的起因十分偶然，当时我正在采访一位高级别国家安全领域的官员，讨论发展核武器计划背后的原因。那位官员略带戏剧性地指着桌子上的一份文件说："你想要的答案在这里，但我不能和你分享。"谈话就这样戛然而止。

这一幕促使我开始去思考一个问题——公民应当如何去监督国家保密面纱后的重大决定。我希望民主理论（democratic theory）能给我一个可靠的答案。然而，我的研究却得出了一个令人不安的结论。无论我们建立多么严格的制衡机制，总有一些权威人士（例如官员、立法者、法官或仲裁员）对秘密行为拥有无需审查的最终决定权。因此，当我提出"谁能监督这些权威人士"这一问题时，答案十分显而易见：没有人能承担起这个角色。

当我为这个难题感到困惑时，"9·11"事件发生了。关于美国武力反击的争论甚嚣尘上，其中包括秘密进行许多反击，或基于秘密情报进行反击。随后关于秘密监狱和非常规引渡的新闻报道使我更加清楚，实际上，未经授权披露（unauthorized disclosures）使公众至少对官员的所作所为有了朦胧的印象。由于此途径有效地分散而不是集中了披露涉密信息的权力，使得官员们很难掩盖自己的不当行为。

不久后，伊拉克战争爆发，维基解密网站成立，我的调查研究再次被各种事件打断。这些事态的发展揭示了未经授权披露的阴暗面,即这种途径可能会被狂热分子和党派分子滥用。现在,争论的最后一部分已经就位。认识到未经授权披露是一把双刃剑,使我看到民主制度防止国家保密滥用的手段,并非正式的权力制衡,而是更多地依赖紧握法律的个人的善恶。

本书招致政界广泛的批评。左翼的批评人士认为,本书令人反感,因为它否定了这样一种观点——政府雇员和新闻界人士在法律上,甚至是在道德上有权在合适的时候披露涉密信息。而我的观点是未经授权披露只有在暴露严重的不当行为时才正当合法,这被视为过度尊重行政权力。相反,右翼的批评人士则认为本书内容浅显,借用撒切尔夫人(Margaret Thatcher)的话说,仅仅是雨过地皮湿罢了。我认为,在某些情况下,未经授权披露可能在道德上是合乎情理的——这种想法被认为对行政机构的权力构成了危险的挑战。

我详述了自己思想的演变,目的是要传达撰写本书的理念体系,显然批评者并不认同。在思考国家保密对民主构成的挑战时,我一直在认真地、诚实地审视相互竞争的价值观和利益以及制度限制。在这种情况下,我发现自己与那些认为某一价值(隐私、安全、良心或表达)神圣不可侵犯的人产生分歧,也就不足为奇了。我不为让他们失望而感到抱歉。

我认真对待的另一种批评是:本书中提出的一些建议模棱两可,含糊不清。例如,本书建议我们与现状和平共处,只有当我们目睹太多或太少的秘密披露时,才去加强行政官员保守秘密的权力,或者让新闻界拥有发表这些秘密的自由。埃里克·波斯纳(Eric Posner)抱怨道,"很难准确解析这一切意味着什么",因为"一个人的大出血对另一个人可能意味着涓涓细流"。[1]

这种抱怨是合理的。但我想强调的是,这里的含糊其辞是有意为之。制定更严苛的道德准则并不难。例如,如果行政机构对新闻界采取法律行动,因为后者揭露了政府正在秘密监视一位负责审理国家安全案件的法官这一事实,那么公众就会惊慌失措。然而,在现实中,这在很大程度上取决于具体情况——如果法官有向外国势力传递信息的嫌疑，那又该如何？这种对具体情况的依赖，就是我没有充分阐释一些道德准则的原因。我将自己限制在识别重要的价值观念上，并展示了平衡这些价值观念有多困难，我将之留给读者，让其将判断标准应用于特定案例。

第三种批评与爱德华·斯诺登（Edward Snowden）的爆料有关。一些批评家想知道为什么本书没有讨论这个突出的案例。答案很简单，在斯诺登行动之前，本书已经出版。此后，我在一系列文章中谈到了斯诺登一案。[2] 现在让我简要地总结一下我的看法。[3]

本书认为，只有在政府雇员披露的涉密信息揭露了政府滥用公共权力的行为（被理解为违法的），这种举措才是正当的。雇员必须在有明确和令人信服证据的基础上进行披露，由此产生的后果不应给国家安全造成不成比例的负担。特别是，该雇员应采取最温和的披露手段，即应通过限制披露的范围和规模，仅公开能够让监督者和公民获得其为了履行宪法规定的职责而需要的内容，将对国家安全的危害降至最低。上述情况是基于一个共同的原则：某雇员代表公民公开涉密信息的行为，并没有得到公民的授权，实际上是违法的。因此，她的正当理由是不充分的，其行动必须相应地适度。

人们有时会错误地认为，美国宪法第一修正案（First Amendment）允许记者公布任何落入他们手中的涉密信息。事实上，《美国法典》（United States Code）第18篇第798条（a）款特别规定了披露通信情报的处罚，因为这种披露不可避免会暴露监控手段，从而更大程度地损害情报搜集。因此，决定违反第798条（a）款并因此给国家安全带来负担的记者或出版商，承担一系列明确的道德义务。其中最主要的一项义务是，记者或出版商应当在公布秘密之前主动接触行政机构，以便使其为反对公开披露涉密信息提供理由，并且万一有几个不相关的任务依赖新闻报道将披露的手段时，行政机构可以采取预防性的国家安全措施。

我认为斯诺登和格伦·格林沃尔德（Glenn Greenwald）的行为不符

合上述标准,其中有三个明显缺陷。首先,斯诺登和格林沃尔德在缺乏政府滥用职权证据的情况下继续进行调查。他们意识到,三个政府分支都批准了存在问题的国内外通信监控计划。他们无视这些机构的决定,认为公众应该知情。然而,公开透明(transparency)只是民主的核心价值之一。为了确保其他重要的公共问题,在必要时议员有权授权保密。例如,议员可能授权官员窃听欧洲领导人的谈话,以揭露他们在防止核扩散等重要外交举措上的两面派行为。

在这里,有人可能会提出异议,认为斯诺登和格林沃尔德只是向公民通报了他们以个人名义的所作所为。但这种观点是本末倒置的:我们允许议员使用保密制度,恰恰是因为我们认识到,公开讨论窃听计划只会弄巧成拙。我们继续回到上面提到的案例,假设接下来公开辩论的结果是公民支持政府窃听涉嫌秘密允许核扩散的欧洲官员,但猫已经从袋子里放出来了,要如何继续进行这一计划?在这里,我们看到未经授权披露实际上是限制而非促进了民主选择。

第二个缺陷与信息披露不均有关。尽管国家安全局的国内监控计划被外国情报监视法庭认定是合法的,但我们可以认为,缺乏获取国内元数据的公开辩论为斯诺登和格林沃尔德披露这一特定计划提供了正当理由。可即便如此,我们也很难证明他们披露国内监控手段这一行为是正当的,因为这些手段可以帮助我们搜集情报,了解斯诺登和格林沃尔德可能也认为合法的目标,即美国国内的恐怖阴谋。

更难以理解的是,披露外国监控手段(如在常用硬件和软件中部署"后门")的目的是什么。显然,其目的是提醒全世界的各国和个人,国家安全局对他们的隐私构成威胁。斯诺登和格林沃尔德此后一直鼓励各国开发新的通信基础设施,使其通信不必经过美国,并敦促个人使用加密技术,停止使用与国家安全局合作的公司提供的服务。但这种方法忽略了一点:如果通信渠道不受监视,那么这些渠道不仅会被异见者使用,也会被恐怖分子所掌握。这就是为什么国家安全局必须使用一切可用的手段来破解新的通信渠道。否则在发生通过这些信息渠道而造成的恐怖袭击后,他们可能会被指控玩忽职守。

第三个缺陷与披露方式有关。如前所述,鉴于公布通信情报具有独特的敏感性和受限于特定的法律规定,媒体组织向政府预告他们即将发布的新闻是一种惯例,为了让行政机构能够提出反对该披露的理由。斯诺登和格林沃尔德试图破坏这一惯例。据报道,斯诺登向《华盛顿邮报》透露了一些涉密信息,当《华盛顿邮报》就报道的合法性征求意见时,斯诺登变得"怒不可遏"。[4]然后他找到了格林沃尔德,后者在没有得到政府首肯的情况下向《卫报》施加压力,要求其公布这些信息。

格林沃尔德对这一立场的解释是,"第四权(fourth estate,新闻界的别称)的理念是,那些行使最大权力的人需要受到敌对反击和坚持公开透明的挑战"。[5]当这种敌对主义(adversarialism)导致明显的不当行为被揭露时,是可以理解的。这里的案例是关于阿布格莱布监狱虐囚事件的报道,这是在美国驻伊拉克军事人员受到报复威胁的情况下发表的。然而,在本案例中,鉴于美国国家安全局的计划不是非法或滥用的,格林沃尔德对自己的"敌对主义"的赞美可以被视为一种不耐烦情绪的升温。按照他的说法,当记者们遵循发布前通报政府的惯例时,他们就放弃了自己的监督角色(watchdog role)——他将这种行为描述为"受恐惧驱使的谄媚新闻"。[6]但这种惯例的存在是有原因的。记者并不总是了解全局(big picture),比如在什么地方出于何种目的使用了哪些监控手段。他们没有足够的理由来声称,没有证据能够表明一个特定的信息披露会造成伤害——美国国家安全局无意公开声明披露信息 A 和信息 B 会使它失去情报 X 或情报 Y。就此而言,恐怖组织和敌对国家也不想承认自己曾被欺骗过。

综上所述,我得出结论,斯诺登和格林沃尔德的行事方式很难被证明是正当的。他们的立场是教条主义的,视隐私和公开透明为王牌(trumps)。他们还对经民主选举产生的官员的权威和宪法规定的程序,特别是三权分立所产生的监督职能,表现出过分的蔑视。在某些情况下,道德绝对主义是正当的。但相信真理只站在一边往往是意识形态人士或狂热者的特点。

让我以思考本书对民主理论意味着什么来结束这篇前言。一项文献调查表明对国家保密的主要回应是挥手示意，通常是敦促提高透明度和加强监督。这一目标随后未能实现则归因于实际的制约因素——公民的懒惰或轻信，以及行政人员的恶意。这些指控或许有一定的道理，但想要解决一个长期存在的问题，至关重要的一点在于：只要某个权威机构对哪些信息被保密或公开拥有最终决定权，那获取信息的渠道就**永远**是不平等的。这一事实意味着当代对政府公开透明的追求注定会举步维艰，这使得民主理论成为打击国家保密滥用的蹩脚指南。

我们对许多重要决定的评估和理解将不得不依赖公众监督和审议之外的其他东西，这一事实促使我们对政治制度和实践进行更有创造性和更审慎的思考。例如，我们为塑造未来所作的努力，可以通过唤醒被当代民主理论所忽视的理念（例如荣誉和信仰）和机构（例如顾问和内阁）来获得更好的服务。当我们既不能统治自己，也不能袖手旁观那些以我们的名义去实现统治的人，如果我们希望在许多时刻得到更好的管理，如何选择、培养和间接监督那些领导者——这是我们必须致力于实现的任务。

〖注释〗

[1] Eric A. Posner, "Before You Reboot the NSA, Think About This," *New Republic*, November 6, 2013.

[2] Rahul Sagar, "Against Moral Absolutism: Surveillance and Disclosure After Snowden," *Ethics and International Affairs*, 29, no. 2 (2015); "Democratic Platitudes: A Response to Steve Vladeck," *Just Security*, Feb 21, 2014; "Who Watches the Watchers?–A Rejoinder to Steve Vladeck," *Just Security*, March 3, 2014; "Why We Should Watch Out for the Watchmen of Government Secrecy," *CNN*, December 2, 2013; "Whistle-blowers and Democracy: A Reply to Archon Fung," *Boston Review*, July 15, 2013; "Who Decides What is Secret—Obama or Snowden?," *CNN*, June 15, 2013.

[3] Sagar, "Against Moral Abso-lutism," 154–58.

[4] Glenn Greenwald, *No Place to Hide: Edward Snowden, the NSA, and the U.S. Surveillance State*. New York: Metropolitan Books, 2014, 18.

[5] Glenn Greenwald, *No Place to Hide: Edward Snowden, the NSA, and the U.S. Surveillance State*. New York: Metropolitan Books, 2014, 230.

[6] Glenn Greenwald, *No Place to Hide: Edward Snowden, the NSA, and the U.S. Surveillance State*. New York: Metropolitan Books, 2014, 56.

[序 章]
黄雀在后

　　国家保密是否已经威胁到了民主社会？半个多世纪以来，这个问题一直是公众讨论的焦点，近年来相关的争论变得尤为激烈。背后的主要原因是，自"9·11"事件以来，国家保密使得公民和议员难以对总统进行监督，难以使其对自身拥有的巨大行政权力负责。例如，在过去十年中，国家保密的存在阻碍了公众对一系列问题的讨论，例如美国是否应该进行预防性战争、实施特殊引渡和定向杀戮等。同时，对于秘密监狱、非法监控和所谓的强化审讯技术这类事件，由于国家保密的阻碍，国会成员根本无从了解，更别提加以监督。此外，那些因为遭受了美国及其盟友的非法窃听、监禁和酷刑而提起诉讼的国内外公民，同样出于国家保密的原因，他们的诉讼甚至得不到法院的回应。

　　然而，这并不是国家保密成为公众焦点的唯一原因。现如今，人们越来越关注以涉密信息未经授权披露形式的违反国家保密。其中最著名的案例可能就是维基解密（WikiLeaks）网站上25万份美国外交电报的披露。有人认为这类泄密对美国的外交事务构成了威胁。如果网站更新得足够频繁，就会削弱美国外交官在驻地培养的当地线人分享敏感信息的意愿，并且还会使前者疏于交流从精心培育的线人网中所获得的消息。同样有争议的是，《纽约时报》（*New York Times*）和《华盛顿邮报》（*Washington Post*）等主流报纸披露美国在所谓"反恐战争"中使用的各种秘密手段的

秘密与泄密 [美国国家保密的困境]
Secrets and Leaks: The Dilemma of State Secrecy

细节。例如，监控银行交易和通信信息等。这些涉密信息的披露招致诸多谴责，有人认为这使美国的对手获知了美国获取情报的来源和方法，进而可能击败美国。在他们眼里，披露秘密的人未能认识到国家保密实际上是进一步保护了公民的利益。

对于这些争论，我们应该怎么看？国家保密究竟是威胁还是保护公民的利益？有些人可能认为，这两者之间并没有什么矛盾。他们声称，在一个现代的民主国家，公民选择的是代表而非政策。同时，公共信息的来源渠道多种多样，这足以让公民来评判政府的政策和表现。但持这一论点的人们未能认识到，官员也可以利用国家保密为借口来掩盖其不当行为，并声称自身拥有的信息能够证明其政策的合理性，只是不能向公众透露。例如，司法部长阿尔贝托·冈萨雷斯（Alberto Gonzales）就这样为国家安全局的无证监听计划辩护：

> 无证监听"非常有助于保护美国"免受恐怖袭击。然而，由于该计划是高度保密的，他不能公开举例说明窃听如何防止恐怖袭击。[1]

这样的辩解听起来站不住脚。然而，假定信息披露会不可避免地损害国家安全，这种怀疑主义也有其局限性。因此如果保密不破坏民主概念的核心——公共审议和政府问责制，那么它必须最小化；或者政府必须有足够的理由来说服公民相信：隐瞒信息不是为了掩盖政府的不当行为，或是要操纵民意。一些学者更强调前者，他们坚持民主必须是公开透明的民主。约翰·邓恩（John Dunn）写道，"政府的闭塞，是对民主诉求最直接，也是最深层次的颠覆"，因为"政府越控制公民本应知道的事情，他们声称的公民本应有的权利就越少"。[2] 然而，这类主张理当受到质疑。丹尼斯·汤普森（Dennis Thompson）指出，民主并不需要"无条件的公开"。如果保密能够使更好的政策得以实施，那么公民自身也可能更青睐于保密。[3]

序　章　黄雀在后

　　如果说人们普遍认为，无论是在理论还是在实践中，只要国家保密是用于保护国家安全而不是隐瞒权力滥用，保密就是可取的，那为什么又会出现前文提到的诸多争议呢？因为在特定情况下，保护国家安全是否**确实**意味着必须保密，似乎还存在相关争论。（例如，为维护国家安全，维基解密网站公布的电报是否真的需要保密？）但是，如此频繁而激烈的争论揭示了一个更深层次的问题——究竟应该由**谁**来负责保证国家保密仅用于保护国家安全。也就是说，我们应该用什么手段来确保信息不会被错误隐瞒？是自我约束、立法监督、司法仲裁还是媒体调查？换句话说，如今关于国家保密的讨论的核心问题不在于国家保密是否应该存在；相反，讨论的应是什么样的监管框架能够确保国家保密是被用于保护国家安全，而非隐瞒权力滥用。由于许多评论员认为现有的监管框架存在很大缺陷，以至于它使国家保密的实践与惯例相差甚远，这引发了不少争论。阿瑟·施莱辛格（Arthur Schlesinger）曾说过一句被广泛引用的话："任何人都不会质疑国家拥有对某些事务进行保密的权利，但**在实践中**，保密制度真正的作用是保护行政机构免于对自身的无能、贪污、愚蠢、错误和犯罪负责。"[4]

　　鉴于当前我们讨论的并不是国家保密本身的合法性，而是怎样才能确保其仅用于保护国家安全，所以我们得出结论：国家保密究竟是保护还是威胁我们的利益，最终取决于我们是否设计好相应的监管框架。如果设计好合理的监管体制，那么我们就没有理由担心国家保密会对民主构成威胁，因为它仅用于进一步保护国家安全。当前国家保密相关的学术研究无疑鼓励我们以这种方式思考。很少有学者会认为用于防止国家保密滥用的监管框架会带来巨大的规范性挑战。我认为这种说法具有误导性。这个错误源于人们未能完全理解设计一个有效的监管框架是多么困难；特别是建立一个能够使人们相信国家保密不会被用来系统地隐瞒权力滥用的信任体系，真的非常困难。我在后面会谈到，我们想要建立的监管框架，很难与我们的道德和政治价值观相适应，特别是与民主规范的核心相适应。

　　要弄清楚为何会出现这种情况，我们就需要明白在保证国家保密仅用于保护国家安全这件事上所面临的挑战。人们普遍认为，只有在总统对某一类涉密信息是否应公开或与其他政府机构共享没有最终决定权时，才能确保总统不会滥用国家保密。否则，几乎没有什么手段可以阻止他利用保密这一借口来隐瞒那些有可能使其政府难堪的信息。那么，我们应该把最终决定权交给谁呢？尽管国会或法院是显而易见的候选者之一，但是考虑其制度特点，我们有充分的理由怀疑这二者能否承担这一角色。就国会而言，其结构和组成——特别是它由对立的两方组成，使得国会成员容易违反国会本身的规则和法令，毫无原则地披露涉密信息。国会政治的党派性质也是许多学者建议考虑法院或独立法庭的原因。他们认为，比起总统或国会，法院或独立法庭能更公正地监督国家保密的使用。但该建议忽略这样的事实——法官没有接受过相关的培训，法院也没有能力作出与国家保密用途相关的政治决定。这不是为批评司法无能而凭空捏造出来的指责。这些是法官自己提供的体制原因，他们长期尊重行政机构对披露涉密信息可能造成损害的评估。

假设我们并不相信这些体制原因，也许会认为国会可以克服纪律不严这一问题，或者法院和独立法庭能够判断什么样的信息披露真正有损国家安全。即便如此，我们仍有其他的顾虑：假如赋予这些机构最终决定权，它们是否能让我们更加确信，国家保密不会被用来掩盖政府的不当行为。令人担忧的是，鉴于让国会议员或是法官来监督国家保密的使用并不会比让总统来做决定强多少，我们有什么手段可以防止国会议员或法官狭隘地利用国家安全为借口来掩盖自己党派的权力滥用？

有人认为独立委员会或法庭的决定，会比国会的决定更公正。但是，如果某个委员会或法庭经常参与国家保密的管理，那么这个职位是否会政治化，从而使这个委员会或法庭丧失公正性，成为一个炙手可热的香饽饽？更重要的是毫无偏见的观点是否真的存在？例如，无证监听是否真的构成行政权力的滥用，因此能够证明这种监控的秘密文件就必须公开吗？值得注意的是，主张利用法院或"独立"法庭来约束总统的自由派学者，似乎

序　章　黄雀在后

没有考虑这种机构的成员可能与安东宁·斯卡利亚（Antonin Scalia）大法官（保守派）有更多的共同点，而不是威廉·布伦南（William Brennan）大法官（自由派）。这并不是说一个独立的委员会或法庭成员一定会以狭隘的党派方式行事。他们也许会（尽可能地）表现得很无私或客观。但是，我们该如何知道他们是否真的做到了无私客观？什么时候他们会表现得无私客观？他们能否或在什么条件下能够阻挡其政治立场带来的影响？在什么时候他们的审议必须在内部单方面进行？简而言之，将国家保密的最终决定权从总统转移到"保密监管机构"，这一想法的理论性问题在于它让我们无从得知这个监管机构的行为是否与总统有所不同。因此，如果不弄清楚到底为什么求助于国会、法院，或者一个"独立"法庭，就无法说服人们相信国家保密不会被滥用。

那么，本书的主要目的是说明，如果我们无法揭开国家保密的面纱，就永远无法真正得知国家保密是否只是用来保护国家安全，而不是用来掩盖权力滥用吗？相反，本书主要讨论的是公民和议员可以（也是实际上）采取的有效方式——对不当行为保持警惕。我在这里指的是未经授权披露涉密信息，这已成为公共生活中越来越常见的现象，几乎是随着总统国家安全权力的范围和规模发生剧烈转型而同步发展的。未经授权披露的可能性提供了最有效和可信的保证，防止那些对国家保密拥有官方权力的人系统地利用其为自己谋取利益，这种做法有效地**分散**（而非**集中**）公开涉密信息的权力。这种做法解决了将监督国家保密的责任托付给单一机构（如国会中的某个委员会或法庭）这一计划所伴随的"监管能力"的问题。

然而，这种未经授权披露也有不太光彩的一面——它们并不总是用来推进公民的利益和价值。至少自 1971 年丹尼尔·埃尔斯伯格（Daniel Ellsberg）将"五角大楼文件"（Pentagon Papers）披露给《纽约时报》以来，就存在一种说法：如果一切手段都失败了，公民和议员还可以依靠"内部知情人士"来揭发政府过去那些以保护国家安全为借口的不当行为。但事实是，很少有官员愿意主动揭发，因为这种泄密会使他们受到管理者、监管人和同事的谴责，无论是在个人工作还是社交生活中，他们的声誉和职业都会受到（直接或间接的）威胁。正如将要讨论的，我们几乎无法保护潜在的"吹哨人"（whistleblower）免受这种制裁。尽管法律确实试图阻止监管人和管理者对"吹哨人"进行报复，但法律却无法阻止前者拒绝向后者提供更高的职位或职务的选择。法律也不能强迫"吹哨人"的同事表现得更宽容。例如，法律不能阻止他们在社交场合避开"吹哨人"。

因此，官员们通常通过匿名**泄露**涉密信息的方式来进行未经授权披露，这也就不足为奇了。然而问题就此出现。学者们倾向于将泄密行为视为平民反抗的表现，认为这是官员们出于道德感来抵制政府不当使用政治权力的行为。但这种说法也存在很大问题。当一名官员匿名披露涉密信息时，公民和议员几乎无法辨别他的动机，更不用说去追究那些错误或存在误导倾向的披露行为。当然，如果匿名披露能够揭露政府十分严重的不当行为，那么吹哨人的身份和动机就变得无关紧要了。然而，实际上只有很少的信息披露能够揭示政府的错误行为，从而引发人们的广泛谴责。这导致的结果是：匿名使得官员可以披露一些涉密信息，然而如果其披露最终被证明是毫无根据的，最终还是由公众收拾残局，承担后果。更糟糕的是，官员能够在匿名的掩护下，出于狭隘的党派利益作出未经授权披露。这些做法不符合平民反抗的定义，更别提公开和问责等民主规范了。

泄密的做法本身就容易被严重滥用，意识到这点使我们又陷入另一个困境。如果我们禁止发表泄密信息，就会失去最有效和最可信的手段。通过这种手段，我们可以对以保密为借口的不当行为保持警惕。但是，如果允许公布这种泄密信息，那公共生活就会充斥着阴谋和秘战。因为除了好人，党派分子和狂热的政治信徒们出于狭隘目的也会利用匿名身份来披露信息。值得注意的是，新闻媒体的支持者通常不承认存在这种困境。相反，他们声称媒体为公共利益行事，是值得信任的对象，因此应该由媒体来决定公开哪些涉密信息。然而这是一种自欺欺人的想法。我们为什么应该相信媒体总是会出于公共利益行事，特别是当媒体作为信息中转人的角色被

序 章 黄雀在后

保密时？这使得公众无从了解记者、编辑和出版商的动机和确切行为，更不用说这些信息的来源。目前尚不清楚为什么美国宪法第一修正案的捍卫者会拒绝相信，总统或国会本应利用国家保密保护公共利益。反之，他们非常愿意相信记者、编辑和出版商使用匿名是为了保护公众的利益。这种盲目的信任似乎是20世纪70年代严酷政治斗争的结果，当时记者和出版商决定（尽管略带犹豫）通过扮演美国宪法第一修正案所赋予的监督角色来为自己的利益服务。[5] 这段历史让新闻媒体给许多学者和评论家留下了深刻印象，认为他们是英勇无畏的群体，常常以电影《总统班底》（*All the President's Men*）中的方式寻找权力的滥用。不管人们是出于什么原因对新闻媒体产生了这种片面的观点，这种公信力正在与日俱减。近几十年来，不仅是政府内部人员，记者、编辑和出版商亦学会了利用泄露涉密信息来谋取私利——打击报复对手、操纵民意、获得奖项以及从中牟取利益。

涉密信息的泄露是一把双刃剑，有益的一面在于它可以发出警报，而弊端则是容易被当成党争的手段。无论是哪个出发点，对于民主社会都有着巨大的影响。这意味着我们的集体命运在很大程度上取决于那些在公众视线之外斗争的结果。正是在那些匿名伪装之下道德和利益的较量，决定了国家保密到底是用来保护公民，还是用来操纵公民。如果真是如此，那么国家保密的存在给美国人民，甚至给所有希望在民主规范下生活的人民，造成巨大的困惑——我们不能没有国家保密，它对国家安全至关重要；但是只要存在国家保密，我们能够防止其被滥用的手段，与其说要依靠美国宪法的制衡，不如说是要取决于人性的善恶。那些将法律悄悄地掌控在自己手中的人，决定着想让我们知道或看到的东西。

说　明

在概述第一章之前，我需要作一些说明。首先是本书的研究范围。本书讨论的重点是国家保密——出于国家安全考虑而进行的保密。它不涉及民事范围的保密。后者的保密在很多地方被广泛应用于掩盖审议或决定，以促进公平、公正和效率，包括国会、最高法院和联邦储备委员会在内的一系列公共和个人机构。[6] 这种形式的保密本身就包含了一些值得深入研究的道德和政治问题，但我在这里就不一一赘述了。[7]

接着我指出本书结论的范围。本书所引用的案例几乎全部来自美国。我之所以关注美国，是因为其广泛的军事和外交活动对国家保密的要求极高，因此也加大了监管的难度。这种关注可能会招致有人指责本书所提供的预后不具有普遍性，因为它是基于美国这一极端案例。换言之，也许有人会认为国家保密是美国的问题，而不是广义上的政治理论问题。我不认同这种说法。尽管其他民主国家的公民和议员，尤其是欧洲的公民和议员，受到国家保密的困扰可能相对较少，但这种差异不应该归因于文化或制度上的差异，而应该归因于这些国家目前在国际事务中扮演的角色相对温和。我毫不怀疑，如果将这些民主国家置身于一种可以独断使用行政权力的环境中，他们将被迫面对与我们同样的问题——如何更好地管理国家保密。

这里得出结论的正确性可能也会受到质疑，有人认为自"9·11"事件以来国家保密的显著增长，以及媒体在监管国家保密方面的作用，仅仅是反常现象。他们可能认为这些现象是过去十年里主导美国政治的人物性格和环境的产物，特别是总统乔治·布什（George W. Bush）及其同事——副总统理查德·切尼（Richard Cheney）与国防部长唐纳德·拉姆斯菲尔德（Donald Rumsfeld），据称他们都有明显的保密倾向。[8] 但是这种说法并没有证据支持。如果说布什总统及其同事们在保密方面的倾向是特例，那他们卸任后，公众对国家保密的焦虑应该平息。但事实并非如此。贝拉克·奥巴马（Barack Obama）在参加竞选时严厉批评了布什政府的"过度"保密，但他上任之后，却利用"国家秘密特权"（State Secrets Privilege）来扩大秘密无人机的攻击范围，招致人们的强烈谴责。同时，奥巴马政府也比以往任何一届政府都更强有力地压制未经授权披露涉密信息。[9] 证据

序 章　黄雀在后

显示，公众对国家保密的焦虑不能完全（甚至大部分）归咎于某一届政府的倾向。

也有人认为，日渐衰败的"基地"组织，以及美国从伊拉克和阿富汗撤军会降低采取秘密行政行动的必要性，从而减轻监管国家保密的负担。但这种观点似乎有些短视。这种大胆与谨慎兼具的秘密行动与美国参与国际事务的程度息息相关。只要美国继续在国际关系体系中发挥主导作用，就肯定还会遇到各种紧张局势和危机，迫使或允许总统在保密的情况下采取积极行动。事实上，甚至在伊拉克和阿富汗问题尚未解决时，奥巴马政府就已经宣布要重新把军事重心放在亚太地区，此举预示着美国与中国之间的紧张关系将会持续很长时间。[10] 与此同时，在撰写本书时，有新闻报道称，关于伊朗核武器项目的秘密情报显示伊朗有可能发动先发制人的打击。[11] 其他类似的事件，包括中东地区持续的不稳定，都表明无论是对国家保密的需要，还是对权力滥用的担忧，都不太可能在短期内消失。

最后，可能有人会反对说这里得出的结论并不重要，因为基本论点只适用于少数情况。例如，有人称法官不应该对国家保密进行全面审查，因为他们在国家安全领域中的专业知识有限。当法院需要作出复杂而谨慎的判断时，这种说法可能是对的。例如，披露一个过时的核设计草图是否可以帮助别国研发出更先进的核武器？但是，当发明者寻求法院的帮助以获得他自己设计的一种军用武器设计图时，这种说法可能就不太成立了。也许会有人认为，对于后一种情况法官严肃质疑保密的必要性是完全正确的。

毫无疑问，本书得出的结论是我们很难建立一个高效的、可信的、合法的监管体系——在前一种情况下更为适用。我们将在第四至六章中谈到，撤销那些明显被滥用或非常愚蠢的保密命令，法官、议员和媒体编辑几乎不会有什么异议。但目前还远不清楚的是行使国家保密的大多数争议是否属于此类情况。当然，主要的争议——比如"伊朗门事件"或伊拉克战争——并不是极为简单的情况。此外，考虑到这些情况的利害关系十分重大，因此加深我们对国家保密监管相关陷阱的理解非常重要，即使复杂情况比我们想象中的要少。

本书梗概

在概述整本书的论点，并预先排除一些常见的反对意见之后，我想勾勒一下本书各章的内容。第一章的主要出发点是：许多评论家认为当代美国滥用了国家保密。这一观点引发一个问题：因建立制衡机制而备受尊崇的美国宪法，怎么会允许总统在国家保密的问题上独揽大权呢？正如我们接下来要讨论的，一些学者认为立宪者从未想过会有这样的结果。他们声称总统行使了他认为适当的国家保密，因为战争与冲突促使议员和法官对保密的尊重，以及公民们的绝对忠诚。他们认为国家保密被滥用的真正原因不是美国宪法的缺陷，而是议员和公民缺乏勇气和智慧。

第一章对这种说法提出了质疑。我认为立宪者将国家保密视为治国方略的一个基本要素，将保守秘密的权力授予行政机构，因为他们认为该机构是行使这种权力的最佳机构。当然，立宪者并没有忽视这种权力可能被滥用。因此他们确定了三种防止权力滥用的手段：选举、权力分立和未经授权披露。然而问题在于，当总统拥有保守秘密的权力，以及当他行使这一权力时，立宪者没有详细规定制衡机制应当如何运作。我将讲述这种疏漏意味着立宪者给后人们留下了三个谜题：第一，假如总统有权决定何时向公众披露涉密信息，公民该如何让总统对其保密使用负责？第二，假如行政机构有权决定何时向国会披露涉密信息，议员该如何监督国家保密的使用？第三，假如下属官员有权披露揭露不当行为的涉密信息，他在何种情况下可以行使这份权利？

在19世纪，立宪者的这一疏漏并没有引发长期的信任危机。由于那时不存在外交纠葛，总统们没有理由或机会来广泛使用国家保密。然而进入20世纪后，美国陷入国际政治的漩涡，国家保密的范围和规模也随之

序　章　黄雀在后

扩大，这使得立宪者的疏漏变得愈加明显。在真实的和认为的滥用国家保密行为发生之后，各方都作出一致的努力去对抗总统对涉密信息的管控。但如今这些努力都已陷入僵局。近几十年来一直倡导的监管机制——《信息自由法案》（Freedom of Information Act），以及国会的监督委员会，在揭露不当行为方面均被证明是无效的。与此同时，吹哨（whistleblowing）和泄密（leaking）行为——这种已经被证明非常有效的监管机制，又被谴责为不合乎法律或不够民主，是非法行为。总之，人们普遍认为用来对抗总统控制涉密信息的监管机制，要么行之无效，要么不受欢迎。

　　第一章中总结的僵局表明，总统对国家保密的持续垄断不能归咎于议员和法官对保密的尊重，以及公民的轻信；应该归咎于为从立宪者那里继承的难题：我们很难建立一个高效、可信与合法的监管机构，以监督国家保密。如果我们希望制衡国家保密行为，那必须考虑是否有可能加强司法审查和立法监督的有效性，并捍卫吹哨和泄密的合法性。

　　第二章讨论了第一章质疑的第一部分。我调查了司法审查对于国家保密的态度是否是恭敬尊重的，如果是，这种态度是否合理。在对相关证据进行调查后，我得出结论：即使在涉密信息看似无害的情况下，法院也尊重行政机构就有关披露涉密信息可能造成损害这一说法。那么问题就在于司法部门是否应该摒弃这种态度。一些学者认为应该扩大对秘密决策的司法审查，以便公民能够确认信息不会被错误地隐瞒。就这一观点，我从两个方面提出质疑。首先，我认为法官没有资格质疑行政机构关于披露涉密信息可能造成损害这一说法。其次，我认为要求法官从主观上对信息披露的好处和代价作出有效判断，只会鼓励相关法庭政治化，从而失去初衷——建立一个公正的监管机构。

　　鉴于这些质疑，第二章的后半部分主要讨论法官是否可以通过要求行政官员证明为什么其掌握的信息不能公开，来使国家保密变得不那么神秘。我认为虽然这一政策似乎可以弥补法官在专业知识上的不足，但也可以想象，提供保密原因本身就可能会损害国家安全。因此，只要行政机构的保密要求合乎简单的程序规范，法官宁愿将其直接视为合理要求，这种做法也就不足为奇。

尽管我可以（或者应该）拒绝接受希望由法官来带头监督国家保密这一倡议，但第二章也总结出一个比较积极的观点。一旦未经授权披露涉密信息使法官有理由质疑，行政机构提出信息披露可能造成损害这一主张，那么司法尊重就会被搁置一旁。然而仍待解决的问题是，我们是否应该赦免这种披露，因为法律赋予总统对自己手中的涉密信息有绝对控制权。

第三章主要讨论为何国会一直致力于与总统的秘密行动和政策保持同步。我发现国会在监督国家保密行为这件事上面临的主要挑战是：行政机构并不认为自身有义务遵守国会的保密要求。许多学者认为援引"行政特权"隐瞒信息并不会阻碍国会监督行政机构，因为国会还可以利用其广泛的宪法权力迫使总统分享国会监督所需的信息。但我认为这种说法是有问题的，因为如果缺乏某些不当行为的初步暗示，国会将很难知道它是否，以及何时应该与总统进行博弈。因此，如果希望加强监督的有效性，就必须剥夺总统在隐瞒信息上的特权，以便国会能够及时独立地获得涉密信息。但我认为从两个方面来看，这种激进的举措不理智。首先，将掌管国家安全信息的权力置于总统手中是明智的，因为国会的结构和组成意味着其成员且无法纪披露秘密的可能性更高。其次，将披露涉密信息的最终决定权移交给国会某个委员会或独立法庭只不过是自我安慰罢了，因为公民无法确定委员会或法庭的成员是否已被既得利益或党派利益"俘获"，因为他们拒绝或有选择地披露信息的决定不会对外公开以供审查。

尽管我拒绝接受议员可以（或应该）带头监督国家保密的理念，但第三章还是以一种积极的语境结束。因为我注意到虽然行政特权似乎使国会难以监督总统，但是由于那些源自行政机构的未经授权披露，国会仍能轻易获知一些不当行为的重要暗示。然而，国会是否应当依赖此类披露还有待观察，因为这些披露违反了国会自己制定的刑法和民法。

我们看到了在试图加强司法审查和立法监督，以及法官和议员依赖未

序 章 黄雀在后

经授权披露以提醒他们潜在的不当行为之后出现的复杂局面，第四章主要讨论法律是否应该赦免未经授权披露。首先，我阐述了未经授权披露涉密信息的相关法律规定。与人们普遍的看法相反，我认为法律并没有偏向泄密传播链中的核心环节——披露信息的官员。就此问题，我有个疑惑：我们是否应该修改法律？因为如果不是这些未经授权披露让议员和公民意识到不当行为，"国家保密"还会继续被当作"遮羞布"。然而我认为，出于两个原因法律**不**应该被修改：首先，无论是传播涉密信息的官员，还是记者、编辑和出版商，都无法真实知道未经授权披露将在多大程度上损害国家安全；第二，官员、记者、编辑和出版商不能轻易声称他们的行为代表公民的利益，因为他们并没有通过选举，也很难对那些轻率的披露负责。然而，我也指出尽管法律禁止未经授权披露是正确的，但这并不排除某些官员是出于道义违反法律公布犯罪信息，以引起公民和议员的注意。

第五章列举了在哪些情况下，官员违反禁止未经授权披露的法律会被判定为正当。我认为，如果某官员遇到对公众利益明显构成直接严重威胁的不当行为的涉密信息，并且他还努力降低发布此信息可能会对国家安全造成的危害，那么他就可以进行"吹哨"。同时，该官员必须表明自己的身份，以便我们能够审查他对行政机构错误行为的观点是否公正。不幸的是，正如我们所见，最后一项要求会使问题严重复杂化。一名潜在的吹哨人很难主动透露身份，这会让其容易招致领导和同事的报复，他们可能会对信息披露所产生的负面影响持有反对意见。这种情况很难改善，因为即便制定了相关法律来保护吹哨人免受直接骚扰，也无法保护其免受更为微妙的行政和社交报复。我们也不能指望官员们冒着被报复的风险也要揭发，因为很难强行灌输这种检举行为所需的不妥协态度，很容易陷入轻率的道德绝对主义。

既然已经确定了不能依靠吹哨反抗国家保密滥用的行为，我转而考察是否有一种更切合实际的方式可以让官员来提醒公民和议员不当行为。在第六章中，我认为泄密的做法符合这一要求。特别是官员能够匿名披露涉

秘密与泄密 ［美国国家保密的困境］
Secrets and Leaks: The Dilemma of State Secrecy

密信息，是因为他们意识到总统往往很难确定责任主体。但我也注意这样一个事实：出于对自己有利或是对对手不利的心态，官员可以（并且能够）通过匿名披露涉密信息，从而达成个人或党派的目的。鉴于这种危险，第六章后半部分讨论了我们是否能够向记者、编辑和出版商——最有可能知道官员真实身份的人求助，以了解官员的真实动机，帮助确认匿名披露是否被当作追逐个人或党派利益的手段。这一章的结论是：记者、编辑和出版商无法成为公共利益的保护伞，即使我们强迫他们承担这一责任，他们依然受到宪法因素和各种现实因素的重重限制，包括美国宪法第一修正案对新闻监管的限制，以及我们在监管境外媒体时的无能为力。

上述观点得出一个喜忧参半的结论：由于官员可以在未受审查的情况下披露涉密信息，并且记者、编辑和出版商可以在不受监管的情况下公布此类信息，因此泄露涉密信息是不可避免的。我认为这一结果有好的一面，这意味着任何一位总统都很难利用国家保密来系统地隐瞒权力滥用。然而，如果毫无根据或是恶意泄露涉密信息，反而会破坏高效精干的领导体制以及公共审议和民主问责制度，这无疑会招致谴责。换句话说，我们从立宪者那里继承的谜题，至今仍找不到一个高明的答案。建立一个高效、可信与合法的监管框架确实非常困难。

鉴于这一不太理想的结果，最后一章阐述了一些尽量减少对未经授权披露的依赖的方式。我注意到总统可以通过鼓励下属尊重他的定密决策方法，来防止未经授权披露；媒体评论家也可以对匿名线人的报道进行批判性审查，以促进新闻行业更加负责。但我也警告道这些措施只能到此为止了。当需要作出在道德或政治上有争议的决定时，总统无法让所有人都参与其中。即便是面临公众谴责的威胁，也无法阻止官员、记者、编辑和出版商为了追求自己的利益而选择性地披露信息。这转而意味着总统和媒体之间的"不守规矩的比赛"（unruly contest）将会持续下去，正是这种比赛在当今时代造成了诸多悲剧。本书最终得出最明智的做法是接受随之而来的弊端，因为目前没有更好的办法来监管国家保密的实施。

序章　黄雀在后

〖注释〗

[1] "Gonzales Defends NSA, Rejects Call for Prosecutor," *CNN*, January 17, 2005, online at http://tinyurl.com/9z2kq.

[2] Dunn, *Democracy*, 185–86. Russett, *Controlling the Sword*, 148; Manin, *The Principles of Representative Government*, 167–68; Dahl, *A Preface to Democratic Theory*, 73; Emerson, "Legal Foundations of the Right to Know," 14; Meiklejohn, *Free Speech*, 88–89; Meiklejohn, "The First Amendment Is an Absolute," 257; Emerson, "National Security and Civil Liberties," 80.

[3] Thompson, "Democratic Secrecy," 192.

[4] Schlesinger, *Imperial Presidency*, 447-49, 强调为引者所加。

[5] Olmstead, *Challenging the Secret Government*, chap. 1.

[6] Chambers, "Behind closed Doors"; Elster, "Deliberation and Constitution Making"; Schepple, *Legal Secrets*; Bok, *Secrets*, chaps. 9–10.

[7] 学者们经常模糊这种区分。例如，他们经常援引1787年美国制宪会议的保密性，以证明立宪者承认国家保密的必要性。参见 Hoffman, *Governmental Secrecy*, 20-24；Kitrosser, "Secrecy and Separated Powers," 526–27; Schoenfeld, *Necessary Secrets*, 60–62。不幸的是，该参考文献模糊了这个问题，因为这会议的保密性旨在确保公开而不是为了保护国家安全。我们应当注意这个概念差异。在前一种情况下，信息是要向公民保密的，而在后一种情况下，信息是偶然要向公民保密的，为了防止外国人获取信息。概念上的差异具有理论和实践意义。由于对国家保密的需要取决于国家安全威胁的范围和规模，因此没有关于何时解密的固定规则。相比之下，民事保密则更适合于固定规则，例如预先安排好何时披露美联储审议会议记录。

[8] 例如，人们经常引用的有关副总统切尼用来存储文件的"巨大号"保险箱的故事。参见 Barton Gellmanand Jo Becker, "A Different Understanding with the President," *Washington Post*, June 24, 2007。另见 Savage, *Takeover*, chaps. 5 and 7。

[9] John Schwartz, "Obama Backs off a Reversal on Secrets," *New York Times*, February 9, 2009; Karen De Young, "Secrecy Defines Obama's Drone War," *Washington Post*, December 19, 2011; Shane Harris, "Plugging the Leaks," *Washingtonian*, July 21, 2010.

[10] Chris Buckley, "China Warns U.S. to Be Careful in Military Refocus," *Reuters*, January 9, 2012. Friedberg, *A Contest for Supremacy*.

[11] Scott Pelley, "Panetta: Iran Will not Be Allowed Nukes," *CBS News*, December 19, 2011. Sanger, *Confront and Conceal*, chaps. 6-9.

[第一章]

问题所在

——如何监管国家保密？

之前我提到如果国家保密是用于维护国家安全而非掩盖不当行为，那大多数人都会认为它是正当的。然而现实中，国家保密已成为总统"试图掩盖目的、隐瞒错误、操纵公民并使其权力最大化"的"万能手段"。[1]这一点人们也达成了共识。我们假设这一说法在一定程度上是正确的，由此引发的问题是：为什么监管国家保密如此困难？换句话说，为什么现实会偏离规则如此之远？

主要的原因在于近年事态的发展。阿瑟·施莱辛格认为，总统应该对将立宪者建立的"法律上的约束制度"（legitimate system of restriction）发展成为一种"过度的、站不住脚的否认制度"负有责任。他写道，正是那些从保密中获得"声望和保护"的人控制着保密体系，信息隐瞒"已经超越其合法的范围"。[2]然而，这种说法有些令人费解。以建立制衡体系而闻名天下的美国宪法，怎么会允许总统在国家保密问题上无所顾忌呢？施莱辛格认为罪魁祸首是战争和冲突导致议员和法官的尊重，以及公民"毫无疑问"的忠诚，从而确保了"保密系统的唯一控制权由行政机构自己掌握"。[3]

但这种解释只会加深我们的困惑。立宪者们难道没有预见到战争和冲突可能会打开广泛的政府保密之门？许多学者不这么认为。他们坚持认为立宪者的本意是建立一种政治体系，在这种体系中，保密问题是一种罕见的、短暂的例外，而非持久的存在。这一主张最早是由包括施莱辛格、亨利·斯蒂尔·康马杰（Henry Steele Commager）、拉乌尔·伯杰（Raoul Berger）和丹尼尔·霍夫曼（Daniel Hoffman）等在内的早期学者提出的，他们认为立宪者支持"披露原则"（principle of disclosure）。[4] 此后，杰弗里·斯通（Geoffrey Stone）、罗伯特·帕利托（Robert Pallitto）和威廉·韦弗（William Weaver）、戴维·波森（David Pozen）和海蒂·基特罗瑟（Heidi Kitrosser）等人重申了这一点，他们宣称美国宪法是以"公开性哲学"（philosophy of openness）为前提的。[5]

近年来，立宪者认为国家保密是美国政府的特例而不是惯例的说法受到了质疑。[6] 亚伯拉罕·索法尔（Abraham Sofaer）、马克·罗泽尔（Mark Rozell）、斯蒂芬·诺特（Stephen Knott）和加布里埃尔·舍恩菲尔德（Gabriel Schoenfeld）等人收集的证据表明，在卓越的立宪者领导的美国成立之初，政府就倾向于对公民和议员采取秘密行动以及隐瞒信息。即便如此，由于这些学者没有详细研究过那些曾经影响立宪者的案例和思想，在某种程度上并未充分描述反对主流观点的理由。我无法在这里详细说明这一缺憾，但即使是更广泛的智识和历史背景的简要概述，也让我们很难理解立宪者支持过的"披露原则"或"公开性哲学"。

至少有三个理由来质疑立宪者对国家保密持警觉的观点。首先，我们清楚立宪者们无疑知道，以前的共和国可以很轻易运用保密手段。尽管雅典和罗马都没有发达的基础设施和军团来搜集和保护秘密情报，但是立宪者能从其熟悉的古典作品中得知，雅典人和罗马人已经开始利用一系列资源和手段来获取情报，他们的领导人在必要且可行的情况下，经常（甚至是私下）非常努力地获取秘密情报。[7]

立宪者对现代共和国历史的思考只会继续加深这种理解。在这方面英联邦的经验尤其能说明问题。在英国内战（1642—1651）前的一个世纪，秘书长办公室（Office of Principal Secretary）新上任官员的出现改变了英国的情报工作，包括托马斯·克伦威尔（Thomas Cromwell）、威廉·塞西尔（William Cecil）和弗朗西斯·沃尔辛海姆（Francis Walsingham）。[8] 这些官员因其对"国内外的危险"有"特殊认知"而闻名于世。他们建立了一个精干高效、影响深远的秘密"情报系统"。该系统由文员、翻译、档案员、破译者、伪造者和信使组成。这些"不断移动的自由职业者军团"和数十名"外国记者"由秘书长管理。[9] 共和制的归属感会导致英联邦政府拒绝使用秘书长提供的方法手段吗？事实并非如此。这些官员很乐意追随都铎王朝（Tudor）和斯图亚特王朝（Stuart）的前辈们建立起一个由间谍和记者组成的庞大网络。[10] 事实上，他们走得更远。除此之外，他们还秘密地管控宣传物的出版，并将秘密拦截邮件的手段制度化。[11] 光荣革命（Glorious Revolution）以后亦是如此。18世纪，英国的政府（越来越多的首相，而不是君主）沉浸于愈加蓬勃发展的情报业，我们可以从公共资金在这方面的稳定增长看出来。詹姆士一世（James I）和查理一世（Charles I）统治时期，秘书长们得到了每年700英镑的拨款；到了1786年，情报预算增长为2.5万英镑。[12] 这些资源被用来巩固英国在16世纪和17世纪建立起的根基，就像立宪者在美国独立战争（Revolutionary War）中亲身经历的那样。[13]

我们怀疑立宪者对国家保密保持警惕的第二个原因是，立宪者们所熟悉的许多共和主义理论家都认为：国家保密是有价值的。[14] 回想一下，秘密情报制度化迈出的第一步是在文艺复兴时期的意大利共和国城邦。这些城邦是最早向国外派驻大使的国家之一，他们认识到信息在这个充满危险的世界中具有重要价值。[15] 大使的主要任务是将他获得的所有情报反馈给大使馆，后来现代外交的兴起自然催生了对自由裁量权的呼唤。尤为著名的例子是弗朗西斯科·圭恰迪尼（Francesco Guicciardini）的《关于佛罗伦萨政府的对话》(*Dialogue on the Government of Florence*)：据说在那里，提供消息的人更愿意与"封闭政权"合作，而非"开放政权"，因为没有人想在一个"话一说出来就会被公布的地方去揭露一个隐藏的秘密"。[16]

更令人震惊的是英国在内战之后提出的主张。面对代表大会（例如议会）容易失职的指控，英联邦的捍卫者回答道，这些机构可以也确实应该把敏感业务委托给人民代表任命的小型机构来保守秘密。因此，我们注意到詹姆斯·哈林顿（James Harrington）在《大洋共和国》（The Commonwealth of Oceana）中建议，那些为了"联邦的利益"而必须秘密进行的事务应托付给一个"战争委员会"（Council of War）。[17] 同样，马沙蒙特·尼德汉姆（Marchamont Nedham）在《自由国家的优点》（The Excellencie of a Free State）一书中指出，管理"国家保密"需要"审慎、时间和经验"，最好是将此类事务委托给一个执行委员会。[18] 约翰·弥尔顿（John Milton）也在《建设自由共和国的简易方法》（The Ready and Easy Way to Establish a Free Commonwealth）中建议成立一个"国务委员会"（Council of State），"更秘密、更迅速地执行某些特定的事务"。[19]

在18世纪的共和主义文献中，国家保密的使用也获得赞誉。例如，在《道德哲学体系》（A Short Introduction to Moral Philosophy）中，弗朗西斯·哈奇森（Francis Hutcheson）将"秘密和快速执行的能力"描述为构成理想政体的四个目标之一。[20] 与此同时，戴维·休谟（David Hume）在《完美共和国之观念》（Idea of a Perfect Commonwealth）一文中指出行政机构应该在外交事务领域享有"绝对话语权"，"否则就不可能形成保密或完善的政策"。[21] 美国革命的支持者，理查德·普莱斯（Richard Price）在他的《论公民自由权的本质和价值的评注》（Additional Observations on the Nature and Value of Civil Liberty）中写道，区分自由主义政府和理想主义政府的关键在于后者偏好的自由是能够"快速、秘密和坚决地执行全社会意愿"的自由。[22] 他还引用了威廉·佩利（William Paley）在《道德和政治哲学原理》（The Principles of Moral and Political Philosophy）中警告过的"披露公共决策的形成过程和设计"对于民主是"有害"的，一个秩序井然的政权应该防范"喜欢干扰行政工作的好事者"，因为会披露本该权宜隐瞒的信息。[23]

现在可以肯定，自16世纪以来，许多深受国家保密困扰的共和主义理论家，特别是在文艺复兴之后，都表明国家秘密是最重要的因素之一，统治者可以依靠这种策略来统治那些毫不知情的臣民。[24] 联邦最激烈的批评者之一克莱门特·沃克（Clement Walker）认为查理一世并不是被共和国政权所替代，而是被"40位暴君"（英联邦国家委员会的成员人数）所替代，这些人"在私下里处理所有事务，然而正义应在光明中令人愉悦，应该像空气一样公开"。[25] 对于这种反对意见，英联邦捍卫者们的回答十分简单——他们认为保密是必要的，在古希腊、古罗马和古佛罗伦萨，保密也被视为重中之重。[26] 还请注意，后来共和党人对国家保密的批评。如阿尔杰农·西德尼（Algernon Sidney）于光荣革命之前，在其《论政府》（*Discourses Concerning Government*）中对国家秘密的著名抨击。但其主要针对的是专制君主而非共和党地方行政官。的确，如果西德尼认为一个共和国应该避免保密，那就奇怪了。因为在他看来"最好的政府"就是"为战争提供最佳保障的政府"。[27]

当然，并非每个人都对必要性的论点深信不疑。18世纪是一个由外交事件和不间断战争构成的错综复杂的时代，国家保密对公众利益构成持久威胁这一观念开始走入人心。在这方面比较出名是杰里米·边沁（Jeremy Bentham）的"普遍永久和平计划"（A Plan for an Universal and Perpetual Peace），该计划中边沁将消除国家保密列为实现和平的先决条件。"在国家利益之间，"他写道，"没有任何真正的冲突。"边沁还认为，无论是有意或无意，冲突都是由国家保密造成的误解。[28] 因此，他这样写道："如果我们认为和平比战争更好，那我们就应该尽快废除保密。"[29] 边沁不是唯一有这种想法的人，许多理论家都持有同样的观点，包括圣皮埃尔神甫（abbé de Saint-Pierre）、皮埃尔-安德烈·加尔加兹（Pierre-André Gargaz）、孔多塞侯爵（Marquis de Condorcet）、伊曼努尔·康德（Immanuel Kant）和让-雅克·卢梭（Jean-Jacques Rousseau）等人。虽然这些作家并没有详细地讨论过国家保密问题，但他们试图用有序的国际联盟来取代外交和阴谋的"和平计划"，确实倾向于更开放透明。

但是请注意，我们杰出的立宪者们明确地驳斥了这些不切实际的提议。[30]

我们质疑立宪者对国家保密保持警惕的第三个原因是，有证据表明，他们认为保密是治国方略的重要因素之一。[31] 独立战争时期的一些重要文献强调了国家保密的重要性。例如，约翰·亚当斯（John Adams）在其《政府的思考》（Thoughts on Government）中将保密描述为行使行政权力"必不可少"的特性之一。[32] 一位激进的辉格派成员在以德莫菲力斯（Demophilus）为化名撰写的《古代撒克逊和英国宪法通则》（The Genuine Principles of the Ancient Saxon or English Constitution）中写到，即使是最完美的政府，如果没有一支常备军以供自卫也只能是昙花一现。同时，这支常备军是"危险但必要的国家引擎，其行动必须尽可能保密"。[33] 西奥菲勒斯·帕森斯（Theophilus Parsons）在其著名的报告《埃塞克斯决议》（The Essex Result）中警告道："任何措施的有效执行都离不开保密，无论是在政策形成阶段还是实施阶段。"[34]

美国革命的领导人也对国家保密表示赞赏——他们为维护第二届大陆会议（Second Continental Congress）程序的秘密性所采取的措施，以及在秘密通信委员会（Committee of Secret Correspondence）主持下的秘密行动，证实了这一点。这一系列秘密行动具有情报工作的性质，包括间谍活动、隐蔽行动和拦截邮件等。用参与者的话说，这些行动要求"极其谨慎和绝对保密"。[35] 值得注意的是，这些措施在美国独立战争结束之后仍然存在。[36] 另一个能够证明领导人在国家保密价值上达成广泛政治共识的重要证据是《邦联条例》（Articles of Confederation）第九条的通过。该条款授予国会权力拒绝公布认为"需要保密的与条约、联盟或军事行动有关的会议记录"。[37] 虽然各州都提出了一些修改《邦联条例》的意见，但在最终批准的文件中，他们并没有质疑这一条款。就此而言，一旦国会代表声称无法分享其在国会秘密记录的信息，他们也不会尝试修改这一条款。

如果我们考虑一下制宪会议（Constitutional Convention）召开的特殊时期，也许能更清晰理解立宪者对国家保密价值的赞誉。立宪者似乎从美

第一章 问题所在——如何监管国家保密？

国革命及其影响中汲取了大量保密的经验，国会需要一个能够保守秘密而不是减少秘密的政治体系。这一点在乔治·华盛顿（George Washington）于1787年3月与詹姆斯·麦迪逊（James Madison）的通信中得到证实。华盛顿对于在费城会面的决定表示欢迎，认为"彻底改革现行制度是不可或缺的"，因为现行制度缺乏"秘密派遣行动……而这正是一个良好政府的一大特征"[38]。这并非华盛顿第一次表达这种观点。在一个月前写给亨利·诺克斯（Henry Knox）的一封信中，他就强调第一届大陆会议的一大失误是："在保密方面存在缺陷，为了实现许多最重要的国家目标，保密必不可少。"[39]

为什么立宪者会认为保密是"良好政府的一大特征"？我们必须意识到这些人认为国际政治非常残酷。正如约翰·杰伊（John Jay）在《联邦党人文集》（*The Federalist*）第4篇中所写，"一般而言，只要有利可图，任何国家都会发动战争"。[40]与此同时，立宪者们吸取了欧洲脆弱的"三国同盟"和"四国同盟"的教训，不愿再去依赖任何协约或联盟作为确保和平的主要手段。亚历山大·汉密尔顿（Alexander Hamilton）在《联邦党人文集》第15篇中写道："我们不会去依赖那些除了美好道德的义务之外没有其他任何制裁措施的条约。"[41]这种认知是当时的领导人向往强大的国家政府的主要原因之一。麦迪逊在《联邦党人文集》第41篇中提出："如果一部联邦宪法能够约束野心，或者为其他国家设限，那么它确实可能谨慎地约束其政府的自由裁量权，以及设定其安全界限。"但是，如果没有这样的保证，"对于那些无法约束进攻力量的人，需要怎样的手段来约束防守力量？"[42]同时立宪者还指出，尽管权力是必要的，但还不足以实现他们的目标。他们观察到，国家的安全和稳定在很大程度上取决于权力如何使用。特别是他们一致认为政府应该表现出"活力"，即"决策、活动、保密和调度"。[43]

到目前为止，我们讨论的这一切并不意味着18世纪晚期的美国人是国家保密的坚决支持者。相反，他们很清楚保密带来的危险。例如，帕森斯在《埃塞克斯决议》中就曾警告道，维护社会长治久安需要"能够保守秘密并勇于冒险"的行政机构，"冒险、保密和调度"只能依靠"一人或极少数人"来执行。但是，"对于一人或极少数人，我们很难指望他们政治品德高尚，正直地关注公共利益以及每个人的公民权利，然而这些特性对于形成一个自由良好的体系有着至关重要的作用"[44]。他还认为："为了这些特性，我们要走进公众中，他们总是倾向于促进自己的福祉。"[45]

我们可以想想约翰·亚当斯和塞缪尔·亚当斯（Samuel Adams）的堂兄扎布迪尔·亚当斯（Zabdiel Adams）于1782年5月在马萨诸塞州常设法院发表的竞选宣言。当时，美国国会建议各州对进口商品征收5%的关税，以挽救美国的财政状况。在这一建议引发争议之后，亚当斯说："最近经常提到的一句格言是：政府内部不应该有任何秘密。"但他也指出这句格言并不是放之四海而皆准，因为"国家有时也需要高度保密，否则那些最重要的远征或谈判可能会失败"。尽管如此，他还是认为"在不需要保密的情况下，当局应该让人们知道他们为什么必须采取某项措施"。亚当斯还警告说："如果税收过重，而人们又无法得知其用途，那么他们就会认为税收通过不惠及公众的方式被贪污了。"[46]

在关于美国宪法的争论中，人们越来越担心保密会掩盖权力的滥用，尤其是美国宪法第一条第五款第三项——它允许国会"在他们判定有必要保密时"隐瞒部分会议记录。[47]然而，每当有人提出反对意见时，美国宪法的支持者就坚决地回应：应该由官员来决定应该隐瞒哪些信息。例如，宾夕法尼亚州的詹姆斯·威尔逊（James Wilson）认为，"一些绅士"担心参议院和总统可能会让美国秘密签署某些条约。他自己也坦诚"并不提倡在涉及公众的交易中保密，甚至在缔结条约时也是如此"。但是经过深思熟虑，他不得不承认，在"需要保密的情况下"公布条约显得"极其不妥"。[48]一个月后，北卡罗来纳州表达了同样的担忧。约翰·斯蒂尔（John Steele）承认，对于宪法条款允许国会保密这件事，"他确实听到了一些反对意见"，但是他与威廉·戴维（William Davie）和詹姆斯·艾尔德尔

（James Iredell）指出，"每一个审慎的规则和良好的政策都会强调，不公开与军事部署和战争相关事宜的必要性"。[49] 马萨诸塞州的律师威廉·威杰里（William Widgery）曾在早些时候声称统治者"应该从未有过可以滥用的权力"，他还跟其他代表说，"除他们认为需要保密的部分以外"，暗示"国会可能以此为借口隐瞒会议记录，从而使人民对他们的所作所为一无所知"。这一论断引起了纳撒尼尔·戈勒姆（Nathaniel Gorham）的回应，他告知威杰里："庞大的政府中，有许多东西都是要保密的，在（被）公布之前，必须等待时机成熟。"他问道："难道要让全世界都知道我们的大使拥有多大的权力，从而给我们的敌人（一个）机会来挫败我们的谈判吗？"[50]

最具启发性的辩论发生在弗吉尼亚州，帕特里克·亨利（Patrick Henry）告诉其他代表，他对美国宪法"最强烈的反对"在于它破坏了"真正的责任"，因为它允许国会"不公布他们认为需要保密的内容"。[51] 这咄咄逼人的质疑很快就被埃德蒙·伦道夫（Edmund Randolph）驳斥，后者提醒观众："如果没有秘密，任何政府都无法在重要的场合展开活动。"[52] 伦道夫的回答迫使亨利改变了立场。他说："这种涉及军事行动或重大事务的秘密，如果立即公布可能确实会损害社会利益。直到需要保密的事情完成之前，我不希望其可以对外公开。"但是这一精辟论点的影响力被削弱了。因为亨利一马当先敦促美国人效仿英国人（"向全世界泄露了他们的政治言论和行动"）的"男子汉气概"，这个异想天开的说法引起了约翰·马歇尔（John Marshall）的愤怒。[53] 马歇尔问道，当英国人决定"宣战或进行军事活动"时，他们是"在公开场合来考虑这件事吗？""不，"他继续说，"英国政府在必要时会保守秘密，每一个政府都应该这样做。"[54]

面对这一质疑，亨利另辟蹊径。他说，虽然马歇尔曾指出"战争是最需要保密的情况"，但美国宪法也允许参议院在其他情况下封锁信息，尤其是缔结条约。他认为，这意味着"联邦的秘密面纱"将阻止公民"知道或处罚"那些应对不利条约负责的人。亨利通过重新审视他之前提出的观点来质疑这种"责任缺失"。"我不希望与条约有关的事宜在未完成时被曝光,"他辩称,"但在这些条约签署之后,我们应该知道是谁提出的建议,以在一定程度上确保拟制条约时征询过公众利益。"[55] 但是他的对手麦迪逊并不认为这种要求是明智的。麦迪逊说,亨利希望一旦政府签订了某项条约,"公众就应该了解与之相关的每一件事"。但是,"不泄露国家间最重要的交易和谈判,"麦迪逊称,"是公认的准则。"[56]

宪法的谜题

我曾指出立宪者并不赞同"公开性哲学",也不提倡"披露原则"。相反,他们认为国家保密是治国方略不可或缺的要素,并为之辩护。这就引发了一个显而易见的问题:他们难道不担心保密可能被滥用吗?如上所述,反联邦党人确实如此认为。亨利指出总统和国会为了他们共同的利益,使管理不善的真相远离公众的视线。因此,他强调我们今天所说的"强制解密"(compulsory declassification)的必要性。如上所述,麦迪逊驳斥了这一想法,理由是国际事务的复杂性不适合被强制披露。但麦迪逊并非简单地陈述国家保密的必要性。他还强调美国宪法条款将会打击滥用保密的行为。他对亨利说:"只要政府建立在这样的原则之上,就不会有真正的危险。"[57] 麦迪逊的这番话意味着什么呢?

回顾制宪会议召开前的一段时期,立宪者愈益认为对于国家安全与稳定来说,活力是一个至关重要的先决条件,而大陆会议无法展现出活力的重要程度。主要原因之一是国会无法坚持"保密是执行和调度的灵魂所在"。[58] 据最熟悉这个问题的人称,国会的"性质和结构"——特别是其规模和成员的多样化——不利于维持内部纪律。[59] 因此,大会上似乎没有人质疑总统的一个重要职能是以更有效的方式运用保密。据鲁弗斯·金(Rufus King)的说法,当威尔逊在1787年6月1日提出"行政机构由一个人组成"时,他明确表示行政机构"应该拥有保密、活力和调度的权力"。[60]在随后的辩论中,几乎没有代表对这一说法提出质疑。[61]相反,他们更关注行政机构应该采取何种形式,以便在活力和安全之间取得适当平衡。最著名的反对意见来自乔治·梅森(George Mason)。梅森指出,"行政机构的团结"是"保密、调度、活力和干劲"的前提,他本人以及"共和国政府最能干、最坦率的捍卫者"都承认这是"巨大的优势"。[62]但他认为如果行政机构"只有一个人",就会引发权力的篡夺。因此他得出结论,建立一个执行委员会是更佳选择,这样的安排将牺牲一定程度的活力,以换取更大程度的安全,防止行政权力滥用。[63]

梅森并不是唯一持这种观点的人。伦道夫和艾尔伯里奇·格里(Elbridge Gerry)提出大致相同的诊断与处方。[64]但这些观点在大会上没有得到充分的支持,大会最终驳回了伦道夫关于设立执行委员会的建议和梅森要求设立咨询委员会的呼吁。[65]代表奥利弗·埃尔斯沃斯(Oliver Ellsworth)和戴维·拉姆齐(David Ramsay)后来描述道,他们认为,通过将行政权力授予一个人不仅可以保密,还可以确保责任以及问责制。[66]这一观点背后的原因在各州的大会上和《联邦党人文集》第70篇中得到更清楚的阐述。北卡罗来纳州的戴维解释说,虽然"一个人能表现出来的卓越活力和保密能力,是大会所遵循的原则之一……然而,一个更重要的原则是:一个人的责任更显而易见"。这是代表们"观察出来的",他说,"如果有一群人因犯某罪行被审讯,对于那一群人来说,我们无法将责任具体归咎于他们其中的某一人;但是当只有一个人承担责任时,公众的利益就会受到保护"。[67]同样,汉密尔顿在《联邦党人文集》第70篇中写道,总统在国家安全问题上应该被设计为一揽大局,政府的选举性质和占有者的单一性为公民提供了防止授予权力滥用的"双重保障"——"公众舆论的限制"和"轻易发现他们信任的人的不当行为的机会"。[68]

但这些说法有多可信呢?当总统有权隐瞒有关资料(或只披露选定的资料)时,公民要如何才能"锁定真相",或以"正当和清楚"的方式来确定政府的不当行为？事实上，公民们能够从一开始就发现不当行为吗？正是出于这种担忧，亨利才要求及时披露军事和外交秘密。如上所述，麦迪逊也完全有理由回应，由于国际事务的复杂性质，强制即时披露是不可取的。但是话又说回来，如果只有在官员们认为相关信息可以安全共享之后，公民才能仔细审视这些秘密行动，那如果官员们直接拒绝分享那些可定罪的或令人尴尬的信息，公民又有什么安全保障呢？

麦迪逊认为，美国宪法中所包含的"辅助预防措施"（auxiliary precautions），尤其是三权分立，将迫使政府"自我控制"。[69]但是这种机制将如何精确限制国家保密被滥用呢？尤其是它如何才能克服包括亨利在内的众多反联邦党人提出的异议，即总统和国会中的阴谋集团可能合谋隐瞒不当行为？《联邦党人文集》第26篇给出了答案。汉密尔顿写道，那些担心国会和总统可能会"大规模扩充军事力量"的人没有意识到，美国宪法要求每年由国会批准军事预算。汉密尔顿问道，关于这些预算的辩论开始时，"难道不会出现这样一个人，有足够敏锐的眼光识破如此恶劣的阴谋，又有足够的胆识和诚实告知其选民危险吗？"汉密尔顿认为："如果这样的假设能被公平作出，那所有的授权都应该立即终止。"[70]换句话说，汉密尔顿认为三权分立提供了一个简单而有效的保障以防范秘密机构，因为任何国会议员都可以发出警报，野心将会有一切机会抵消野心。他暗示，反联邦党人对阴谋集团的恐惧是不现实的，因为在实践中阴谋者要想悄悄地达成欺骗公众所需的集体协议是极其困难的。

然而，这种说法也有一些不足之处。首先，麦迪逊和汉密尔顿似乎都没有想到，接受国家秘密委托的官员有权披露他们认为合适的信息。例如，回想麦迪逊对1782年12月事件的评论，当时罗德岛州国会代表戴维·豪威尔（David Howell）被发现向《普罗维登斯公报》（*Providence Gazette*）泄露瑞典法院友好提议的消息。[71]豪威尔泄露的消息已经被秘密记在会议记录中，他认为泄露这一消息能证明美国可以在欧洲筹集新贷款的观点。因此国会不必向罗德岛征收那令人厌恶的5%进口关税。豪威尔声称他只是向选民通报了"他们有权知道的事情"。随后他又为自己的行为辩护，称这是在行使"言论自由权"。[72] 但是其同事们并不认同这种说法。麦迪逊在《辩论笔记》（*Notes on Debates*）中指出，豪威尔的回应在国会激起了"广泛的愤怒"，他的同事认为其行为背叛了瑞典法院，向公众展示出一幅扭曲的画面：如果不披露"许多微妙复杂的交易"，就无法纠正美国的金融交易。[73] 毫无疑问，豪威尔所作的辩护被汉密尔顿坚决否定，认为这"极大贬低了美国国会的荣誉和尊严"。[74]

当然，这一事件不排除麦迪逊和汉密尔顿认为官员有道德权利披露涉密信息的可能性，前提是该信息揭露出某个针对人民的阴谋。如果豪威尔毫无正当理由就披露涉密信息，那他理应受到谴责。但是，麦迪逊和汉密尔顿都没有详细说明什么才算是未经授权披露的正当理由，这一事实使情况变得更加复杂。什么时候阴谋才是真正的阴谋？而不是党派狂热的想象力或自私自利的主张。就豪威尔而言，他肯定认为其披露挫败了一场阴谋。[75]

用三权分立来防止国家保密滥用的另一个问题是，立宪者让国会在获取涉密信息方面十分依赖总统。当我们对《联邦党人文集》第53篇和第75篇进行比较时，这一点就很明显了。在前者中，麦迪逊探讨了议员必须做些什么才能胜任。他写道："如果一个人对所要立法的事项缺乏一定程度的了解，那么他就无法成为一名称职的议员。"麦迪逊说，"联邦代表需要拥有的知识"之一就是"外交事务"——而外交事务"有时需要特别的立法批准和合作"。然而某些知识可以获自"某人的密室"，而有些"只能从公共的信息来源中获得"。麦迪逊总结道，"所有知识的最佳来源方式就是实践，特别是立法工作的实践"。[76] 但是，正如汉密尔顿在《联邦党人文集》第75篇中指出，保护情报工作所需的保密程度"与众议院人数多、变化大的特点不相容"，那么议员该如何熟悉外交事务呢？[77]

《联邦党人文集》第53篇和第75篇之间的矛盾并非前所未有。制宪会议的进程表明这种混乱是根深蒂固的。1787年8月11日，众议院和参议院一致同意，"他们判断可能需要保密"的会议记录将不再公开。[78] 9月7

秘密与泄密 [美国国家保密的困境]
Secrets and Leaks: The Dilemma of State Secrecy

日,代表们转而讨论美国宪法第二条第二款第二项时,该条款授权总统"在参议院的建议和同意下"签订条约。在这一点上,威尔逊提议将众议院一起纳入这一条款中,理由是"条约要有法律的效力,就应该得到法律的认可"。威尔逊称将众议院包括在内的"唯一反对意见是条约事务中的保密情况"。[79]这是一个值得注意的论点,因为我们观察到,不到一个月前代表们授权其行使保密的权利。如果不信任众议院能够保守秘密,为什么要授权众议院行使保密权?这个问题当时没有人提出。相反,罗杰·谢尔曼(Roger Sherman)对威尔逊的提议提出质疑,他再次强调保密的重要性,称"出于条约保密的必要性,禁止在全部立法机构中提及"[80]。他的同事们显然已经被说服,他们以10比1否决了威尔逊的提议。

然而,这并不是故事的结局。9月14日,格里和梅森一起提议只有参议院才能行使保密权。麦迪逊记载,他们的提议以7比3被否决,理由是"可能会出现两院都需要保密的情况",比如"宣战前的准备措施"。[81]为什么代表们认为众议院能够为战争的准备工作保密,而不能为外交程序保密?是代表们改变了主意吗?考虑到美国宪法的拥护者在各州大会上的发言,这似乎不太可能。例如,在弗吉尼亚州,弗朗西斯·科尔宾(Francis Corbin)当着麦迪逊的面指出众议院"被排除在制定条约的人选之外,是因为大型民众代表大会处理此类事务非常不恰当,他们不可能在充分保密的情况下采取行动,也不可能迅速作出决定,这只有小型机构才能做到"[82]。在南卡罗来纳州,查尔斯·科特斯沃斯·平克尼(Charles Cotesworth Pinckney)更直接地表达了这一观点。他问道:"我们能指望六十五个成员都保守秘密吗?"他说:"这种想法很荒谬。"[83]

那参议院呢?美国宪法的一些支持者似乎认为参议院在外交事务中的角色将有助于打击滥用保密的行为。例如,在宾夕法尼亚州,威尔逊认为"无论是总统还是参议院,都不能单独完成一项条约;他们相互制约,互相制衡,为人民带来安全"。[84]同样,在南卡罗来纳州,平克尼嘲笑了众议院谨小慎微之后,他继续说:"参议院人数之少……与美国联邦政府的总统共同组成一个机构,在这个机构中,联邦的外交权力可以得到最佳和最安全的保证。"[85]但是,杰伊在《联邦党人文集》第64篇中写下的那些话。"在某些情况下,如果拥有情报的人能够摆脱被发现的恐惧,就可能获得最有用的情报。"他声称:"这种人将依赖总统保密,但不会信任参议院,更别提众议院了。"这就是大会要求总统在参议院的建议和同意下行事,但同时只授权他一人"谨慎地管理情报事业"的原因。[86]换句话说,依据《联邦党人文集》第64篇指出,即使是参议院也不能独立或不经协调地获得秘密情报。

值得注意的是,杰伊在这里并没有讨论总统对秘密情报的垄断,可能会使参议院在反对总统的情况下更难行使其协调权力。相反他只关注这种分工的优势,认为这表明"美国宪法规定,我们的条约谈判应当具备充分的优势。这些优势一方面是由人才、信息、道德和深思熟虑的调查形成的;另一方面,则是保密和调度行动带来的"。[87]但是这种说法有些令人费解。如果宪法**要求**总统与参议院共享秘密情报,那么这就违背将"情报业务"控制权交给他的目的——使他拥有更高级别的决策权。但如果总统不需要分享秘密情报,那有什么能阻止他只分享对自己有利的信息呢?人们很容易想到,立宪者希望参议院通过在资金、任命和条约批准方面拒绝合作来获取信息。但如果设立总统办公室的目的是维护其自由裁量权,那么参议院如何明智地强制总统披露那些他认为应该保密的信息呢?如果参议院只有在真正必要时才应该使用强制手段,那我们必须问一问参议员,到底该怎样确定什么时候使用强制手段,因为他们事先并不知道总统所拥有的信息是否真正敏感。

孤立的环境

我一直认为,虽然立宪者们并不指望行政机构只保留少数的、短暂的秘密，但他们设计的制衡体制在如何防止国家保密的滥用问题上，确实出现了一系列疏漏。我发现了三种这样的疏漏。第一，既然总统和国会有权决定（如果有的话）何时向公众披露涉密信息，那么公民怎样让总统和国会对保密的使用负责？其次，既然总统有权决定（如果有的话）何时向国会披露涉密信息，那么议员如何审查行政机构对国家保密的使用？第三，在什么情况下（如果有的话），官员有权披露揭发不当行为的涉密信息？既然这些疏漏很是重要，我们就有理由认为后人应该注意到并且设法填补这些疏漏。我现在讲述，19世纪的人们察觉到这些疏漏带来的影响，但还不够紧急，也不够频繁，不足以迫使他们去采取补救办法。

在19世纪，对于总统和国会有权为了国家利益而保守秘密这一概念，在原则层面似乎没有受到什么挑战。当总统要求国会一起隐瞒信息时，无论是向阿尔及利亚支付赎金、与欧洲大国的外交倡议，还是与墨西哥的谈判，并没有表现出任何焦虑。[88] 当时著名的评论家也常常为这一原则所辩护。例如，威廉·罗勒（William Rawle）在《宪法观》（*A View of the Constitution*）中认为，要求总统披露与外交事务有关的信息是有道理的，因为"共和国应该很少有或没有秘密"。但罗勒写道，这是"一种建立在理想观念之上，与人类有益实践相悖的虚幻观点"，因为将内阁的交易暴露在"公众视线"中只会阻碍其运作，并让"不当优势"占据上风。[89] 大法官约瑟夫·斯托里（Joseph Story）在《美国宪法评注》（*Commentaries on the Constitution*）中重申了这一观点，强调在外交关系方面保密的重要性，特别是签署条约，因为"没有人能真正了解外交"，人们可能并没有意识到"谈判的成功往往依赖公众对此一无所知，如同依赖公正或政策"。[90]

这并不意味着在此期间没有人对国家保密提出任何批评。有不少国会议员公开发表了相当强烈的意见。[91] 但是这些成员普遍承认，无论如何，这个理念能在多大程度上实现都取决于总统。例如，1796年关于《杰伊条约》（*Jay Treaty*）史诗般的辩论中，众议员亚伯拉罕·鲍德温（Abraham Baldwin）认为，"政府掌握许多秘密的必要性正在减弱"，因为经验表明"政策的公开程度越高,成功的可能性越大"。此外鲍德温称,在一个"自由的政府"中,"支持和反对政策的理由应该为人民所知"。然而他最终承认,如果在公开相关信息时存在"任何暂时的不恰当",总统有权行使保密。[92] 同样,美国宪法第一条第五款第三项在批准生效后的几十年里持续受到零星的批评,最著名的是圣乔治·塔克(St. George Tucker)著述的《宪法的观点》(*View of the Constitution*)。[93] 但是这种观点显然只占少数,因为参议院和众议院在制定行政会议保密规定时几乎没有遭到反对。[94]

然而更有争议的是,总统会试图向国会隐瞒一些军事和外交相关信息。正如参议院在1794年向华盛顿总统询问《杰伊条约》的谈判细节时了解到,总统们从很早的时候就宣称对这个领域拥有控制权。华盛顿总统同意分享一些信息,但他隐瞒了"那些我认为出于为公众考虑不应该公布的细节"。[95] 众议院很快意识到他们在这方面的处境更加不利。1796年,在进行拨款之前,众议院要求获得与制定(现已签署)《杰伊条约》有关的所有信息。但华盛顿总统拒绝透露,他说:"即使条约最终已经签署,全面披露那些已经提出或正在考虑中的所有措施、要求或最终让步,也是极其不明智的举措。"[96] 有证据表明这些先例在19世纪变得更加牢固。索法尔和罗泽尔完整记录了相关案例。[97] 我只想补充一点,当时的主要评论显然不认为这种做法是一种歪曲。例如詹姆斯·肯特(James Kent)在《美国法释义》(*Commentaries on American Law*)中直率地指出尽管在共和国中"尊重和平以及战争的决定"是在议会中进行的,但美国宪法一直受到一种认知的影响——"把保密和调度的权力交给行政机构是有利的"。[98]

为什么这些说法没有引起国会更多的批评?议员并不是不知道这预示着什么。相反,他们每隔一段时间就会表达对总统控制涉密信息流动可能会削弱国会协调权力的担忧。举例来说,1796年,麦迪逊指出总统声称他有权隐瞒有关外交关系的信息(在《杰伊条约》的背景下),但这会使众议院难以审议"美国宪法赋予他们的职责"。[99] 1826年,当约翰·亚当斯总统提议将官员派往巴拿马国会时,国会中持批评态度的人士对这一提议感到震惊，因为美国一直秉持避免卷入外交纠纷的政策，因此要求他提供更多关于此次任务的信息。当总统拒绝分享信息时，参议员罗伯特·海恩（Robert Hayne）抱怨说，虽然总统"允许我们自由采取认为适当的行动，但他却拒绝提供我们可以单独采取行动的信息，尽管我们的态度已经很恭敬了"。[100]而且在1843年，参议院面对表明约翰·泰勒（John Tyler）总统曾与英国人就俄勒冈州的未来展开秘密谈判的报告时，参议员威廉·艾伦（William Allen）抱怨说，"总统在缔结最重要的条约，而他甚至没有告知参议院谈判正在进行，这是对美国宪法文字和精神最真实、最危险的背离"。[101]他的同事、参议员托马斯·本顿（Thomas Benton）解释说，问题在于秘密制定条约"剥夺了参议院在批准条约的决定权"，这让他们面临一个严峻的选择："要么批准总统的行为，要么让总统难堪。"[102]

然而这些抱怨最终并没有产生什么实质性影响，因为国会领导人也承认了另一方观点的分量。如上所述，设立总统的主要理由之一是大陆会议的规模和结构使其难以保密。考虑到这样的历史背景，当麦迪逊对华盛顿政府拒绝分享《杰伊条约》相关文件进行回应时，我们不应该感到惊讶。他不得不承认，虽然众议院"必须拥有权力可以在所有情况下都能要求获得可能会协助他们审议的信息"，然而总统也"拥有权力"和"相应的责任"隐瞒"当时不允许公开的"信息。[103]随着国会开始用一种重要的准则（formula）来限定其对涉密信息的要求，这种态度很快形成先例，即行政机构应该共享相关信息，"除非总统认为这样做违背公众利益"。[104]

毫无疑问，这个准则对于解决国会如何能够独立行使其协调权力的问题没有多大帮助。在缺乏明确规定的情况下，国会议员偶尔会试图强行解决这个问题。然而这些尝试往往无法得到国会的支持。1826年，国会议员塞缪尔·英厄姆（Samuel Ingham）试图说服其同事这个问题的严重性（是否资助前往巴拿马国会的代表）。他提供了足够的理由要求总统"不加任何限制地"公开信息。英厄姆说："我们应该告诉选民，我们投票支持这项措施是因为'总统对此了如指掌'吗？"他说，这将承认"众议院作为人民的代表……同意变成只是登记行政命令的大会。"[105] 英厄姆的不少同事都认同这个问题的表述。例如，众议员詹姆斯·汉密尔顿（James Hamilton）认为如果不进行深入调查，就会认为"总统不会犯错"。[106] 然而，大多数议员仍然站在丹尼尔·库克（Daniel Cook）和丹尼尔·韦伯斯特（Daniel Webster）的一边。他们提出国会应该成为一个更温和的角色，在缺乏明确的不当行为证据时，我们没有理由去质疑"总统可能有最好的理由"隐瞒信息。[107]

其他议员评估国会主张时则更直言不讳。1831年，一群参议员指控安德鲁·杰克逊（Andrew Jackson）总统违反美国宪法，秘密派遣公使与奥斯曼帝国谈判条约。在参议院外交关系委员会（Senate Committee on Foreign Relations）主席、参议员利特尔顿·塔兹韦尔（Littleton Tazewell）的领导下，他们认为参议院应该拒绝总统提出补偿这些公使的拨款要求，因为参议院还未批准他们的任命。但未来的国务卿、参议员约翰·福塞斯（John Forsyth）驳回了这一提议。他认为之前的轻率行为，比如参议员史蒂文斯·梅森（Stevens Mason）在1795年披露《杰伊条约》的事件教会行政机构：不能指望参议员履行"神圣义务"，维护外交关系所需的保密性。[108] 他补充道，最近的经验只是表明"如果有人希望某一主题应该……成为公众讨论的话题，那没有什么比关上参议院的门使之成为一个秘密的、隐密的审议对象更有必要"。[109]

然而，并非所有试图振兴国会的努力都失败了。例如，1848年，众议院要求詹姆斯·波尔克（James Polk）总统分享交流美国驻墨西哥大使约翰·斯莱德尔（John Slidell）活动的相关信息。波尔克在给众议院的答复中指出，这一要求是"无条件的"，因为它省略了"国会任何一院要求行政当局提供我们与外国交往时包含的惯例和保留意见"。然而，波尔克并没有被吓倒。他认为不能"违反一项此前被前任们奉为神圣的重要原则"，他只传递了他认为"在不严重损害公众利益的情况下"的信息。[110] 由于不愿进一步推进事务，国会又恢复了旧准则。到19世纪晚期，这个准则已经被精心排练过，以至于赫尔曼·冯·霍尔斯特（Hermann von Holst）在《美国宪法和政治史》（*Constitutional and Political History of the United States*）中指出对信息流的控制使得总统能够判断"与参议院的宪法合作应该何时开始"。[111]

我一直认为，19世纪没有人继续质疑行政机构垄断涉密信息这件事，可以归因于人们一直相信总统有权决定涉密信息何时应该向公众公布；同时国会也认为总统有权决定它什么时候可以获得涉密信息。这种说法可能会让人好奇，为什么公民和议员对行政机构控制信息没有感到恼火，因为这毕竟会使他们难以实行问责制。可以说，这种垄断的重要性被美国孤立的环境所掩盖，这种环境限制了国家保密的范围和规模，相应地也限制了议员和公民与总统之间的冲突。[112]正如弗朗西斯·利伯（Francis Lieber）在《论公民的自由与自治》（*On Civil Liberty and Self Government*）中所言，尽管外交上的保密不利于自治所需的公开，但"现代已经发生了巨大的变化，现在国家对外交往中普遍进行了很大程度的公开"[113]。作为证据，利伯引用了"我们最早的政治家之一"给他私下写信时的话，"我不会花一分钱在人们可能想象被锁在美国档案室的秘密上"[114]。

有人可能反驳19世纪上半叶有不少总统广泛地使用保密，特别是在美国的扩张事业中。这当然是事实——收购路易斯安纳州、佛罗里达州、得克萨斯州、俄勒冈州和加利福尼亚州都是秘密进行的。但是请注意这些收购的秘密性（furtiveness）在几个关键方面是有限度的：保密的目标是严格界定的；保密持续期是有限的；结果不可避免是公开的。换句话说这一期间的秘密活动并非来自或停留在一个高度保密的安全机构内部。事实上，美国在这段时期的安全机构十分薄弱。[115]情报措施的主要载体是"行政特工"（executive agent），他们是"美国外交政策的开创者"。[116]这些"特工"主要是业余人员，他们"单枪匹马作战，没有得到任何庞大情报机构的支持"。[117]这些带有"高度分散和个人主义"性质的活动反过来有助于限制总统与国会之间的冲突。[118]例如，总统混淆这些行政特工的确

第一章 问题所在——如何监管国家保密？

切角色，经常通过私人信件与他们交流，因此能够避免与国会发生冲突，这种做法使总统能够毫不犹豫地遵守国会官方通信的要求。[119] 这些活动的短暂性也有助于平息国会的担忧。例如，回想波尔克总统在 1846 年拒绝分享前任总统起草的凭证（或秘密付款）后传递给国会的信息，他委婉地补充道："就我本人而言……我不认为有必要出具凭证，除非万不得已，否则我决不会行使这种权力。"[120]

行政机构垄断秘密信息并未引起广泛担忧的另一个原因是，即使总统确实从事秘密活动，未经授权披露也确保了议员和公民"并不是对执行目标一无所知"。[121] 有时披露信息来自国会。最著名的案例或许要追溯到 1844 年 4 月，当时面对收购得克萨斯是否明智的政治分歧，美国总统约翰·泰勒试图在内部会议上批准兼并条约。作为批准程序的一部分，泰勒政府提交了与谈判有关的文件。然而，这些文件中的外交信函表明兼并的目的之一是加强奴隶制度。废奴主义者、参议员本杰明·塔潘（Benjamin Tappan）强烈反对该条约，他秘密披露了这些信件，由此引发了公众辩论，最终导致参议院否决该条约。[122]

不过更常见的情况是未经授权披露来自行政机构内部。因此在整个 19 世纪，尤其是在战争时期，总统们都努力避免秘密活动见诸报端。[123] 19 世纪末的著名事件很好地总结了他们面临的挑战。菲律宾战争期间，威廉·麦金利（William McKinley）总统政府试图审查驻马尼拉的美国记者。记者团发表声明谴责审查制度，称其是阻止美国人了解军方弄权和失败的一种手段。这份广为宣传的声明电报传回美国后，审查活动产生了事与愿违的结果。作为回应，《国家》杂志（Nation）警告总统，"如果有一件事是任何军事纪律或官方恐怖主义制度都无法长期迫使美国官员去做的，那就是压制事实，掩盖错误"。"泄密肯定会发生。"因此，"总统蹲在安全阀上越用力，当爆炸发生时，他就被炸得越高"。[124]

19 世纪的公民和议员通过未经授权披露来挑战秘密行政行动，这并不是新发现。施莱辛格是第一批辨别出美国历史上这个"重复出现的模式"

—37—

的人之一。他说,"当共和国在外交政策上面临着一个艰难决定,然而行政机构又没有透露相关事实使人们能够形成自己的判断,因此忿忿不平的公民认为违反(他们认真相信的)保密制度在道德上变得正当,因为政府的保密制度违反了国家利益。"[125] 然而,施莱辛格无视了这些披露的信息极具争议性。例如,塔潘受到了参议院的谴责险些被革职。[126] 在其他方面,国会对记者进行传唤、审问,甚至监禁,以便找出他们的消息来源。[127] 例如,参议院于1890年成立了所谓的气味委员会(smelling committee),耗时五个多月去调查记者、工作人员,甚至参议员,以追查最近大量泄密事件的源头。[128] 这些插曲很可能被看作是上述立宪者的理论疏漏之一。立宪者曾暗示,出于公共利益的考虑,保密可能会被合法地破坏,但他们没有恰当解释什么是合法的。和罗德岛州的豪威尔一样,塔潘认为自己披露涉密信息是正当的,而国会显然不这么认为,结果引发了争议。哪边是正确的?在19世纪这个问题提出得不够频繁、不够尖锐,以至于没有引起人们探索系统性的答案。

转折点

我认为,尽管立宪者没有充分解释公民或议员该如何能使总统对国家保密的使用负责,19世纪国家保密有限的范围和规模意味着他们的疏漏在当时没有引起持续的关注。然而我接下来要讨论的是,一旦美国卷入国际政治,这种局面就开始发生变化。

19世纪末出版的《美利坚共和国》(*The American Commonwealth*)一书中,作者詹姆斯·布莱斯(James Bryce)发现"共和国通常很难界定外交事务中立法机构和行政机构各自的范围,出于保护人民的理由,公开和议会控制是必要的,但同时迅速和保密是外交成功的重要条件";然而美国非常幸运地避开了这个问题,因为"幸福的美国"立于"世界之外"。[129]

第一章　问题所在——如何监管国家保密？

在布莱斯写下这句话的十多年后，美国长期以来对卷入外国事务的反感开始消退。伍德罗·威尔逊（Woodrow Wilson）最早发现这对美国意味着什么。1898 年美西战争（Spanish-American War）后，威尔逊指出从宪法的角度来看，随着美国"陷入了国际政治以及管理遥远的依附关系"，比如夏威夷和菲律宾，"有趣的事"发生了。[130]"当外交事务在一个国家的政治和政策中发挥了重要的作用，"他写道，"它的执行者必须遵从以下指南：必须说清楚每一个最初的判断，采取每一个行动的第一步，提供它依据的所有信息，在最大程度上控制其自身的行为。"[131]

国会很快也有同样的发现。1906 年，参议员约翰·斯普纳（John Spooner）和奥古斯都·培根（Augustus Bacon）之间一场著名的辩论将这一发现带到国内。这场辩论是关于国会是否有权要求西奥多·罗斯福（Theodore Roosevelt）总统提供他派代表参加阿尔赫西拉斯会议（Algeciras Conference）的信息。该会议旨在解决法国与德国对摩洛哥控制的纠纷。培根担心美国的出席决定表明美国正在摒弃过去"不干涉和不参与的政策"，他想知道罗斯福总统给予美国代表的"指令界限"。[132] 斯普纳以国会不应干涉谈判为由质疑培根要求的合理性。培根回应道，既然美国宪法规定总统应当"根据参议院的建议和同意"来签订条约，怎么可能"参议院就拟议条约的政策或不当之举向总统提供咨询或意见是合理的，但同时要求总统提供信息作为此类建议的依据又是不合理的？"[133] 然而，当斯普纳逼问培根总统是否**有义务**遵守国会的要求时，培根承认应该由总统来判断这样的披露是否"符合公共利益"。[134] 最后，参议员通过重申麦迪逊在一个多世纪前所说的内容得出最终结论：他们同意"参议院有权要求共享信息，总统同样有权拒绝这个要求"[135]。

尽管培根和斯普纳之间的辩论为我们提供了迄今为止最清晰的证据，19 世纪形成的惯例使国会很难掌控秘密的行政机构，但这一挑战在当时并没有立即显现出来。因为随着美国走上世界舞台，当时的政治家们通过呼吁自由民主理念来平息担忧。这一理念形成在 19 世纪的欧洲，革命派的朱塞佩·马志尼（Giuseppe Mazzini）、拉约什·科苏特（Lajos Kossuth），和自由派的本杰明·贡斯当（Benjamin Constant）和弗朗索瓦·基佐（François Guizot）都曾认为民主国家应该消除国家保密，因为它们与欧洲旧君主制相关。[136] 正如前国务卿伊莱休·鲁特（Elihu Root）在1917年预测，人们很快就会断言一个民主国家"没有能力"推行一些"野心勃勃的险恶政策"，因为"民主国家在采纳这些政策之前必须有公开的讨论和声明——这对于这些政策十分不利"。[137] 随着美国加入第一次世界大战（后简称一战），这一观点占据主流地位。"秘密决策"的使用导致"如此惊人的比赛"在"未向世界预警"的情况下进行。这种信念使得威尔逊（时任总统）从过往经验中汲取教训，认为今后"世界和平必须依赖一种全新的、更健康的外交"，它将会"继续坦率地出现在公众的视野中"。[138] 然而人们很快意识到，自威尔逊著名的"十四点原则"（Fourteen Points）演讲之后，国家保密实际上是增加了，而不是减少了。1922年驻华公使、政治学家芮恩施（Paul Reinsch）感叹，在一战之前，"美国没有外交秘密，这句话大体上是正确的"。而现在"在美国政府中，特别是一战期间及战后，公众根本接触不到外交事务的全部信息"[139]。

对于反思这些进程的学者来说，显然未来的道路不是要消除国家保密，而是要确保以负责任的态度使用国家保密。布莱斯在《现代民主》（*Modern Democracy*）一书中写道："可以说开放和坦率的政策最适合自由而高尚的民族。但如果这样一个民族在复杂多变的世界上独树一帜，那它将不得不因其美德而承受痛苦。"[140] 与此同时，布莱斯也承认正如近年经验所示，解决国家保密可能掩盖"不明智的行动"和使用"不光彩的方法"的问题很有必要。[141] 他对这个难题的回应预示着未来的发展。他写道："公众舆论在外交事务上参与得越多，立法机构越坚持不懈地关注外交政策，保密和自由裁量权被滥用的风险将逐渐降低。"[142]

布莱斯关于国会应全程参与外交事务的提议得到其他有影响力的评论家的响应，包括爱德华·考文（Edward Corwin）、昆西·莱特（Quincy

Wright)、德威特·普尔（DeWitt Poole）、卡尔·弗里德里希（Carl Friedrich）和哈罗德·拉斯基（Harold Laski）。[143]但正如参议员培根和斯普纳的辩论所强调的，当国会依赖总统提供信息时，它如何能承担起这一责任呢？当时主要的观察家们都意识到这个问题。"议会的行动会因其毫无作用而变得臭名昭著"，沃尔特·李普曼（Walter Lippmann）在《自由和新闻》（*Liberty and the News*）中写道，因为"国会的信息来源并不比报纸读者的来源更多"，而总统有一个"复杂的官僚机构，其触手可以到达这个国家和世界各地的每一个角落"。[144]他指出正是这种区别正在逐步削弱立宪者们建立起的制衡机制，因为当"立法机构得到的信息杂乱无章……人民更愿意相信熟悉情况的行政机构，而不是那个一无所知的国会"[145]。

主张三权分立的学者们承认国会越来越依赖总统来获取信息，但他们几乎无法提供具体的解决方案。莱特建议总统和国会通过培养非正式的"宪法谅解"（constitutional understandings）来缓解信息共享方面的冲突，这是那个时期的典型做法。[146]但是如果这种"和谐"被打破了呢？普尔认为不必担心，因为国会可以审慎地通过使用它的权力，包括对财政的控制、官员的任命和条约的批准，获得所需要的任何东西。[147]然而，普尔没有提到斯普纳用来难住培根的问题——当立宪者让总统来保守他们认为国会无法保守的秘密时，国会是否**应该**强迫总统泄露信息？

布莱斯的另一个提议——舆论引导——满足了公众对监督的要求。但是这个提议又带来一个问题：该由谁来进行引导舆论。李普曼又一次发现了这个问题。他警告如果把引导公众的任务交给官员们，那就会让政府的宣传大行其道。他写道，当今这个时代，个人意见比以往任何时候都更依赖公众意见，"一个社会缺乏监测谎言的信息，那它不可能拥有自由"[148]。因此，李普曼认为当务之急是提高公正专家的参与度，因为他们可以毫无畏惧、毫不偏袒地调查政策问题，然后引导公众舆论朝着正确的方向前进。[149]但是，如果相关信息只在国家内部秘密公布，这些专家如何能形成"更全面、更长远的看法？"李普曼写道："我们很难搞清楚，除了一些外交和军事秘密之外，为什么国务院掌握的所有信息不应对本国专家学者开放。"[150]然而这种论断的问题在于，正如芮恩施正确认识到的，外交和军事秘密的数量远比过去多了。

没有谁能比新闻界更敏锐地感受到保密范围的扩大。面对威尔逊政府在一战期间引入的审查制度（censorship），新闻界捍卫了自身的自由，将"无情的公开之词"投向（包括在外交舞台中的）"每一个丑闻"和"每一个错误"。因为新闻界倾向于认为国家保密会引起误解和不作为，"即使是鲁莽的言论也可能产生适度的影响，而严厉的审查会扼制安全阀"。[151]然而国会关于威尔逊政府提案的辩论表明，鲜有人支持这一观点。当然，以威廉·博拉（William Borah）为首的一批参议员以战争时期的"肮脏和贪婪总是更加活跃"，比以往任何时候都更需要让人警醒的新闻为由，反对审查制度，强调后来被文森特·布拉西（Vincent Blasi）称为美国宪法第一修正案的"制衡价值"（checking value）。[152]但是国会中支持这一观点的大多数温和派也承认，行政机构有权一开始就阻止披露秘密信息，而国会保留对发表危害国家安全的信息进行处罚的权利。[153]

一战后那些提议引发的问题最初无人探讨，因为即使国家保密已正式出现（以保密准则和1917年《间谍法》的形式），但美国国家安全机构的范围和规模在当时仍然有限。[154]事实上即使在第二次世界大战（后简称二战）期间，罗斯福总统依然依赖行政特工。当时一名重要的观察员指出这些行政特工"没有特殊技能，也没有经过专业培训，十足外行"。他们缺乏"特殊的通信手段或者其他设施"，因此形成了一支"规模小并且不协调的力量"。[155]但二战结束时，情况却截然不同了。1916年国务院只有4名官员正式负责管理情报事务，到1945年，有超过15000人曾任职于战略情报局（OSS），而该局只是战争期间创建的众多情报组织之一。[156]很快，这个数量就被打破了。"珍珠港事件"在决策者脑海中的阴影还未消散，苏联的威胁又迫在眉睫，美国需要永久的和平时期情报机构的观点得到了支持。短时间

第一章 问题所在——如何监管国家保密？

内包括中央情报局（CIA）和国家安全局（NSA）在内的一些强大的新机构迅速应运而生。[157]

伴随这些机构数量的增长，宪法的发展也随之而来，使总统有权控制与这一新兴国家安全机构有关的信息流动。1951年，第一次发展援引第10290号总统行政令（Executive Order 10290）中总统的"默示权力"（implied powers）作为基础，建立起全面的"保护官方信息的系统，这种官方信息如果未经授权披露，可能会损害或者威胁到国家安全"。[158]第二次发展是1954年正式宣布的"行政特权"（executive privilege），授权总统向国会隐瞒信息。凭借一份详细描述美国总统此前向国会隐瞒信息的研究，美国司法部长赫伯特·布劳内尔（Herbert Brownell）称总统有权向国会隐瞒信息。他写道，这些先例表明，"纵观我们的历史，只要总统发现被要求的信息是秘密的，或其披露不符合公共利益，或会危及国家安全，那么他就会隐瞒信息"[159]。

第三次发展是1953年的"美国诉雷诺兹案"（United States v. Reynolds，后称"雷诺兹案"）承认了"国家秘密特权"（state secrets privilege），即国家有权因披露会严重损害国家安全而拒绝出示原告要求的证据。虽然这一特权在19世纪已经得到承认，却很少被用到。然而一旦美国开始从事秘密活动，法院就会遇到原告要求获得涉密信息以证明侵犯其权利。[160]"雷诺兹案"显示司法程序对揭开这些活动的面纱几乎无用，因为最高法院裁定，"如果法院最终确信军事秘密受到威胁，即使是最迫切的必要，也不能阻止特权主张"[161]。

随着这些事件的发展，观察家们开始认识到，从立宪者那里继承来的制衡机制可能会因国家保密而出现问题。哈罗德·拉斯韦尔（Harold Lasswell）警告道，频繁使用保密意味着"在国防问题上对行政机构持批评态度的国会议员，会发现自己的地位越来越低"，因为他将无法与公众分享质疑总统声明与决策的信息。[162]华莱士·帕克斯（Wallace Parks）进一步指出国会通常依赖"非政府组织"的专家来获取必要的信息，以制衡行政机构。他问道,"无法获得必要的信息,又缺乏通信手段",国会如何在军事和外交事务获得指导?[163]罗伯特·达尔(Robert Dahl)和刘易斯·科瑟(Lewis Coser)提出面对日益增加的国家保密,人们应当关注民主控制(democratic control)的问题。科瑟说:"信息被垄断了,所以当权者可以对那些因为不了解真实情况而无法理性行事的人施加统治。""因此,政府行动的保密性的增加,"他总结道,"可以被看作是美国向堡垒国家(garrison state)转变的一个信号。"[164]与此同时,泽卡利亚·查菲(Zechariah Chafee)担心,"最近官员们寻求避免发表的话题越来越多",这意味着"除非非常仔细地划定保密和公开的界线,否则官员可能会侵犯新闻自由"。[165]

这些严峻的声明促使人们呼吁在"保密和披露之间"达成"适当的平衡"。[166]但是我们能依靠官员们来达到这种平衡吗?查菲从一开始就持怀疑态度,他警告道,"官员们一定无法划界",因为他们可能会试图利用这种权力"将公共安全当作保护伞,掩盖自己的错误"[167]。在此后十多年的时间里,这种怀疑主义成为主流。导致这一变化的原因之一是1960年5月发生的"U-2击坠事件",当时美国人发现艾森豪威尔总统误导他们,派遣侦察机到苏联上空进行挑衅性的侦察飞行。弗朗西斯·鲁尔克(Francis Rourke)当时观察到,这一事件"清楚地表明,政府官员掌握着通过控制信息发布来影响公众外交态度的权力"[168]。艾森豪威尔总统随后声称政府撒谎只是为了欺骗苏联政府,然而这个声明只让事情变得更糟糕。鲁尔克指出,不仅因为这个解释站不住脚(比如苏联已经知晓侦察飞行),也因为它暗示官员在认为必要的时候,可能会再次欺骗美国公众。

公众越来越怀疑政府的另一个原因是,他们重新意识到官员们倾向于保密的信息,其披露实际上并不会对国家安全构成威胁。"定密过高"(overclassification)的问题通过备受瞩目的国会听证会和新闻报道引起了公众的注意,新闻报道援引了一些案例,其中从普通到令人尴尬的信息中都可以看到定密印戳的影子。评论家们为这一现象寻找理论解释,他们

第一章 问题所在——如何监管国家保密？

锁定马克斯·韦伯（Max Weber）最近被翻译成英文的著作《官僚主义》（*Bureaucracy*）并得到这种观点：官僚机构出于自身利益的原因，使保密"远远超出其应用范围"。他们尤其开始相信韦伯的观点是正确的："每个官僚机构都试图通过保守秘密、隐瞒意图，以此来确保其专业优势。"[169]

如果无法信任官僚机构能处事公正，那我们该如何制衡保密？重要的两党调查强调，未经授权披露**并非**解决之道。1956年，国防部涉密信息委员会（Defense Department Committee on Classified Information，也称柯立芝委员会，Coolidge Committee）宣称，尽管"理智的人可能在国家安全的决策上有所不同"，但官员们"致力于破坏国家赖以保护其国防秘密的制度"是一件"可悲的事情"。委员会得出结论：这样的行动应该通过惩罚来制衡——"无论个人动机看起来多么高尚，但其犯了严重的罪行，应受相应惩罚"。委员会补充道，如果难以确定泄密来源，那么记者应该"在大陪审团调查中被传唤作证，以确定泄密源"[170]。1957年，政府安全委员会（Commission on Government Security，亦称莱特委员会，Wright Commission）更加直言不讳，要求"明确禁止"未经授权披露，并呼吁"对每个违法者都进行有力的起诉"。"对于难以决定的秘密的最终责任，"劳埃德·莱特（Lloyd Wright）主席称，"必须交由有资格作出判断的忠诚而无私的公职人员。"他强调道："没有任何公民可以将法律和国家的安全掌握在自己手中。"[171]

柯立芝委员会和莱特委员会的建议均未获通过。但这些建议所体现的怀疑态度确实反映出人们对不受控制的披露更广泛的政治关切。例如，查菲就曾告诫，允许涉密信息以八卦的形式泄露"比在大众媒体中直接讨论更危险"。他总结道最好由国会决定哪些事项需要保密，从而允许"坦率的官方披露"。[172]1961年，鲁尔克提出了同样的观点。"正如现在的情况所表明的，"他观察到，"泄密经常起到安全阀的作用。"但他补充说，但是负责披露信息的官员可能会对保密需要作出错误的判断。要么保密得太多，要么太少。[173]

正是在这种背景下，对"知情权"（right to know）立法的提议获得了关注。美国报业主编协会（American Society of Newspaper Editors）成员的一系列出版物中，最著名的是哈罗德·克罗斯（Harold Cross）的《人民的知情权》（*The People's Right to Know*）和詹姆斯·威金斯（James Wiggins）的《自由还是保密》（*Freedom or Secrecy*），他们是第一批发声的。[174] 重要的是这些作家没有反对国家保密本身，然而他们警告到，不加限制地使用定密印戳意味着公民越来越被剥夺了知悉"政策合理性和公务员忠诚度"所需的认知。[175] 因此，他们建议定密决策在信息可得性方面应适当考虑公众的利益，并且应该由法院来扮演仲裁者的角色。

国会中有些议员也乐于接受这一观点，众议员约翰·莫斯（John Moss）和参议员托马斯·亨宁斯（Thomas Hennings）在其中发挥了巨大作用。莫斯认为，"没有人否认我们为捍卫国防利益而应该采取安全措施的必要性"，但近年来保密的主张已经"对我们代议制政府体制构成威胁"[176]。他的同事亨宁斯认为当务之急是确保涉密信息"只用于总统适当而高效地处理外交事务"。[177] 这种指导思想很快落实到行动中。1966 年，国会通过了《信息自由法案》，该法案给行政机构带来责任，要其证明在特定案件中"是根据行政命令规定，为了国防或外交利益而实施保密"。[178] 正如法案所附会议报告的解释：《信息自由法案》的目标是确立"全部机构公开的总体理念，除非信息有明确规定予以豁免，以及形成一种法院程序，使公民和媒体可以据此获得被错误隐瞒的信息"。[179]

大约在同时，国会为满足自己的需求也开始反对总统有权拒绝向国会提供信息的主张。最初，它整理了一系列对立的先例，证明了"国会及其委员会有权获得立法程序认为必要的信息"[180]。随后，司法部长罗杰斯声称行政特权建立在三权分立的基础上，这种情况下同样的学说也支持知情权，因为"考虑到立法旨在影响或者改变的状况，如果缺乏必要的信息，立法机构就不能明智或高效地立法"[181]。但是，这些质疑针对的都是行使行政特权隐瞒与内部审议有关的非秘密性资料。就保密信息而言，国会将

第一章 问题所在——如何监管国家保密？

继续表现出尊重。在此期间，由一些高级议员组成的负责监督情报界的小组委员会，根据弗兰克·斯米斯特（Frank Smist）的说法，他们"选择不参与，并且愿意一无所知"[182]。但这种尊重的态度很快被抛弃。

20世纪70年代上半叶转折点出现了，一系列事件暴露了国家保密被用来隐瞒那些可疑的，有时甚至是公然违法的活动。1971年6月，《纽约时报》发表了"五角大楼文件"，这是一份关于越南战争前后决策的秘密研究。该研究显示政府在战争原因及前景方面"系统地向公众及国会说谎"[183]。1973年7月，吹哨人哈尔·奈特（Hal Knight）少校向国会报告尼克松政府秘密下令轰炸柬埔寨，尽管政府曾公开声称尊重该国的中立性。[184]随后的调查显示政府一直在系统地伪造记录，包括提交给参议院军事委员会（Senate Armed Services Committee）的记录，以便向公众隐瞒秘密轰炸任务。这次揭发过去后没多久，"水门事件"就发生了。尽管这一丑闻并未直接涉及国家安全事务，但最高法院于1974年7月下令披露的白宫录音带显示，尼克松总统及其助手曾试图通过暗示"水门事件"是国家安全秘密行动的一部分来制止联邦调查局（FBI）调查人员。[185]最终在1974年12月，《纽约时报》的西摩·赫什（Seymour Hersh）发表了被称为"家丑"（Family Jewels）的文件，这份中央情报局内部文件列出该机构违反国内和国际法律所开展的活动，包括针对外国领导人的暗杀阴谋、颠覆外国政权、渗透国内政治团体及非法的国内监控。[186]

这些揭露的事实引发了人们的愤怒，并将以前对国家保密的普遍不安转变为彻底的敌意。人们此刻开始指出，最著名的是施莱辛格在《帝国总统》（The Imperial Presidency）提到美国人需要通过剥夺行政机构对保密系统的垄断来打击"保密教的兴起"。[187]但是，如何做到这一点？美国宪法第一修正案学者认为最近的事件提供了线索。亚历山大·比克尔（Alexander Bickel）作出了开创性贡献。他认为"五角大楼文件"事件表明，媒体成为打击不正当保密（undue secrecy）的"对抗力量"，因为美国宪法第一修正案不赞成事先限制，这意味着虽然政府被允许"大力防范"泄密，但"如

-47-

果泄密事件发生,也只能忍受"。比克尔指出虽然由此导致的"猫捉老鼠的游戏"可能是"无序的",但它仍然是"有效的"。[188]

但这一观点的认同者寥寥无几。例如,路易斯·亨金(Louis Henkin)认为:"三权与第四权之间通过斗争和耍聪明的试验,似乎不是推动民主社会实现各种目标的最佳方式。"他认为这种"不开心的游戏并不能保证应该被隐瞒的内容不会被发现",并且这种"罕见的、偶然的、巧合的新闻揭露将难以取得所有人们应该知道的信息"。[189]他总结道,国会和总统能更好地解决定密过高问题。施莱辛格对此表示赞同,他对依赖"匿名且讨厌的官员与媒体之间的反叛合作"这种思维模式表达出犹豫。他警告说这种未经授权披露的正确与否只有在披露行动发生**之后**才能被证实。披露风险的大小取决于官员和记者的政治倾向。他问道:"以一种不那么紧张的方式维持保密与披露之间的平衡,难道不是更好吗?"[190]为此,他提出了两种改革措施。第一种是建立"某种形式的上诉程序",有助于确保"定密决策符合理性标准"[191]。第二种是强迫总统负起责任"向国会提供辩论所必需的信息",例如:"根据相关法律规定,中央情报局的情报分析必须提交给相关委员会。"[192]

施莱辛格的分析具有先见之明。鉴于人们普遍对总统不信任,国会对规范国家保密的制度性框架实施了两项重大变革。1974年,国会修订《信息自由法案》赋权法院秘密审查保密记录,以确定这些记录是否是根据国家安全豁免条款而被合法保密。这一修订是在杰拉尔德·福特(Gerald Ford)总统否决的情况下通过的,旨在使法院能够高效地监督保密系统。另一项变革是1977年众议院常设情报特别委员会(House Permanent Select Committee on Intelligence)和1976年参议院情报特别委员会(Senate Select Committee on Intelligence)的设立,标志着情报监督系统的建立。[193]国会还于1974年通过《休斯-赖安修正案》(Hughes-Ryan Act),1980年通过《情报监督法案》(Intelligence Oversight Act),强制总统必须让选定的国会议员"充分且及时地"获知"重大情报活动",包括秘密行动。[194]

然而,国会并未加强对传播未经授权披露的官员、记者和出版商的保护。例如,拒绝赋予记者保护秘密消息来源的特权,或修改《间谍法》,该法案曾在"五角大楼文件"泄密案中用来起诉丹尼尔·埃尔斯伯格。

然而很明显,在短时间内这些改革未能撼动总统对秘密信息流动的控制。在里根总统的第二任期期间,公民和议员又一次通过未经授权披露了解到,政府秘密地向伊朗出售武器,向尼加拉瓜反政府武装提供支持,并利用美国媒体发起对利比亚的造谣活动。在此期间,众议院情报委员会成员、众议员诺曼·峰田(Norman Mineta)用令人难忘的语言描述了国会的立场:"我们就像蘑菇,他们将我们置于黑暗中,不停地施肥。"[195] 与此同时,平民社会活动家们发现,对行政机构声称由于披露涉密信息可能会导致危害的主张表现出的司法尊重,意味着《信息自由法案》无法帮助他们获得有关行政机构活动的看似基本的信息——比如情报预算的规模。正如罗伯特·戴林(Robert Deyling)在调查既往案例后,于1992年发表了令人沮丧的报告,自《信息自由法案》颁布以来,法院"对涉及涉密信息的数百起案件作出裁决,基本上每一个案件政府都同意隐瞒所要求信息"。[196]

这些挫折促使人们进一步呼吁改革。例如,高洪柱(Harold Koh)认为国会应该将对国家安全事务的监督委派给由少数几个最高级别官员组成的"核心小组成员",因为国会相对容易作出草率决定,限制监督者的数量会让总统更难以拒绝共享信息。[197] 与此同时,西西拉·博克(Sissela Bok)认为由于《信息自由法案》核心的缺陷,美国政府隐瞒信息的水平已经到了"病态"的地步。它的支持者没有看到允许以国家安全为借口而保密信息,只会使受纵容的官员更进一步封锁信息。博克援引韦伯的话警告道,《信息自由法案》等法律"只有把例外情况控制在最低限度,并防止其规模扩大,才能更好地为公众服务"。[198] "减少并保护政府秘密委员会"(Protecting and Reducing Government Secrecy,也称莫伊尼汉委员会,Moynihan Commission)重申了这一观点。该委员会在1997年得出结论,迫切需要"对制造秘密的未受限制的自由裁量权加以制衡",并需要"一种有效的解密模式"。为此委员会建议成立一个独立的国家解密中心（National Declassification Center）来监督"系统性解密"。[199] 不过委员会明确反对未经授权披露可能会成为反定密过高的手段这一说法。参议员丹尼尔·莫伊尼汉（Daniel Moynihan）宣称："对于允许靠未经授权手段发布此类信息的行为，我们必须采取零容忍的态度。"[200]

莫伊尼汉委员会报告的墨迹未干，所谓的反恐战争就打响了，这促使乔治·布什政府和贝拉克·奥巴马政府展开了一系列秘密行动。随着事态的发展，我们很快就清楚地看到当局继续控制与这些活动相关的信息。例如2002年，有官员断言秘密情报显示伊拉克正在发展大规模杀伤性武器，并资助敌对美国的恐怖组织，因此国会决定授权动用军事力量。这些言论最终被证明毫无根据，国会议员得出的结论是威胁被"夸大了"。[201] 参议员戴安娜·范斯坦（Dianne Feinstein）说道："这证明了当国会在向总统建言献策时，拥有及时、准确的情报是多么重要，因为总统作为三军统帅，其权力可以将美国人民及其他无辜平民的生命置于危险之中。"[202] 然而，尽管国会承诺在未来要加强监督，但在《纽约时报》于2006年发表了国家安全局无证监听计划（warrantless wiretapping program）的报道后，参议院情报委员会的大多数成员才得知了这个计划。委员会成员罗恩·怀登（Ron Wyden）恼怒地抱怨，他和同僚们不得不雇用一家剪报服务公司，以便让他们收集到这些报道。据称他曾说过："我只能说，我知道什么？我只是情报委员会的成员。"[203]

国会并不是唯一一个在反恐战争期间努力监督总统秘密活动的机构。在过去十年里，法院也一直在努力帮助公民和议员揭开秘密行动的面纱，这些行动明显侵犯了反恐行动中个人的尊严和权利。例如，《信息自由法案》已被证明是一种无效的手段，它无法迫使政府披露详细记录恐怖主义嫌犯待遇的文件，因为法官继续认同行政当局对披露这类信息可能造成危害的评估。帕利托和韦弗等批评人士宣称法官已经"放弃"了《信息自由法案》赋予他们的角色——保密决策的独立评估人。[204] 法院也不愿意仔细审查政府侵犯国家秘密特权的行为。因此，那些遭受了非常规引渡和无证监听的上诉人发现，他们被一个可以证明其主张并寻求司法补偿的法庭拒绝了——这一"残酷的结果"也招致了法律学者的批评。[205]

然而，并非所有的监管机制都被证明是无效的。过去十年由于未经授权披露，公民和议员已经意识到潜在的不当行为——秘密监狱的建立、非常规引渡的实施和无证监听计划的存在。行政机构对这一事态发展的反应很是明确：布什政府和奥巴马政府起诉的官员比以往所有前任总统加起来还要多。[206] 值得注意的是，国会和法院并没有代表官员或媒体进行强有力的干预。与此相反，议员们经常谴责这种披露，法院允许对官员和记者采取法律行动。不足为奇，这些进展招致了美国宪法第一修正案学者斯通、基特罗瑟等人的强烈批评。[207] 他们呼吁加强对官员和记者的保护，因为法律目前"过于重视保密，牺牲了公众知情权"。但是这类提议也遭到激烈的反对，最近一次是由莉莲·贝维尔（Lillian BeVier）和舍恩菲尔德提出的，他们认为未经授权披露是不可接受的，正如当选代表所说："未当选的个人采取凌驾于公众意愿上的行为，损害了民主制。"[208]

进退两难的困境

我先提出个问题——对于国家保密，人们为什么在原则上批准却在实践中谴责？如上所述，常规的解释归咎于总统在冷战期间利用"普遍恐惧"和"普遍信仰"，建立了一套保密制度。此后，总统就一直在利用这一制度的优势。我认为这种解释的问题在于，立宪者显然希望行政机构使用国家保密。因此，行政机构不管是真实的还是想象的越轨行为，不能简单地归结于战争歇斯底里的产物，而是源自更深层次的东西。我们看到真正的原因是立宪者理论的疏漏。立宪者授权总统出于公众利益使用保密，但没有完全说明公民和议员如何知道总统是否确实在负责任地行使这一权力。

秘密与泄密 [美国国家保密的困境]
Secrets and Leaks: The Dilemma of State Secrecy

19世纪的美国没什么外交纠葛，总统几乎没有理由或机会广泛使用国家保密，所以立宪者的疏漏没有造成持久的信任危机，然而20世纪初，美国卷入国际政治，随着秘密范围的扩大和规模的增长，这种疏漏造成的影响与日俱增。

这个结论引发了一个显而易见的问题。半个多世纪以来，学者们通过改革打破总统对秘密信息流的封锁来解决制宪者的理论疏漏。那么为什么美国的公共生活仍然充斥着关于国家保密的争议呢？正如我们所见，问题在于填补立宪者的疏漏并非易事。当下一切的努力都已陷入僵局。近几十年来我们一直倡导的监管机制——尤其是《信息自由法案》和国会监督委员会的建立——已被证明在揭露不当行为方面是无效的。与此同时，有效的监管机制——吹哨和泄密行为——却被谴责为非法的。换句话说，现有的保障措施要么无效，要么不受欢迎。

这一困境有什么解决办法吗？在制衡国家保密使用的问题上，有没有可能将立法监督和司法审查变得更加**有效**？如果没有，那在哪些情况下，官员、记者和出版商的未经授权披露可以被视为是**合法**的？这些都是我们今后要研究的问题。我们会发现这一困境远比评论家迄今为止所认识到的问题更难解决。

第一章 问题所在——如何监管国家保密？

〖注释〗

[1] Schlesinger, *Imperial Presidency*, 317, 329.

[2] Schlesinger, *Imperial Presidency*, 326, 329.

[3] Schlesinger, *Imperial Presidency*, 326.

[4] Schlesinger, *Imperial Presidency*, 318.Commager, *The Defeat of America*, 87; Berger, *Executive Privilege*, 203-4；Hoffman, *Governmental Secrecy*, 12–13.

[5] Kitrosser, "Secrecy and Separated Powers," 520–21; Pozen, "Deep Secrecy," 298; Stone, *Top Secret*,1; Pallitto and Weaver, *Presidential Secrecy and the Law*, 1. 比较 Michael Doyle, "Misquoting Madison," *Legal Affairs*, July/ August 2002。

[6] Sofaer and Cox, *War, Foreign Affairs, and Constitutional Power*; Schoenfeld, *Necessary Secrets*; Rozell, *Executive Privilege*, chaps. 1-2；Knott, *Secret and Sanctioned*, chaps. 1-2. 另见 *Halperin v. CIA*, 629 F. 2d 144, 154–62 (D.c.cir. 1980); Casper, "Government Secrecy and the Constitution," 924–26; Hamilton and Inouye, *Report*, chap. 13。

[7] 希腊案例，参见 Starr, *Political Intelligence in Classical Greece*; Gerolymatos, *Espionage and Treason*; Russell, *Information Gathering in Classical Greece*。罗马案例，参见 Austin and Rankov, *Exploration*; Sheldon, *Intelligence Activities in Ancient Rome*。立宪者案例，参见 McDonald, *The American Presidency*, 74-89。

[8] Evans, *The Principal Secretary of State*, 10-12.

[9] Hutchinson, *Elizabeth's Spy Master*, appendix 1; Evans, *The Principal Secretary of State*, 8. 另见 Beale, "A Treatise," 428; Hughes, "Nicholas Faunt's Discourse," 502。

[10] Firth, "Thomas Scot's Account"; Evans, *The Principal Secretary of State*, 113.

[11] Firth, "Thurloeand the Post Office ," 532; Peacey, *Politicians and Pamphleteers*, 227.

[12] Maffeo, *Most Secret and Confidential*, 4.

[13] Knott, *Secret and Sanctioned*, 29, 35-37.

[14] 例如，霍夫曼写道，十七和十八世纪的共和主义运动"倾向于将政府保密视为专制主义者、贵族政权的过时遗物"，因此将其视为"本质上是错误的"。参见 Hoffman, *Governmental Secrecy*, 12–13。另见 Kitrosser, Secrecy and separated Powers," 520–21。

[15] Mattingly, *Renaissance Diplomacy*, 52–53, 57–58, 96–97.另见 Machiavelli, "Confidential Instructions," 422, 425。

[16] Guicciardini, *Dialogue on the Government of Florence*, 61. 这类担忧也出现在 Bruni, *History of the Florentine People*, 3:247。

[17] Harrington, *The Commonwealth of Oceana*, 126, 129-30.

[18] Nedham, *The Excellencie of a Free State*, 100-102.

[19] Milton, *The Ready and Easy Way to Establish a Free Commonwealth*, 22 .

[20] Hutcheson, *A Short Introduction to Moral Philosophy*, 248.

[21] Hume, "Idea of a Perfect Commonwealth," 229.

[22] Price, *Political Writings*, 79-80.

[23] Paley, *The Principles of Moral and Political Philosophy*, 209.

[24] Donaldson, *Machiavelli and the Mystery of State*, 132-39. 文艺复兴以来的案例，参见 Guicciardini, *Maxims and Reflections*, 108; Botero, *The Reason of State*, 47。

[25] Teodorus Verax [Clement Walker], *Relations and Observations*, 4-5,118,181-82. 另见 Lewalski, *The Life of John Milton*, 275。

[26] Milton, "A Defence of the People of England," 61; Nedham, *The Excellencie of a Free State*, 102-3. 另见 Bodin, *On Sovereignty*, 60; Guicciardini, *The History of Italy*, 2:255。

[27] Sidney, *Discourses Concerning Government*, 12–13, and chap. 2, sec. 23. 西德尼回应，参见 Filmer, *Patriarcha and Other Writings*, 3–4。

[28] Jeremy Bentham, "A Plan for an Universal and Perpetual Peace," in Bentham, *The Works*, 2:559.

[29] Jeremy Bentham, "A Plan for an Universal and Perpetual Peace," in Bentham, *The Works*, 560. 今天，边沁以他对国家保密更为务实的看法而广为人知，即应该"暂停"宣传，以防止"有利于敌人的计划"。参见 Bentham, *Political Tactics*, 39。另见 Bentham, *Constitutional Code*, 1:165。Conway, "Bentham on Peace and War"。更多文献，参见 Hinsley, *Power and the Pursuit of Peace*, chaps. 1-5; Howard, *War and the Liberal Conscience*, chap. 1。

[30] Hamilton, Madison, and Jay, *The Federalist*, 68（此处后引用为 *The Federalist*）; James Madison, "Universal Peace," in Madison, *The Writings*, 6:88。

[31] 例如，康马杰宣称："那一代人使国家认为政府保密是旧世界暴政的工具之一，并致力于实行民主原则，除非人民被允许知道政府在做什么，否则民主将无法运作。"参见 *The Defeat of America*, 87。另见 Berger, *Executive Privilege*, 207。

[32] Adams, "Thoughts on Government," 404..

[33] Demophilus [George Bryan?], "The Genuine Principles of the Ancient Saxon or English Constitution," 353.

[34] Parsons, "The Essex Result," 489.

[35] Ford, *Journals of the Continental Congress*, 2:22, 3:342-43; Committee of Secret Correspondence to Arthur Lee, December 12, 1775, in Wharton, *Diplomatic*

第一章 问题所在——如何监管国家保密？

Correspondence, 2:63; Robarge, *Intelligence in the War of Independence*, 12.

[36] 1784年5月，国会以压倒性的优势批准了托马斯·杰斐逊提出的一项决议，宣布所有外交函件"在任何时候都应按照保密禁令予以考虑，但在国会特别批准的情况下，允许对其中的某些部分进行发表或传达"。参见 Ford, *Journals of the Continental Congress*, 26:331-32. 更多批判性观点，参见 Samuel Adams to Arthur Lee, April 21, 1783, in Adams, *The Writings*, 4:281-82。

[37] *Articles of Confederation*, Article IX.

[38] George Washington to James Madison, March 31, 1787, in Washington, *The Writings*, 11:132-33.

[39] George Washington to Henry Knox, February 3, 1787, in Washington, The Writings, 11:111. 更多调查，参见 Wood, *The Creation of the American Republic*, chaps. 12-13。

[40] *The Federalist*, 12-13. "The Federalists and Anti-Federalists on Foreign Affairs."

[41] *The Federalist*, 68.

[42] *The Federalist*, 196.

[43] *The Federalist*, 342.

[44] Parsons, "The Essex Result," 489–90.

[45] Parsons, "The Essex Result," 501. 但是，这种观察并没有促使帕森斯建议消除保密。他强调，要维护社会，就必须要有一个能够"保密和迅速"的行政机构。他建议"将各自的特长结合起来"，即一个有能力的行政机构应由一个明智且具有公众意识的立法机构来平衡。(490-91)

[46] Adams, "Election Sermon," 549.

[47] *United States Constitution*, Article i, § 5, c l. 3.

[48] Elliot, *Debates*, 2:469.

[49] Elliot, *Debates*, 4:72.

[50] Elliot, *Debates*, 2:76.

[51] Elliot, *Debates*, 3:61.

[52] Elliot, *Debates*, 84.

[53] Elliot, *Debates*, 170.

[54] Elliot, *Debates*, 233.

[55] Elliot, *Debates*, 315-16.

[56] Elliot, *Debates*, 331. 显然，后一种观点日渐流行，因为各州的公约提出的修正案均未挑战国会认为适当的保密使用权。参见 Elliot, *Debates*, 1:330, 336; 4:245。

[57] Elliot, *Debates*, 3:409.

[58] Elliot, *Debates*, 34. 另见 Randolph, "Letter on the Federal Constitution," 267–68。

[59] Jay, *The Correspondence*, 3:223, 226.

[60] Farrand, *Records*, 1:70. Farrand, *Records*, 1:65, 73-74.

[61] 根据金的笔记，约翰·迪克逊（John Dickinson）于 6 月 6 日写道："保密、活力和调度能力不是（共和国）的属性——我们不能以这种形式使用它们。"然而，麦迪逊的笔记中提到，迪克逊曾说过："保密、活力和调度能力并不是行政机构的（基本要求），但是它们仍然"重要"。参见 Farrand, *Records*, 1:140, 144。

[62] Farrand, *Records*, 112.

[63] Farrand, *Records*, 113.

[64] Farrand, *Records*, 66.

[65] Farrand, *Records*, 2:541-42.

[66] Ellsworth, "The Landholder, VI,"163. 威尔逊的观点，参见 Farrand, *Records*, 1:70。另见 Ramsay, *The History of the American Revolution*, 1:448。

[67] Elliot, *Debates*, 4:104. 戴维在此呼应了迪克逊在大会上的发言，参见 Farrand, *Records*, 1:140, 144。

[68] Farrand, *Records*, 3:269; 1:140, 144; The *Federalist*, 346.

[69] The *Federalist*, 252.

[70] The *Federalist*, 123.

[71] 有关概述，参见 Ford, *Journals of the Continental Congress*, 23:769-70, 792-93, 814-19, 863-65；David Howell to John Carter, October 16, 1782, Smith, *Letters of Delegates to Congress*, 19:268。

[72] Ford, *Journals of the Continental Congress*, 23:814-16.

[73] Ford, *Journals of the Continental Congress*, 868. 另一尖锐批评，参见 Samuel Osgood to John Lowell, January 6, 1783, Smith, *Letters of Delegates to Congress*, 19:545-46。另见 Jonathan Arnold to William Greene, December 8, 1782, in Smith, *Letters of Delegates to Congress*, 19:458-59,492。

[74] Ford, *Journals of the Continental Congress*, 23:812, 818.

[75] Jonathan Arnold to William Greene, December 6, 1782, Smith, *Letters of Delegates to Congress*, 19:458–59; David Howell to John Carter, January 6, 1783, in Smith, *Letters of Delegates to Congress*, 19:538; Jonathan Arnold to William Greene, January 8, 1783, in Smith, *Letters of Delegates to Congress*, 19:562. 更多文本，参见 Polishook, *Rhode Island and the Union*, 88-92。

[76] The *Federalist*, 263.

[77] The *Federalist*, 366-67.

[78] Farrand, *Records*, 2:260.

[79] Farrand, *Records*, 538.

[80] Farrand, *Records*, 538.

[81] Farrand, *Records*, 613. 麦迪逊和约翰·拉特利奇（John Rutledge）曾在 8 月 11 日提出过类似的提案，同样被否决了。参见 Farrand, *Records*, 259-60。

[82] Elliot, *Debates*, 3:509. 另见 4:263。

[83] Elliot, *Debates*, 4:280. 他的同事戴维·拉姆塞同意这个观点，并质疑议会制定条约的权力是否值得信任。参见 Ramsay, "An Address," 376。

[84] Elliot, *Debates*, 2:469. 另见 Ramsay, "An Address," 376。

[85] Elliot, *Debates*, 4:281, 265.

[86] *The Federalist*, 314. 杰伊不是唯一持该观点的人，参见北卡罗来纳州的 William Davie 与 John Pringle 表达的观点，参见 Elliot, *Debates*, 4:119-20, 269。

[87] *The Federalist*, 315.

[88] Richardson, *Compilation*, 1:148-49，446-47;4:2530.

[89] Rawle, *A View of the Constitution*, 160.

[90] Story, *Commentaries on the Constitution*, 2:377.

[91] Hoffman, *Governmental Secrecy*, 152-58, 184-96.

[92] *Annals of Congress*, 4th Cong., 1st Sess., 1796, 435-36.

[93] Tucker, *View of the Constitution*, 111.

[94] Kerr, *The Origin and Development of the United States Senate*, 40. 另见 *Annals of Congress*, 3rd Cong., 1st Sess., 1794, 34, 47。

[95] Richardson, *Compilation*, 1:152.

[96] Richardson, *Compilation*, 194-95.

[97] 详细列表可见司法部，"国会委员会有权要求和接收信息吗？"转载于 *Hearing Before the Subcommittee on Constitutional Rights of the Committee of the Judiciary*, 85th Congress, 2nd Sess., 1958, Appendix No.11, pt.1；Ramsey and Daniels, „Selected cases," Appendix 17, pt. 1。该争议可详见 2 本 Sofaer and Cox, *War, Foreign Affairs, and Constitutional Power*; 以及 Rozell, *Executive Privilege*。

[98] Kent, *Commentaries on American Law*, 1:285.

[99] *Annals of Congress*, 4th Cong., 1st Sess., 1796, 773.

[100] *Congressional Debates*, 19th Cong., 1st Sess., 1826, 174.

[101] *Congressional Globe*, 28th Cong., 1st Sess., 1844, 98.

[102] *Congressional Globe*, 28th Cong., 1st Sess., 1844,100.

[103] *Annals of Congress*, 4th Cong., 1st Sess., 1796, 438,773

[104] Von Holst, *The Constitutional and Political History of the United States*, 3:56.

[105] *Congressional Debates*, 19th Cong., 1st Sess., 1826,1265.

[106] *Congressional Debates*, 19th Cong., 1st Sess., 1270.

[107] *Congressional Debates*, 19th Cong., 1st Sess., 1282, 1272.

[108] *Register of Debates in Congress* (Washington, Dc : Gales and seaton, 1825),vol. 7, 2nd Sess., 21st Cong., 233-34，293-94.《杰伊条约》详见 Dennis, "Stolen Treaties and the Press," 6-8。另见 Haynes, *The Senate of the United States*, 2:665。

[109] *Register of Debates*, vol.7, 2nd Sess., 21st Cong., 294.

[110] Richardson, *Compilation*, 4:2416-17.

[111] Von Holst, *The Constitutional and Political History of the United States*, 3:56. 另一位杰出的学者在国会与总统之间的争夺之后不久写道："关于前者有权向其提供有关特定事项的信息的权利'已经'实际上确定了总统可以对什么事项行使完全的酌处权，例如他想隐瞒的信息。"参见 Willoughby, *The Constitutional Law of the United States*, 3:1167。

[112] *Democracy in America*, 118-19, 123.

[113] Lieber, *On Civil Liberty and Self-Government*, 130.

[114] Lieber, *On Civil Liberty and Self-Government*, 130.

[115] Mcneil, The Evolution of the U.S. Intelligence Community," 5; Relyea, "The Evolution," 15.

[116] O'Toole, *Honorable Treachery*, 106. 另见 Sayle, "Historical Underpin-nings of the U.S. Intelligence Community," 13-16. 对这一时期使用的"秘密特工"的简要调查，参见 Writson, *Executive Agents in American Foreign Relations*, 692-744。这一时期的秘密行动的深入研究，见 Knott, *Secret and Sanctioned*。

[117] O'Toole, *Honorable Treachery*, 106.

[118] Relyea, "The Evolution," 2-3.

[119] Sofaer, "Executive Power," 48.

[120] Richardson, *Compilation*, 4:434.

[121] Sofaer, "Executive Power," 48. 例如，波尔克在对墨西哥的秘密外交上曾遇到很大阻力，因为媒体一直在努力曝光他的行为，参见 Nelson, " Secret Agents and Security Leaks"。

[122] Silbey, *Storm over Texas*, 40-41，45-46.

[123] 这场战争的概述，参见 Smith, *War and Press Freedom*, chap. 5。

[124] "The Philippine Murder Will Out," *Nation* 69, No. 1787 (1899): 236. Pettigrew, *The Course of Empire*, 676-84. Harold Martin, "The Manila Censorship," *Forum* 31 (1901).

[125] Schlesinger, *Imperial Presidency*, 333.

[126] *Senate Executive Journal*, 6:273.

[127] 根据最近的一项研究，国会要求200多名记者透露他们的消息来源，并监禁了至

第一章　问题所在——如何监管国家保密？

少10名不合作的记者。参见 Kielbowicz, "The Role of News Leaks," 441。被监禁的人包括1848年《纽约先驱报》的约翰·纽金特（John Nugent）,1871年《纽约论坛报》的泽布隆·怀特（Zebulon White）。参见 *Senate Executive Journal*, 7:372-73; *Congressional Globe*, 42nd Cong., 1st Sess., 1871, 885。《纽约先驱报》报复性地公布了一份"泄密参议员"名单，声称这些参议员曾是敌对出版物的消息来源。参见 Marbut, *News from the Capital*, 92。特豪斯此前曾对《亚历山大先驱报》的纳撒尼尔·朗萨维尔（Nathaniel Rounsavell）采取过同样的策略，因为麦迪逊总统在1812年战争前发表的有关禁运的公报被刊登在了该报上。参见 *Annals of Congress*, 12th Cong., 1st Sess., 1812, 1255-74。出版物的此段历史，参见 Byrd, Hall, and Wolff, *The Senate*, 438-40, Dennis, "Stolen Treaties and the Press," 9–11。

[128] Ritchie, *Press Gallery*, 166 -69.

[129] Bryce, *The American Commonwealth*, 1:48.

[130] Wilson, *Congressional Government*, XI. 另见 Van Dyke, *The American Birthright and the Philippine Pottage*, 10.

[131] Wilson, *Congressional Government*, XI-XII. 另见 *Federalist* No. 8。

[132] *Congressional Record*, 59th Cong., 1st Sess., 1906, 2130.

[133] *Congressional Record*, 59th Cong., 1st Sess., 1906, 2130.

[134] *Congressional Record*, 59th Cong., 1st Sess., 1906, 2142.

[135] *Congressional Record*, 59th Cong., 1st Sess., 1906, 2143.

[136] Mazzini, "On Publicity in Foreign Affairs," 169–76; Kossuth, "Speech before the corporation of London," 40–41; Kossuth, *Select Speeches of Kossuth*, 16;constant, "Principles of Politics," 232; Guizot, *General History of Civilization in Europe*, 1:238; Guizot, *The History of the Origins of Representative Government in Europe*, 63, 69, 80-81, 296. 另见 Hinsley, *Power and the Pursuit of Peace*, chap. 6; Howard, *War and the Liberal Conscience*, 30-38. 其中最受尊敬的也许是亚历克西斯·德·奥克维尔（Alexis De Tocqueville），他指出，如果美国沉浸在国际事务中，将会面临一些重大的复杂问题，因为民主国家"几乎不可能秘密地结合各种措施，并耐心等待结果"。参见 *Democracy in America*, 219。

[137] Root, *The Effect of Democracy on International Law*, 8-9. 鲁特不是唯一持此观点的人。例如：Moore, *The Principles of American Diplomacy*, 426–27; Straus, "Democracy and Open Diplomacy," 157, 349; Van Dyke, *Fighting for Peace*, 3–4。

[138] Wilson, "Address to the League to Enforce Peace," 118–19; Wilson, "Fourteen Points," 404. 另见 Lippmann, *The Stakes of Diplomacy*, 195; Dewey, *Lectures in China*, 170; Dickinson, *The Choice before US*, chap. 13; Alexander, *Liberty and Democracy*, 39; Reinsch, *Secret Diplomacy*, 178。这一观点的讨论，参见

Lippmann, *The Political Scene*, 43。

[139] Reinsch, *Secret Diplomacy*, 173-74.

[140] Bryce, *Modern Democracies*, 371.

[141] Bryce, *Modern Democracies*, 382.

[142] Bryce, *Modern Democracies*, 382. Root, "A requisite for the success of Popular Democracy," 12.

[143] Corwin, *The President's Control of Foreign Relations*, 205; Wright, *The Control of American Foreign Relations*, 368; Friedrich, *Constitutional Government and Politics*, 39, 418-19; Laski, *The American Presidency*, 177.

[144] Lippmann, *Liberty and the News*, 59-60.

[145] Lippmann, *Liberty and the News*, 60.

[146] Wright, *The Control of American Foreign Relations*, 371-72. Suther-land, *Constitutional Power and World Affairs*, 125-28.

[147] Poole, *The Conduct of Foreign Relations under Modern Democratic Conditions*, 160-68.

[148] Lippmann, *Liberty and the News*, 64.

[149] Lippmann, *Public Opinion*, 248-49, 398-402.

[150] Lippmann, *Public Opinion*, 392.

[151] Graves, "The Value of a Free Press," 175; Martin, "A Plea for an Uncensored Press," 364.

[152] *Congressional Record*, 65th Cong., 1st Sess., 1917, 831-37, 1592, 1594, 1602-3, 1698-99, 1705-6, 1716, 1719, 1764, 1769, 1773-74, 1808, 2119-20, 3133, 3140. 另见 Blasi, "The Checking Value"。

[153] *Congressional Record*, 65th Cong., 1st Sess., 1917, 833-34, 881, 1603, 1751, 1754, 1762, 2011, 2339, 3080, 3135.

[154] Andrew, *For the President's Eyes Only*, 29; Relyea, "The Evolution," 75-119.

[155] Godfrey, Intelligence in the United States, 446-47. 另见 O'Toole, *Hono-rable Treachery*, 345; Andrew, *For the President's Eyes Only*, 83-84。

[156] Andrew, *For the President's Eyes Only*, 29, 133; Ransom, *Central Intelligence and National Security*, 52.

[157] Stuart, *Creating the National Security State*, 7. 艾伦·杜勒斯（Allen Dulles）随后写道："与我们过去在战争结束后让情报职能消亡的习惯相反，这可以满足未来不断扩大和更复杂的职责。"参见 *Craft of Intelligence*, 46。

[158] Morrissey, *Disclosure and Secrecy*, 8-9; Mayer, *With the Stroke of a Pen*, 142-48.

[159] *Hearings Before the Subcommittee on Constitutional Rights of the Committee on*

the *Judiciary*, United States Senate, 85th Cong., 2nd Sess.,1958, 271; Brownell was drawing here on Wolkinson, "Demands of Congressional Committees for Executive Papers.

[160] 概述参见 Chesney, "State Secrets," 1270-83。

[161] *United States v. Reynolds*, 345 U.S. 1, 10–11 (1953).

[162] Lasswell, *National Security and Individual Freedom*, 40.

[163] Parks, "Secrecy and the Public Interest in Military Affairs," 36.

[164] Dahl, *A Preface to Democratic Theory*, 70, 73; Coser, "Government by Secrecy," 59.

[165] Chafee, *Government and Mass Communications*, 1:13-14.

[166] Lasswell, *National Security and Individual Freedom*, 92.

[167] Chafee, *Government and Mass Communications*, 14. 另见 Goldschmidt, "Publicity, Privacy, and Secrecy," 414。

[168] Rourke, *Secrecy and Publicity*, 6.

[169] Gerth and Mills, *From Max Weber*, 233. Coser, "Government by Secrecy," 58.

[170] Defense Department Committee on Classified Information, *Report to the Secretary of Defense*, 7, 16.

[171] Commission on Government Security, *Report of the Commission on Government Security*, 688.

[172] Chafee, *Government and Mass Communications*, 14.

[173] Rourke, *Secrecy and Publicity*, 79.

[174] Cross, *The People's Right to Know*; Wiggins, *Freedom or Secrecy*. 这段历史的概述，参见 Archibald, "The Early Years of the Freedom of Information Act。

[175] Wiggins, "Government Operations and the Public's Right to Know," 188.

[176] Moss, "Introduction," 101.

[177] Hennings, "The Executive Privilege and the People's Right to Know," 116.

[178] The Freedom of Information Act, Pub. L. 89-487, July 4, 1966, 80 stat. 250(codified as amended at 5 Usc § 552(6)(b)(1)).

[179] Senate Committee on the Judiciary, *Clarifying and Protecting the Right of the Public to Information and for Other Purposes*, S. Rep 88-1219 (Washington, Dc : GPo , 1964), 8.

[180] *Hearings Before the Subcommittee on Constitutional Rights of the Committee on the Judiciary*, United States Senate, 85th cong., 2nd sess., 1958, Part 1, 455.

[181] *McGrain v. Daugherty*, 272 U.S.135,175 (1927).

[182] Smist, *Congress Oversees*, 5. 另见 Ransom, "Congress and the Intelligence Agencies,"

160; Johnson, "The CIA and the Question of Accountability," 180。戴维·巴雷特（David Barrett）认为，在此期间的监督是非正式的，而不是缺席的，但他同意评估的观点，即负责监督的"男爵"倾向于给予总统广泛的情报事务余地。另见 Barrett, The CIA and Congress, 458–61; Snider, The Agency and the Hill, 6–11, 17–20。

[183] R. W. Apple, "Lessons from the Pentagon Papers," *New York Times*, June23, 1996. 另见 Daniel Ellsberg, "Lying about Vietnam," *New York Times*, June29, 2001。相反的观点，参见 Leslie H. Gelb, "Misreading the Pentagon Papers", *New York Times*, June 29, 2001。

[184] Ely, *War and Responsibility*, 102.

[185] Kutler, *The Wars of Watergate*, 218-22.

[186] Seymour Hersh, "Huge CIA Operation Reported in U.S. Against Antiwar Forces, Other Dissidents in Nixon Years," *New York Times*, December 22, 1974.

[187] Schlesinger, *Imperial Presidency*, 317, 329.

[188] Bickel, *Morality of Consent*, 80-81.

[189] Henkin, *The Right to Know and the Duty to Withhold*, 280.

[190] Schlesinger, *Imperial Presidency*, 344.

[191] Schlesinger, *Imperial Presidency*, 353, 349. 另见 Halperin and Hoffman, "Secrecy and the Right to Know," 134。

[192] Schlesinger, *Imperial Presidency*, 343, 357.

[193] Kaiser, "Congress and the Intelligence Community," 282–84.

[194] Kaiser, "Congress and the Intelligence Community," 296–97.

[195] Treverton, "Intelligence," 89.

[196] Deyling, "Judicial Deference," 67.

[197] Koh, *The National Security Constitution*, 167-69,171-73.

[198] Bok, *Secrets*, 174, 180.

[199] Commission on Protecting and reducing Government secrecy, *Report of the Commission on Protecting and Reducing Government Secrecy*, S.Rep 105-2, 103rd Cong., XXII-XXIII.

[200] Commission on Protecting and Reducing Government secrecy, *Report of the Commission on Protecting and Reducing Government Secrecy*, S.Rep 105-2, 103rd Cong., XXII.

[201] Senate Select Committee on Intelligence, *Report of the Select Committee on Intelligence on the U.S. Intelligence Community's Prewar Intelligence Assessments on Iraq*, S.Rep. 108-301, 108th cong., 485.

[202] Senate Select Committee on Intelligence, *Report of the Select Committee on Intelligence on the U.S. Intelligence Community's Prewar Intelligence Assessments on Iraq*, S.Rep. 108-301, 108th cong., 481.

[203] Sheryl Gay Stolberg, "Senators Left out of Loop Make Their Pique Known," *New York Times*, May 19, 2006.

[204] Pallitto and Weaver, *Presidential Secrecy and the Law*, 16-17.

[205] Chesney, "State Secrets," 1271. 另见 Herman, *Taking Liberties*, 204–6。

[206] Phil Mattingly and Hans Nichols, "Obama Pursuing Leakers Sends Warning to Whistle-Blowers," *Business Week*, October 17, 2012, online at http://tinyurl.com/d8hmyjf.

[207] Stone, "Government Secrecy vs. Freedom of the Press," 195.

[208] Schoenfeld, *Necessary Secrets*, 267; BeVier, "The Journalist's Privilege," 472.

[第二章]
我们应该依靠法官吗?
——透明度与司法尊重问题

我们已经看到,监管国家保密的困难在于,**理论上**的监管者和**实际上**的监管者错位。这种错位的原因之一是,司法部门对行政机构声称涉密信息披露可能造成损害的说法表示尊重。批评人士认为这种态度鼓励和确证了未经授权披露。因此他们认为,如果我们希望能够以更有序和合法的方式来规范保密,就必须扩大司法审查的范围。

我们为什么需要法官?

公民可以通过多种方式向总统施压,迫使其分享他们所需要的信息,来进行监督和问责。他们可以威胁总统不给他投票,通过抗议和示威来表达怀疑,或是质问他继续保密的理由。但是,除非政府事先就有不当行为的迹象,否则公民很难利用例如选举、公众舆论和公共审议等审查手段,因为他们不能要求不正当披露国家秘密。换句话说,在公民要求拉开帷幕之前,他们至少需要知道幕后发生了什么。这就是为什么有条件的透明的理念具有吸引力。透明准则的理念要求官员们,除非真的是为了保护国家安全而需要保密,否则必须公开信息。但我们该信任**谁**来执行这一准则呢?我们面临的挑战是,当要求官员们遵守这一准则时,他们关于公开特定信息有某种代价的说法，我们无法判断其是否合理。事实上，依靠官员们来执行有条件的透明准则确实存在一些自相矛盾之处：这就像是让公民担任侦探，希望嫌疑人主动交出犯罪证据。

一些评论人士认为，参与制定解密决策框架可以减轻这种监管质疑。这并不是要剥夺行政机构对定密的最终决定权。相反，应该让中央情报局或国家安全局官员的定密决策接受其他情报机构或法律部门同僚（比如司法部长）的**内部审查**，因为前者机构官员可能会试图利用手中的定密权力来保护其组织免受批判性审查。这些评论人士认为，如果一项定密决策经受住这样的审查，那么我们有理由对它的优点更加信任，因为审查员们不太可能与最初的定密者有同样狭隘的利益。[1] 正如戴维·波森曾说，"允许少数"律师介入定密程序"可能会极大地改变"保密的使用方式，因为他们的"独特技能和社会化"以及"制度化的职责"将为"预期政策带来不同的视角"。[2] 正如克里斯蒂娜·威尔斯（Christina Wells）称，要求官员向司法部律师解释保密要求的正当性"可能会减少一些认知偏见"，例如，对于披露可能造成的损害"倾向于只依赖确认性证据，而忽视否定性证据"。[3] 我们可以以这些见解为基础要求政府的律师发表宣誓声明，确认他们所审查的定密决策是合理的，并经得起公众的审查。这一要求将增加内部审查人员的风险：如果随后的披露揭示了公众认为不可接受的活动，而她同意隐瞒这些活动将使她将面临职业与法律的制裁。

内部审查的想法很有吸引力，因为它允许擅长情报事务的行政官员平衡披露的成本和收益。但是在复杂的案件中，扩大审查人员的范围真能提高内部审查的可信度吗？很有可能负责审查定密决策的官员与原本负责作出定密决策的官员并没有完全相同的动机——但这并不意味着前者将有动机提高透明度。尤其在风险很高的情况下，行政机构范围的扩大可能会使得内部审查人员配合最初的定密者。令人尴尬的披露可能并不仅仅是让某个特定定密者的组织感到尴尬，也可能会让整个政府都蒙羞，甚至削弱政府的实力，这促使内部审查人员保持忠诚的沉默。不妨想一想凯瑟琳·克

第二章 我们应该依靠法官吗？——透明度与司法尊重问题

拉克（Kathleen Clark）曾抱怨过，布什政府听取司法部长阿尔贝托·冈萨雷斯的建议，拒绝向司法部职业责任办公室（Office of Professional Responsibility）的调查人员提供安全许可，驳回了一项针对司法部律师的调查，该调查旨在审查司法部在批准国家安全局的无证监听计划中是否有不当行为。[4]

此外，即便更广泛的利益和忠诚也不会对内部审查人员产生影响，我们又如何相信他们对保密和问责之间的适当平衡的理解实际上是合理的？丹尼斯·汤普森指出秘密行动的正当性取决于"对其要达成目标价值的判断"。但这些判断通常"争议太大，无法通过虚拟条件下对人性、共同信仰和利益进行假设来解决"[5]。这意味着在实践中针对审查中的定密决策，政府律师并不知道与之相比较的合理标准。这种情况的可能结果是她确信雇主的理由是正当的，认为对一项有争议的政策进行定密是完全合理的（如果不是，她很可能会发现自己被与雇主志趣相投的律师取代）。[6]

还有其他方式来约束负责审查定密决策的人吗？许多观察家认同一个答案——对保密期限加以限制，主要以"自动"披露规则的形式。[7]这类规则确定了定密印戳的"有效期"。例如，这条规则可能要求加盖"机密"字样的记录保密期为一年，一年后后维持机密的需求就被认为到期，该记录被视为已解密。这些披露规则的作用在于它们削弱了官员在解密决定上的自由裁量权，从而增加了公民和议员获得记录的可能性，而这些记录原本可能被用于掩盖官员隐瞒的不当行为。然而这些规则有两个明显的缺点。首先，导火索很长。它们倾向于以这样想法为前提：只有随着相当长时间的流逝，通常是20年到30年之间，披露涉密信息可能造成的危害才会减少。要求公民和议员等这么长时间，才能审视决策者是如何采取行动的，会极大地限制他们实施问责制的能力。事实上，长时间的拖延可能意味着决策者在有生之年都不会面临道德谴责或法律制裁。相反，解密信息在决策者去世后，或至少在他任期结束之后，才得以问世，这就很可能会破坏责任追究的关键因素之一：阻止未来的不当行为。此外还有一个无法挽回的问题：从本质上看，解密期越长，就越难以弥补不明智决策造成的危害。[8]

自动披露规则的另一个问题是我们不能要求行政机构绝对遵守这些规则，因为我们无法确定在多长时间之后披露某个秘密是无害的。考虑2005年"阿夫特古德诉中央情报局案"（Aftergood v. CIA），美国科学家联合会的史蒂文·阿夫特古德（Steven Aftergood）根据《信息自由法案》提出诉讼，向中央情报局要求获得冷战时期情报预算规模的相关信息。在提交给哥伦比亚特区地区法院法官里卡多·乌尔比纳（Ricardo Urbina）的声明中，中央情报局表示为了"保护用于向情报机构之间转移资金的秘密情报方法"，中央情报局有权隐瞒相关信息。阿夫特古德对这一说法提出质疑，称他之前曾公布过历史学家戴维·巴雷特（David Barrett）在前国会议员的私人档案中发现的1953年、1954年、1955年和1972年的情报预算。阿夫特古德声称这些文件的公布对美国"没有造成看得到的"负面影响。[9]因此，他认为法院应该命令中央情报局披露他所要求的信息。然而，乌尔比纳法官的结论却不同。他说："原告请法院得出的结论是——原告比美国中央情报助理总监更了解披露哪些信息会损害情报来源和方法。法院驳回了原告的要求。"[10]

如果时间的推移无法消除官员隐瞒信息的自由裁量权，那倘若他们愿意，就有机会阻止涉密信息的披露。我们可以通过轮换决策者或利用任期限制来防止官员滥用自由裁量权吗？显然，这一提议有一个好处——政府的换届很可能终止目前保密的滥用。不过请记住这种措施无法阻止国家保密的再度滥用。我们也不应该认为下届政府将有机会或动机披露前任政府的不当行为。下届可能根本没有这样的机会，因为前任在任者有强烈的动机避免留下书面记录，或者在离任前销毁与之相关的文件——正如他们在"伊朗门事件"（Iran-Contra Affair）中的所作所为。[11]此外，任何即将上任的官员想要披露其前任不当行为的心思，肯定会被另一种想法打消，即担心自己树立下任可能效仿的先例。事实上新一届政府会积极地掩盖过去的不当行为，这样的揭发可能导致人们呼吁更多的监督，使新政府更难

第二章 我们应该依靠法官吗？——透明度与司法尊重问题

运用**它**认为合适的国家保密；同时也会让美国政府在世界舞台蒙羞，新政府更难实施自己的政策。党派关系也有可能使政府的利益保持一致。例如，《第 13233 号总统行政令》就授权布什总统隐瞒前任的文件。尽管这一行政令宣称是出于国家安全的考虑，但档案学家和历史学家指出这一命令是在里根总统的文件即将公开前不久通过的。[12] 这些文件被认为记载有"伊朗门事件"及其包括共和党的一些知名人士在内的主要人物的相关资料。

司法尊重的问题

由于上述原因，内部审查机制和自动披露规则无法保证将令人尴尬或可定罪的信息公之于众，特别是在政治风险很高的情况下。因此学者们认为，我们应该将定密的最终决定权移交给一个不会滥用这种权威的机构。鉴于国会成员的党派性质，许多学者赞成将该权力交给法庭。但这是明智的选择吗？那些远离外交事务和国际阴谋激争的法官是否真的有能力质疑总统关于哪些信息不应公开的言论？情况并不乐观。

如第一章所述，1966 年国会通过了《信息自由法案》，以便公众"获得官方信息"以及"享有法律上可强制执行的公共权利，以保证从不情愿的官方手中获得信息"。[13] 但是国会承认，无条件的透明和公开不符合公共利益。因此，《信息自由法案》从信息披露中豁免了九个特定类别的信息。与我们讨论的角度相关的条款是第 552（b）（1）条和第 552（b）（3）条，通常被称为例外 1 和例外 3。前者允许官员隐瞒"根据行政命令制定的标准，出于国防或外交政策的利益，特别授权保密的记录"；后者允许官员隐瞒"根据法规特别豁免披露的记录"。[14] 虽然后一条款可能看似无害，但它实际上为《信息自由法案》创造了一个重要的例外，因为可以援引的法规［例如《中央情报局法案》（Central Intelligence Agency Act）和《国家安全局法案》（National Security Agency Act）］允许情报机构隐瞒大量有关情报来源、手段方法、情报活动、参与人员以及机构特征和作用的信息。[15]

不难看出有私心的官员很有可能会利用这些条款。法院确保这些援引的豁免是正当的意愿有多少？联邦最高法院首次处理这个问题是在1973年的"美国环保局诉明克案"（EPA v. Mink，后称"明克案"）中。当时国会女议员帕琪·明克（Patsy Mink）要求公开国家安全委员会（National Security Council，NSC）的一份报告，该报告主要内容是尼克松政府是否在阿拉斯加进行了地下核试验。政府拒绝明克的要求后，明克向最高法院提出上诉，要求法院秘密审查这份报告是否真的是出于国防利益而需要保密。许多法官对明克的诉求表示同情。正如大法官波特·斯图尔特（Potter Stewart）所言，"有人认为，在政府行政机构内引起激烈争论的核试验恰恰是与国防的合法利益一致、应当尽可能地披露的事件"，因为如果缺乏这样的信息，"人民及其代表则会一无所知，民主进程近乎瘫痪"。尽管如此，最高法院还是站在了政府的一边，理由是《信息自由法案》限制法院只能确定豁免的文件是否真的涉密。正如斯图尔特大法官强调，《信息自由法案》"没有任何方法可以质疑行政机构在一份文件上加盖'秘密'印戳的决定，无论该决定是多么自私、短视，甚至腐败"。[16]

1974年，国会通过修订《信息自由法案》授权法院对官员们声称豁免披露的文件进行内部审查，既是对"明克案"的回应，也是平息公众对明显滥用保密行为日益增长的愤怒。但国会也在两个关键方面限制了内部审查。该法案所附的会议报告建议，"在法庭命令**内部**审查之前，应给予政府机会，通过证词或详细的附誓书面陈述来确定这些文件显然豁免披露"。此外报告强调，国会希望在评估一项豁免声明的有效性时，法院"应当高度重视某机构的附誓书面陈述，其记载了有争议的定密细节"，因为"负责国防和外交政策事务的行政机构对向公众披露某一涉密信息可能产生的不利影响有独特的见解"[17]。

国会的指导思想得到了重视。1974年的修正案通过后不久，1977年，法院受理了"韦斯曼诉中央情报局案"（Weissman v. CIA，后称为"韦斯曼案")。原告韦斯曼通过新闻报道得知中央情报局一直在监控美国的政治活动家,他要求中央情报局披露所有与他有关的文件。中央情报局承认拥有韦斯曼的档案,但辩称有权保留这些档案,因为它们包含获取情报的来源和方法。在地区法院作出有利于中央情报局的判决后,原告向哥伦比亚特区联邦巡回上诉法院(D.C. Circuit)提起诉讼,要求进行一次内部审查以"审查机构声明的真实性"。但格哈德·格塞尔(Gerhard Gesell)法官驳回了上诉,认为"很少有法官拥有权衡情报信息披露后果的技能或经验",一旦法院认为"已经遵循了适当的程序,并且通过充分的描述,有争议的文件在逻辑上属于豁免的类型",那么"就无需进一步检验该机构的专业性;当没有任何疑点时,也不必去质疑它的真实性"。[18]

但是,如果有人质疑政府解释的充分性呢?1980年,在"哈尔佩林诉中央情报局案"(*Halperin v. CIA*,后称"哈尔佩林案")中,原告要求获知中央情报局雇用的私人律师姓名以及支付给他们的费用。中央情报局回应称,披露一名在情报活动中身份是中央情报局特工的律师"可能会使他暴露于敌对力量的不利行动中",从而"对正在考虑未来加入中央情报局或与中央情报局合作的人造成困扰"。上诉人、前助理国务卿莫顿·哈尔佩林(Morton Halperin)反驳称,这种"潜在损害的预测,纯粹是猜想"。但是哥伦比亚特区联邦巡回上诉法院不同意这一观点,认为"任何国家安全受到威胁的附誓书面陈述或其他部门的相关声明,在某种程度上都具有推测性,因为它描述的是潜在的未来伤害,而不是过去的实际伤害"。在这种情况下,法官马尔科姆·威尔基(Malcolm Wilkey)写道,摆在最高法院面前的唯一问题是"预测的危险是否是属于合理的预期"。在这方面,他指出"法院目前在实质性问题上缺乏专业知识,必须对相关机构的声明给予高度的重视"。[19]

但是这种司法尊重应该延伸到什么程度呢?官员们声称他们需要以国家安全为由,隐瞒那些看似无害的信息。法官能对他们的声明提出质疑吗?"哈尔佩林案"在这方面具有指导意义。中央情报局辩称其有权隐瞒支付给匿名私人律师的费用,因为披露这一数字"可能会泄露相关秘密活动的情报方法"。"如果在秘密行动中产生了一大笔合法费用,"中央情报局解释说,"那么,受过训练的情报分析员就可以从费用的多少推断出行动的规模和性质。"尽管威尔基法官断言,本案的损害程度"不那么严重",但他仍然支持中央情报局的说法,引用了现在被称为"马赛克理论"(mosaic theory)的说法。"我们必须考虑到,"他写道,"每一条单独的情报信息,就像一块拼图板,可能有助于把其他信息拼凑在一起,即使这条单独的信息本身并不那么重要。"[20]

"哈尔佩林案"中,法院所采取的谨慎立场在1985年具有里程碑意义的"西姆斯诉中央情报局案"(*CIA v. Sims*,后称"西姆斯案")中得到进一步证实。与《信息自由法案》的其他重要案件一样,"西姆斯案"的原告根据泄露的涉密信息察觉到政府可能存在不当行为。本案主要是关于中央情报局的"人脑控制计划"(MKULTRA)对洗脑的研究。在案件中,原告要求中央情报局公开"进行研究的机构和个人的名字"。中央情报局拒绝了这一要求,援引1947年《国家安全法案》,该法案规定"中央情报总监应该对保护情报来源和方法免遭未经授权披露负责"。地区法院和哥伦比亚特区联邦巡回上诉法院在参与"人脑控制计划"的机构和个人是否构成"情报来源"存在分歧,此案最后打到了最高法院。最高法院一致认定,如何定义什么构成情报来源,中央情报局应有广泛的幅变。首席大法官沃伦·伯格(Warren Burger)引用了这句话:"情报工作通常就是看似毫无防备的人和看似无害的来源,最终提供了非常有价值的情报信息。"因此中央情报局有权隐瞒"表面无害的信息",因为"外国政府可以通过探明中央情报局感兴趣的公共信息来源,从而了解中央情报局的活动"。在这个领域,法院作出指示:"鉴于国家安全利益的重要性和潜在风险,中央情报总监的决定必须予以尊重,因为他知晓全局,而法官们并非如此。"[21]

"西姆斯案"对后来与《信息自由法案》相关的诉讼影响深远,在1990年"菲茨吉本诉中央情报局案"(*Fitzgibbon v. CIA*,后称"菲茨吉本案")

第二章　我们应该依靠法官吗？——透明度与司法尊重问题

中表现得最为明显。历史学家艾伦·菲茨吉本（Alan Fitzgibbon）曾向中央情报局寻求一名在美国失踪人士的相关信息，这个人是多米尼加拉斐尔·特鲁希略（Rafael Trujillo）独裁政权的批判者。在中央情报局公布了有限的删减版文件后，菲茨吉本于1979年向哥伦比亚特区地区法院寻求帮助。与《信息自由法案》相关的其他案件一样，中央情报局提交了一份秘密附誓书面陈述，为其隐瞒信息的决定辩护。但与以往的《信息自由法案》相关案件不同，地区法院法官哈罗德·格林（Harold Greene）对中央情报局的附誓书面陈述进行了仔细审查。在内部审查了原始文件后，格林法官断定中央情报局一些删除文件的行为"无法解释"或"与所提供的理由无关"，因此下令公布已删除的文件。[22]

出乎意料的是，中央情报局提出了上诉，但由于"西姆斯案"在此期间已经作出了裁决，此案被发回地区法院重新审理。等待重审期间，鉴于"西姆斯案"，格林法官推翻了之前的判决。然而，他坚持要求中央情报局公开一份确认其工作站位置的文件，该信息在一份国会委员会的报告中已经被披露。现在菲茨吉本和中央情报局**都**提出上诉。在哥伦比亚特区联邦巡回上诉法院，菲茨吉本认为不应允许中央情报局隐瞒格林法官先前所说的"如此基本和无害的信息，公布这些信息不会危害国家安全或泄露中央情报局的工作方法"。[23] 另一方，中央情报局要求撤销公开指明其工作站位置文件的命令。哥伦比亚特区联邦巡回上诉法院断然驳回了菲茨吉本的上诉，指出"西姆斯案"对"马赛克理论"的支持已经"蒸发"本案的价值。此外，上诉法院还严厉批评了地区法院，称其"自行考量了泄露中央情报局工作站位置是否会对国家安全、情报来源和方法造成危害"。"对情报来源、方法和行动的危害进行评估，"法官戴维·森特尔（David Sentelle）强调，"是由中央情报总监负责的，而不是法院。"[24]

我们无需进一步追溯《信息自由法案》的案例史。近几十年来，在"韦斯曼案""哈尔佩林案""西姆斯案"和"菲茨吉本案"的演变过程中，审查标准不断得到重申。[25] 但是为避免这种司法尊重的标准被视为1974

年与《信息自由法案》一起发布的指导意见，我们简要探究一下法院如何回应国家秘密特权的援引。我们看到在这个领域，法院**本身**已经形成了高度尊重的审查标准。

国家秘密特权是一种证据特权（evidentiary privilege），允许美国"在诉讼中拒绝披露任何将对国家安全造成不利影响的信息"。[26] 最典型的是1953年"雷诺兹案"，由一架军用飞机上的工作人员遗孀提起的诉讼。这架飞机为测试秘密电子设备在飞行途中坠毁。为评估空军部在其中是否存在过失，原告要求查阅事故调查报告。美国空军以公众利益为由扣留文件，拒绝公开调查报告。地区法院将这一过失索赔视为正当理由，并判以损害赔偿金。美国随后向最高法院提出上诉。最高法院以6票赞成、3票反对判决美国确实享有证据特权，"**如果**法院最终认同军事秘密确实受到威胁，即便是最迫切的必要性也无法拒绝特权主张"。[27]

那么怎样才能让法院相信国家秘密真的处于危险之中呢？在这一点上，受理"雷诺兹案"的法院发现了"真正的困难"——"对特权主张进行过多的司法调查将会迫使特权旨在保护的信息泄露，而完全放弃司法控制将导致无法容忍的权力滥用"[28]。不出所料，最高法院随后制订了一项折中方案。至关重要的是它否定了行政机构决定是否可以提供所要求证据的论点："对案件中证据的司法控制，"首席大法官弗雷德·文森（Fred Vinson）写道，"不能交由行政机构人员。""但在任何情况下，我们都不会说，"他补充道，"法院在接受特权主张之前，可以自动要求行政机构向法官作出完整的披露。"[29]

法官何时应该对特权主张进行仔细分析呢？"基于案件的所有情况，"首席大法官说，"法院认为合理的危险是，强迫提供证据会暴露军事问题，出于国家安全考虑，不应该泄露这些事项。""在这种情况下，享有特权是合适的，"他指示道，"法院不应坚持要求对证据进行审查，*甚至是由法官单独在分庭进行审查，以防危害特权旨在保护的安全*。"[30] 斜体字部分很重要，因为"雷诺兹案"的判决书最终以斜体字结尾。受理"雷诺

第二章 我们应该依靠法官吗？——透明度与司法尊重问题

兹案"的法院判定，内部审查没有益处的情况下事故调查报告享有特权，因为"存在合理的风险"，报告"可能会涉及正在空军飞机上测试的秘密电子设备"。[31]

"雷诺兹案"的判决书招致一些学者的批评，他们认为最高法院在这里犯了一个令人费解的错误——法院审查的是飞机坠毁报告中是否真的存在**包含**涉密信息的合理危险，而非假定**披露**这一信息给原告就会损害国家安全的信息。[32] 按照这些批评人士的说法，法院未能按照规章程序来判定特权主张是否真的合理。但这种批评误解了法院的初衷。法院认为在处理涉及国家秘密特权的诉讼时，法院需要考虑到**两种**风险。第一，在内部审查程序期间，**未经授权**或**无意**中披露证据可能会损害国家安全；第二，**授权**向诉讼当事人披露的证据可能会损害国家安全。虽然罗伯特·切斯尼（Robert Chesney）和路易斯·费舍尔（Louis Fisher）等人声称法院表现得过于尊重，未能通过审查内部报告来调查后一种风险；但是我们在"雷诺兹案"中从另一种角度看到，法院在完成第一步之后停止了调查。也就是说，法院认为即使在内部进行单方面审查特权证据也存在无意或未经授权披露风险，法院没有义务进行此类调查，除非原告能够证明她在没有相关证据的情况下无法继续。法院认为"雷诺兹案"没有这种必要，因为原告本可以通过供词来确定美国空军部的疏忽。因此法院得出结论，他们没有义务承担内部审查报告的风险。

由于受理"雷诺兹案"的法院认为没必要仔细审查美国空军部援引国家秘密特权是否正当，因此对于行政机构是否正确使用特权这件事上，法院没有说明法官应该在多大程度上尊重行政机构的主张。1977年，"贾巴拉诉凯利案"（*Jabara v. Kelley*，后称"贾巴拉案"），这个因遭遇了无证监听而要求个人赔偿的案件第一次给制定审查标准带来了机会。由于官员拒绝回应有关推定窃听的质询，原告失望之下转而寻求密歇根东区联邦地区法院（District Court of the Eastern District of Michigan）的协助，而这又一次促使国防部援引国家秘密特权。在这种情况下如果没有原告所要求的信息，法官拉尔夫·弗里曼（Ralph Freeman）就无法审理本案，所以他同意审查国防部的秘密附誓书面陈述，以确定其特权主张是否合理。弗里曼法官审查之后支持了国防部的特权主张，认为这些信息"可能会揭示境外情报来源以及能力"。[33] 但他还裁定国防部不能援引特权来隐瞒与境外情报行为无关的信息，特别是国防部拒绝透露曾帮助其监听原告的联邦机构名称。[34] 我们注意到这个联邦机构（国家安全局）的名称已经在最近的一份国会报告中披露过，弗里曼法官认为"将这个机构的名称列为军事秘密或国家秘密的说法简直是无稽之谈"[35]。

受理"贾巴拉案"的法院愿意质疑行政机构国家保密的做法让人十分惊讶。但是在审理1978年"哈尔金诉赫尔姆斯案"（*Halkin v. Helms*，后称"哈尔金案"）时，哥伦比亚特区联邦巡回上诉法院形成了一种更加不同、最终影响更广的审查标准。该诉讼由反战抗议者提出，他们认为自己曾受到国家安全局的无证监听。为了证明他们的权利确实受到侵犯，原告要求国家安全局公开他们的通信拦截记录。然而国家安全局以"识别个人或组织的通信记录明显存在泄露国家秘密的风险为由拒绝配合"，因为"它能使外国政府或组织推断出国家情报机构的重点和关注点"。[36] 在对秘密附誓书面陈述进行内部审查后，地区法院得出结论，原告要求国家安全局提供"尖塔行动"（Operation MINARET）相关信息的请求无法强制执行，因为"最终的问题——获得的事实，既不会被承认，也不会被否认"。[37] 然而，地区法院也裁定国家安全局有义务回应原告的要求，提供"三叶草行动"（Operation SHAMROCK）拦截的信息，因为国会调查已经揭露了这次行动很多相关的信息，即使国家安全局承认它的存在，国家安全也不会受到威胁。

反战抗议者和国家安全局对此判决都提出了上诉。前者质疑地区法院尊重行政机构的主张，认为公开"尖塔行动"所截获的信息会造成损害；而后者则质疑法院要求披露"三叶草行动"所截获信息的命令。经审查，哥伦比亚特区联邦巡回上诉法院驳回了抗议者的上诉，理由是国家秘密特

第二章 我们应该依靠法官吗？——透明度与司法尊重问题

权申请的审查标准必须是"有限的"。法院指示，在质疑行政机构要求隐瞒在普通人眼里看似微不足道或不重要信息的主张时，法官必须保持谨慎。正如罗杰·罗伯（Roger Robb）法官解释道，"在计算机技术时代，外国情报搜集业务就像是马赛克拼图"，因为"看似无害的信息可以被分析、拼凑，从而以惊人的清晰度来揭露出这个看不见的巨大机构如何运作"[38]。因此，法院必须"以军事或外交秘密为由，最大程度地尊重行政特权主张"[39]。相应地，哥伦比亚特区联邦巡回上诉法院最终确认了保护"尖塔行动"拦截信息的命令，并推翻了之前要求披露"三叶草行动"拦截信息的命令。

显然，如果法院必须最大程度地尊重行政机构关于公开可能会造成危害的主张，即使是"看似无害的信息"，只要官员声称实际上**所有**信息都会威胁到国家安全，就可以隐瞒所有可能定罪的信息。1998年的"卡萨诉布朗纳案"（*Kasza v. Browner*，后称"卡萨案"）就证明了这一点。在联邦第九巡回上诉法院的法庭上，上诉人要求美国空军公开其位于内华达州的秘密设施中涉嫌非法处理危险废弃物的细节。美国空军援引国家秘密特权，拒绝分享确证或否证"危险废弃物产生、存储或处置的有关证据"。[40]上诉人随后质疑这种特权的使用"过度宽泛"，认为美国空军声称"危险废弃物的存在或不存在属于国家秘密的说法十分荒谬"[41]。然而在对附誓书面陈述进行了内部审查后（该书面陈述对公开该设施的信息会导致"安全敏感的环境数据"遭到泄露进行了解释），联邦第九巡回上诉法院裁定："如果看似无害的信息也是秘密'马赛克'的一部分，那么机构可以援引国家秘密特权以防披露，法院不能命令政府将这些信息从其他涉密信息中删除。"[42]由于上诉人无法在没有涉密信息的情况下更进一步上诉，联邦第九巡回上诉法院驳回了整个诉讼。[43]

现在还有一些类似于"卡萨案"的诉讼，因官员声称如果不披露国家秘密，案件就无法完全继续，从而导致整个案件被驳回。法院对这种广泛特权主张的尊重带来的道德和政治影响，在最近一系列案件中得到了充分

秘密与泄密 ［美国国家保密的困境］
Secrets and Leaks: The Dilemma of State Secrecy

体现，这些案件是一些因遭受了非常规引渡而寻求补偿的人提起的。这些案件中最具启发性的是 2009 年（第一阶段）和 2010 年（第二阶段）的"穆罕默德诉杰普逊公司案"（*Mohamed v. Jeppesen Dataplan Inc.*，后称"杰普逊公司案"）。该公司是波音公司的子公司，曾向中央情报局提供了后勤支持，将恐怖分子嫌犯送到海外秘密拘留设施，他们在那里遭受了酷刑。在最初的诉讼进入审判阶段之前，中央情报局以原告上诉内容的"核心"涉及中央情报局的秘密行动，"显然属于国家秘密"为由，进行了干预并要求法院驳回案件。[44] 加利福尼亚北区联邦地区法院与中央情报局达成协议后，原告上诉至联邦第九巡回上诉法院。

在 2009 年"杰普逊公司案"的第一阶段中，联邦第九巡回上诉法院划出一条界线。迈克尔·霍金斯（Michael Hawkins）法官指出，有人认为这类诉讼应该被驳回："随时会涉及到指控的诉讼，其是真是假已被政府官员列为秘密"，这种观念暗示着"司法机构应该有效隔离所有秘密政府行动免于司法审查，使中央情报局及其伙伴免受法律的要求和限制"[45]。他认为，这一理论已经威胁到了"三权分立和司法审查原则"，这就要求"逐条逐项"地谨慎分析，以确定特权证据是否真的对维持诉讼"不可或缺"，或原告是否可以通过参考非特权证据来提起诉讼。[46] 当然，如果法官对于行政机构的国家秘密主张只表示出尊重，那这种谨慎的分析也就毫无用处，因为正如"哈尔金案"和"卡萨案"所示，甚至国会已经公开的信息（"三叶草行动"）或非保密的信息（危险废弃物），都可以算是秘密"马赛克"的一部分。不出所料，霍金斯法官也推翻了关于由谁来判断何为国家秘密的问题。"一种将'涉密'事项明确等同于'秘密'事项的规则，"他写道，"会错误地鼓励总统只是为了将自身置于司法程序的范围之外，去隐瞒那些在政治上令人尴尬的信息。""实际上，定密有强烈的迹象表明涉密，"他指示，"然而，法院必须对任何寻求豁免的证据进行独立评估，以确定其内容是否属于特权意义上的秘密。"[47] 霍金斯法官对于非常规引渡计划涉密信息的保密评估是：这些信息已进入公共领域，所以不能被视为国家秘密。"政府不能认为,"他写道,"'五角大楼文件'都是'秘密',即便在《纽约时报》发表之后,也受到国家秘密特权的限制——仅仅因为政府自身拒绝解密或以其他方式'正式披露'文件内容。"[48]

不过,"杰普逊公司案"(第一阶段)的判决很快被推翻。鉴于这一案件的"特殊重要性",联邦第九巡回上诉法院重新审理此案,以6比5的票决,认可了地区法院的裁决。代表大多数人的雷蒙德·费舍尔(Raymond Fisher)法官承认,非常规引渡计划不能再被视为国家秘密——**不是**因为该计划的细节已被揭露,而是因为它的存在已被"众多政府官员""公开承认"。[49] 但他强调,"对于非常规引渡计划的存在和某些方面的披露"并没有"排除其他细节不被泄露的可能,这可能会对国家安全造成严重损害"。[50] 费舍尔法官认为,这些国家秘密的存在给法院带来了难题。他说:"由于原告指控的事实中充满了这些秘密,杰普逊公司为抗辩所做的任何看似合理的努力,都将带来泄露国家秘密的不可确证风险。"[51] 但是,"雷诺兹案"的经验是,原告越是表明有必要这样做,法院就越有责任承担起职责审查特权主张是否合适。费舍尔法官并不认同这一点,他指出,尽管"地区法院能够很好地保护秘密免于公开,但其他类似的案件依旧面临着巨大的风险,很难或几乎不可能守住与之相关的秘密,甚至界定特权证据与非特权证据之间界线都有风险"。[52]

司法尊重合理吗?

到目前为止,我们已经看到,即使是在涉及"看似无害的信息"的案件中,法院对行政机构关于信息披露可能造成损害的主张也表现出"极大的尊重"。这一表现招致了评论人士的批评,他们认为这种无条件的尊重是不合理的,尤其是在公民自由受到威胁的时候。费舍尔认为,对于法官来说,"听从行政机构对特权文件和国家秘密的主张,就是放弃美国宪法

秘密与泄密 [美国国家保密的困境]
Secrets and Leaks: The Dilemma of State Secrecy

赋予法院的独立性,并将依赖行政核查和公共核查的个人自由置于危险境地"[53]。也有人认为,司法尊重往往是以错误为前提的。切斯尼写了一篇打破常规的文章,他在文章中警告道,官员和法官都倾向于,在国家安全的背景下"过分简化"尊重行政机构的原因。[54] 他认为,更谨慎的调查揭示,法官有理由应当比现在更加谨慎地审查行政机构的主张。

这些质疑很有分量。然而,在我们建议法官对行政机构的主张进行进一步谨慎的审查之前,我们应该弄清楚,法院为什么要维护这种司法尊重。首要原因是我们在讨论"雷诺兹案"和"杰普逊公司案"(第二阶段)时提过的担忧,即使是在内部审查秘密材料,也可能导致未经授权或无意的披露。重要的是,担忧**不**在于法官和其他工作人员就国家秘密能否被信任。过去也有人曾提过这方面的主张,被最高法院以充分的理由驳回。1972年,在"美国政府诉美国地区法院案"(*United States v. United States Dist. Court*,后称"基思案")中,大法官刘易斯·鲍威尔(Lewis Powell)强调,"我们也许可以指望法官特别注意国家安全案件中的安全要求"[55]。相比之下,我们真正担心的是法院有限的机构能力。法官们自己也认为,法院在持续处理大量秘密材料方面能力不足。就像1983年,哥伦比亚特区联邦巡回上诉法院在"埃尔斯伯格诉米歇尔案"(*Ellsberg v. Mitchell*,后称"米歇尔案")中解释,内部审查"并不完全安全"的说法并不意味着"轻视法官、律师或其他任何人"。相反,问题在于"自身内部,我们没有能力为这些安全高度敏感的信息提供相匹配的保障"[56]。

值得注意的是,时间的推移和处理涉密信息案件累积的经验并没有改变这一观点。例如,2005年备受瞩目的"斯特林诉特内特案"(*Sterling v. Tenet*,后称"斯特林案"),中央情报局的一名雇员起诉该局有种族歧视的倾向。联邦第四巡回上诉法院援引"雷诺兹案"的禁令,拒绝审查中央情报局的人事档案,称其涉及高度秘密材料,然而人事档案正是评估种族歧视指控的一个重要指标。联邦第四巡回上诉法院警告道:"法院无需冒险进一步披露——无意地、错误地,甚至是故意地——这将破坏特权存在的目的。"[57] 联邦第四巡回上诉法院并不是唯一一持这种观点的法院。如上所述，联邦第九巡回上诉法院推翻了"杰普逊公司案"（第一阶段）的判决，正是因为它相信，"通过使用保护令或证据限制等手段进行进一步审查，可能造成信息泄露的风险，而这是不可逆的"[58]。

我们已经讨论了支持司法尊重的第二个原因，即"哈尔金案"和"西姆斯案"强调的专业知识。联邦第四巡回上诉法院最近总结了2007年的"马斯里诉美国案"（*El-Masri v. United States*，后称"马斯里案"），"司法尊重不仅仅是受美国宪法的影响，也有出于实际的考虑：在评估发布敏感信息的后果时，行政机构和受其领导的情报机构比法院更有优势"[59]。人们质疑法官，并不是质疑他们的智力水平，或是"将司法部门看成一个倒霉的无能之辈"；相反，人们关切的是法官的专业技能。[60] 人们担心在判断信息披露可能造成的危害时，法官的专业性或**比较优势**不足。正如联邦第四巡回上诉法院在"马斯里案"中解释，在军事、外交和秘密情报领域，司法尊重建立在这样的假设之上——长期在这些领域工作的行政官员很可能做出**更精确**或**更准确**的预测判断。[61] 相比之下，正如约翰·尤（John Yoo）所强调的，联邦的司法部门"是一个由通才法官组成的通才机构"。他指出："很少有法官在任职之前具有丰富的外交事务经验。"法院是按地域划分的机构，这"不仅阻碍了专业化的进程，还妨碍了经验的积累"。[62]

可以肯定的是，一些法院试图回避专业技能的问题，允许案件根据已经公开的证据进行审理。2006年的两起被广泛引用的案例——"电子前沿基金会诉美国电话电报公司案"（*Hepting v. AT&T*）和"美国公民自由联盟诉国家安全局案"（*ACLU v. NSA*），法院面对援引国家秘密特权，原告无法证明他们受到了无证监听。法院没有强迫披露相关信息（因为这会引发国家安全局担忧国家安全受到危害），所以法院决定让官方承认无证监听计划的存在，这足以让原告有资格起诉。[63] 这是一个有趣的先例，但从长远来看，其作用似乎值得怀疑，因为它为官员们创造了一种强烈的动机，让他们在公共场合尽可能少说话。此外，基于公开声明的法律行动仍然容易受到这种问题的影响——即使是公开承认的秘密，通常也会与未披露的秘密紧密联系在一起，这非常不利于原告的诉讼。这正是"杰普逊公司案"（第二阶段）难以胜诉的原因，即使公众对非常规引渡计划的讨论已经非常普遍了。

那为什么这些支持司法尊重的论点被否决了？简而言之，批评人士认为上面列举的审慎和认知问题可通过"程序创新"或修改审讯程序来解决，例如，邀请外界专家；或建立由精通情报业务的法官和工作人员组成的特别法庭，他们在必要时能够进行单方面内部审查。[64] 比如，梅雷迪思·福克斯（Meredith Fuchs）就认为，任命一位"具有合适的安全许可、中立而有经验的高级法官……可以减轻法院在专业知识方面的负担"，而波森曾认为，"法外助理"（extrajudicial assistants）有助于法官"评估"基于"马赛克理论"主张的"合理性"，而"马赛克理论"往往具有"高度臆测性"。[65] 切斯尼的建议更为激进，他提出国会可以建立"秘密法庭"——第三条款法官（Article III Judges）能够"在长久保密、法官审理的基础上，**在内部**"处理涉及国家秘密的案件，原告可以由选定的诉讼监护人代表，例如持有必要许可的联邦公共辩护律师。[66]

然而，我们有理由对这些提议表示质疑。福克斯也承认，使用外部专家会引发人们对司法权威"不当授权"的担忧，进而对司法程序的完整性产生质疑。她对这个问题的回应是两方面的。首先，她指出，外部专家必须是"真正独立的，与政府或原告在过去、现在或未来没有任何关系"。其次，她建议，"专家应主要作为案件管理员"，负责"筛选大量文件"。[67] 然而，这两种说法都有问题。一位熟悉国家安全相关质疑的专家可能在政府工作过很长时间，因此很有可能与在职官员熟识。[68] 此外，由于专家的安全许可可以被吊销，人们一定会质疑那些希望保留许可的外部专家是否真的刚正不阿。如果外部专家已经退休很长时间，或者在近期不打算再就业，那么人们一定会考虑她在当代安全问题上是否真的博学。最后，如果外部专家的目的仅限于筛选文件，而"法官仍必须作出艰难抉择，决定该公开哪

第二章 我们应该依靠法官吗？——透明度与司法尊重问题

些信息"，如福克斯所言，任命这样一个专家能帮助法官克服多少专业知识上的不足呢？[69]

切斯尼的提议也有问题。最直接的是它要求必须有官方安全许可的公共辩护人来维护原告的利益。这些律师想必都希望保留许可，特别是如果他们终其一生都想在国家安全法律领域发展专业技术。毫无疑问，被指派为萨利姆·哈姆丹（Salim Hamdan）辩护的海军律师查尔斯·斯威夫特（Charles Swift）军事生涯的终止，恐怕会让律师们心生犹豫。[70]更根本的是，一旦我们转向整个审判都在内部进行的制度，独立法庭和行政机构内部审查程序之间的差别就开始消失。有人可能反驳说，国家安全不会妨碍"第三条款法官"的独立性。但思考一下，一旦法官从偶尔涉足秘密情报领域，到永久地参与其中，可能有什么结果呢？一个经常处理涉密信息的法院可能会成为间谍的目标，一位任性的职员或公共辩护人也许会偶尔泄露一些涉密信息，这种想法并非没有道理。此外，几乎可以肯定的是，当国家安全紧急情况中的主角与法官们属于同一民族、种族或宗教团体时，这些司法官员将受到更多的审查。因此，我们应该做好准备，以防法官、工作人员和公共辩护人会受到反情报监视，甚至因泄露涉密信息而被起诉。对这些人的私生活的入侵将如何影响他们的决定？什么样的麻烦行为足以让他们失去安全许可？对于那些旨在攻击热心的公共辩护人的"肮脏诡计"，我们能为他们提供怎样的安全保障？学者们倾向于不去讨论这些情况，但他们应该讨论，因为这些正是情报领域的工作人员在揭露或质疑他们认为的不当行为时，必须应对的威胁。

假设有人认为上述对审慎和认知的担忧言过其实。我们还有一个支持司法尊重的理由，即问责担忧。这一论点的出发点在于认识到专家意见的脆弱性。对司法尊重持批评态度的人倾向于认为，存在某种类似于情报科学的东西。也就是说，他们似乎相信，对于特定信息的泄露可能造成的危害，有客观的答案。然而，即使情报专业人士值得信任，情报评估大相径庭的情况并不罕见。因为正如最高法院在1988年"海军部诉伊根案"

（*Department of Navy v. Egan*，后称"伊根案"）中指出，情报业务"充其量是一门不精确的科学"——在高度不完整的信息条件下，对特定选择的后果作出判断。[71] 没有比1998年的"韦瑟海德诉美国案"（*Weatherhead v. United States*，后称"韦瑟海德案"）更合适的案例了，这是《信息自由法案》中少数几个由上诉法院作出不利于行政机构裁决的案件之一。

"韦瑟海德案"中，原告根据《信息自由法案》，要求获得一封通信副本，内容为英国外交部和美国政府之间引渡和审判一名英国公民。在英国政府认为信件本质上属于秘密之后，美国国务院予以扣留，这促使原告向华盛顿东区联邦地区法院寻求审查。经过审查，地区法院下令公开这封信，因为国务院的附誓书面陈述"未能就披露这封信将如何损害美英关系作出具体解释"。[72] 但是，在被告提出复议请求后，法官弗雷德里克·凡·西克尔（Frederick Van Sickle）进行了一次内部审查，然后推翻了先前的裁决。他宣称，在阅读了这封信后，他"毫不犹豫地判断，这封信不能被公开"，并补充说，"如果要避开敏感内容，就没有任何内容可被公开了"。他得出结论："感到欣慰的是，不仅两名国务院的高级官员相信公开这封信有损国家利益，一名独立的联邦法官也这么认为。"[73]

原告不为所动，继续向联邦第九巡回上诉法院提起上诉，联邦第九巡回上诉法院内部审查了这份文件，得出了完全**相反**的结论。首席法官普罗克特·哈格（Procter Hug）在审查了信件后，代表大多数人写道："我们无法理解，这时公开这封信，会对美国的国防或外交关系造成怎样的危害。"他补充说，这封信"是无害的"。[74] 地区法院和联邦第九巡回上诉法院言辞之间令人尴尬的对比，并没有被忽视。联邦第九巡回上诉法院的法官巴里·西尔弗曼（Barry Silverman）措辞尖锐地发表异议声明：这种对比表明，"我们法官并不是这一领域的专业人士"。"**内部**审查这份文件是否是事实是一回事，"他说，"评估秘密文件的敏感性以及可能由披露引起的国家安全危害，则是另一回事。"[75] 就西尔弗曼法官而言，他站在弗雷德里克法官一边，理由是联邦第九巡回上诉法院不应该"如此不顾"政府附誓

第二章 我们应该依靠法官吗？——透明度与司法尊重问题

书面陈述中所提供的"令人深思的评估"。[76]

这并不是故事的结局。在联邦第九巡回上诉法院作出裁决后，美国政府向最高法院提出上诉。然而，当法庭准备听取口头辩论时，诉讼当事人发现，英国驻西雅图领事很久以前就将"保密信件的大部分内容"转交给了原告。[77]在这个令人尴尬的发现之后，这个案件被认为毫无意义，地区法院的裁决也被撤销了。

可以说"韦瑟海德案"明确表明，预测涉密信息披露可能造成的危害，往往带有很强的**主观性**。在信息披露的成本和收益取得平衡之前，我们必须迈出至关重要的第一步——确定成本和收益**是**什么，这在很大程度上取决于一个人的道德直觉、政治意识和常识。换句话说，这取决于一个人的政治判断。1948年"芝加哥南方航空公司诉沃特曼公司案"（*Chicago & Southern Air Lines，Inc. v. Waterman SS Corp*）就法院为什么应该避开作出裁决，给出了非常经典的解释。大法官罗伯特·杰克逊（Robert Jackson）指出这种决定应该"只由那些直接利益相关的人负责作出"。[78]放在"韦瑟海德案"的背景下，这一警告似乎有些言过其实。因为与其说这是国家安全紧急事件，不如说是一场闹剧。但是，当我们考虑到涉及非常规引渡和秘密监禁（对某些人必要，却对另一些人觉得可怕的做法）的案件时，这一警告确实显得很突出。

可能有人会持反对意见，即使是否以及何时发布涉密信息的决定确实具有政治性质，但最好还是由法官，而非行政官员来作出，因为后者与涉密信息的披露有明显的利益相关。换句话说，法官主观但无私的决定，优于行政官员主观且可能自利的决定，特别是因为保密的存在，意味着公民实际上可能无法使行政官员比法官更负责任。但是，一旦法官真正长期处于评估是否应该向公众公开涉密信息的业务中，他们还能否长期保持这种刚正不阿的态度？相反，把这种具有政治意义的权力赋予法院，很有可能相关职位的任命问题会被推上风口浪尖。鉴于被任命的法官需要将其作出决定的理由保密，因此公众很难确定他们**没有**受到党派或意识形态考量的

秘密与泄密 [美国国家保密的困境]
Secrets and Leaks: The Dilemma of State Secrecy

影响。

外国情报监视法庭（Foreign Intelligence Surveillance Court，FISC）记录的问题很好地阐释了这一难题。出于显而易见的原因，该法庭秘密地、单方面地审查权证。据说在提交给法院的两万多起案件中，法庭只有少数几次对美国政府作出否定裁决。对于这样的事实，我们是否应该感到不安？[79]或者恰恰相反，我们是否应该将这一记录看作是政府不愿意将对自身不利的案件带到法院的证据？如果后者的解释看起来更合理，那么我们该如何理解外国情报监视法庭回溯指责政府自2001年以来至少曾在75个案件中误导过它？[80] 我们没有明确的根据来回答这些问题。同样，我们是否应该对外国情报监视法庭的首席法官决定配合国家安全局的无证监听计划而感到不安？许多学者似乎确信，国家安全局的计划是违宪的。我们是否应该担心外国情报监视法庭可能允许其他潜在的违宪行为？如果这些决定已成现实，我们要如何才能知道？

简而言之，迫使法官承担起评估涉密信息公开可能造成危害的责任，无法进一步增强我们对政府遵守公开透明准则的信心。相反，这一措施很可能只是将担忧的焦点从行政官员转向法官。这并不是说司法干预**将会**重现当定密的最终决定权在行政机构手中时出现的利益冲突。相反，关键在于在保密的情况下，公民缺乏理由去相信法官会公正无私，因为他们无法获得理性信任所必需的信息。此外，即便我们像学者和议员提议的那样，任命一个"独立的"解密委员会，这个问题仍将存在。[81] 事实上，在公众视野内运作的美国证券交易委员会（Securities and Exchange Commission）和联邦通信委员会（Federal Communications Commission）等在内的机构，存在广泛的监管俘获（regulatory capture）。这表明，建立一个不透明、未经选举产生的"保密监管机构"，实际上会**加深**人们对滥用保密的担忧。在重要的国家安全决策中，财政、政治和意识形态利益攸关，这将给受影响的各方一个强大的动机，试图"俘获"监管机构。

对于司法干预不负责任的担忧，可能会面临两方面的质疑。首先，有

第二章 我们应该依靠法官吗?——透明度与司法尊重问题

人可能认为,法官事实上是负责的——即使他们是秘密审判——与行政机构不同,他们的判决可以上诉到更高一级的法院。但是,由于对国家秘密泄露可能造成损害的预测在很大程度上取决于政治判断,上级法院究竟能让下级法院承担什么责任?当然,下级法院可能会因为明显的偏见或重大疏忽而受到制裁。但是,对于泄露一份涉密信息可能造成的危害,各方意见不一,又怎能对其进行惩罚?最高法院可能让下级法院对"错误干预政治机构制定的外交和国家安全政策"负责吗?[82]正如约翰·尤提醒司法审查的支持者:我们有数百名联邦法官、数十个地区法院和13个上诉法院。最高法院目前每年审理的案件不足100件,如果最高法院无法花更多的时间去解决这些权力下放所引发的分歧,那么我们有理由得出这样的结论:"外交和国家安全政策的一致性尤为重要,但是司法介入将造成其不和谐。"[83]

其次,有人可能会说,让国会的情报委员会成员以"顾问身份"向法官提供对政府隐瞒信息的要求是否合理的看法,可以缓解人们对不负责任决策的担忧。[84]但是这个建议也不怎么有说服力。人们普遍认为,国会在国家安全的问题上总是倾向于服从总统。事实上,这正是公开透明的支持者批评司法尊重的原因——他们认为法院是防止定密过高的唯一保障,尤其是在紧急情况中。在他们看来,法官完全不受日常政治压力的影响,因此他们会问一些国会不会问的难题。[85]此外,总统们长期以来一直保留向国会隐瞒国家安全信息的权利,因为来自敌对党派的议员可能会为了获得政治优势而披露此类信息。[86]我们将在第三章讲述,这种说法并不是毫无根据。因此,即使会的介入减轻了法官对于应该向公众披露哪些信息作出武断决定的担忧,但也是得不偿失的结果,因为它实际上会使法院更难以维护他们本应该保护的秘密。

法官能减少保密吗?

到目前为止,我一直认为法官在提高透明度方面条件不佳,因为他们没有资格质疑行政机构关于公开涉密信息可能造成危害的说法。我还认为,法官不应被要求主观判断信息披露的成本与收益,这只会鼓励相关法官的政治化,为产生一个公正的裁定者将法庭变为众矢之的。然而,这并不是唯一的答案。法官还可以通过另一种方式提高政府的透明度:制定官员应该**如何**使用保密制度的标准规范,而不是具体应该公开**什么**信息。特别是,通过要求官员们提供为保密辩护的理由,法官们或许能够控制国家保密的范围和规模——也就是说,他们或许能使保密变得更少**更浅**。

浅度国家保密(shallow state secrecy)的概念来源于艾米·古德曼(Amy Gutmann)和丹尼斯·汤普森。他们认为,当保密阻止政策内容受到公众监督时,确保公民"有机会提前决定政策是否合理并审查政策实施后的细节"就变得尤为重要。[87] 当然,只有当公民知道有些事情实际上被保密时,他们才有这样的机会。因此,古德曼和汤普森认为,保密的实施必须遵循两个条件:一是只对相关政策的"细节"保密,而不对政策的存在保密;二是"政策细节是保密的这一事实本身不应成为秘密"。[88] 例如,如果政府希望落实一个侦察卫星计划,那么浅度保密的准则要求是,即使不披露该计划的细节,政府也要告知公众和国会,并获得侦察卫星政策的批准。古德曼和汤普森认为,政府只有以这种方式行事,公民才有机会"质疑保密人员,并最终决定是否应该保密"[89]。

但官员们必须永远保持浅度保密吗?也就是说,他们有义务宣布每一个国家秘密的存在吗?不难想象,在某些情况下宣布国家秘密存在**本身**就可能产生不良后果——例如,仅仅承认侦察卫星计划的存在,就可能促使恐怖组织采取反制措施,比如将训练设施转移到地下。古德曼和汤普森在讨论"深度秘密"时,承认了这种可能性。"深度秘密"(deep secrets)指的是出于国家安全考虑而对公民和议员保密的秘密。他们认为,这些深

第二章 我们应该依靠法官吗?——透明度与司法尊重问题

度秘密"只有在能说明它们是维护基本自由、机会和审议等民主价值观的必要条件下,并且通过问责制的考验,才能被证明是正当的"[90]。可是这番辩词应该对谁说呢?深度秘密不能公开,因为这会导致政府想要保护的信息被泄露。然而,如果不要求官员公开表明,我们怎么知道他们是否出于正当原因来进行深度保密(deep secrecy)呢?

有人可能会反对,官员们不太可能需要保守许多深度秘密。即使这种情况属实,也会出现这样的情况:一个"普通"的国家秘密可以在不同程度上保密。例如,美国可能声称它有一个侦察卫星计划,也可能声称它有十几个成本是 X,功能是 Y,具有 Z 的开创性能力的间谍卫星。在我们确定官员们是否有义务作出后一项内容更丰富的声明之前,我们需要了解这项声明可能造成的危害,例如它是否会促使恐怖组织或敌对国家将其训练设施或武器工厂转移到地下。我们似乎有理由假设,只有行政机构才能提供这一预测。但在这种情况下,如何防止官员们夸大后一项声明的代价,从而使我们得出结论,即他们只有义务作出前一项内容较少的声明?不用说,如果我们不能阻止这种"威胁通胀"(threat inflation),那么对浅度保密的要求将不会扩大公众可获得的信息范围。

那么,我们如何才能强制执行浅度保密的准则呢?也就是说,我们如何才能确保官员们能够对他们所掌握的秘密安全地畅所欲言呢?法院有可能在这方面提供帮助吗?乍一看似乎很有希望,尤其是在《信息自由法案》的背景下,法院要求官员"为任何声称有权隐瞒文件的行为提供详细的公开理由"。[91] 这项规定的目的,正如哥伦比亚特区联邦巡回上诉法院在 1973 年具有里程碑意义的"沃恩诉罗森案"(*Vaughn v. Rosen*,后称"沃恩案")中解释道,它允许法官确认官员希望隐瞒的记录是否确实与其所主张的豁免相关,这项规定还为原告提供了"反对隐瞒记录的机会",以识别并要求公开那些不太可能免于披露的记录。[92] 为此,"沃恩案"要求官员提交一份详细的、逐项登记的附誓书面陈述(现在被称为"沃恩索引",Vaughn index),"必须描述被隐瞒的材料,说明不公开的理由,并列举每一项主张的豁免条款"。[93] 这一要求正好与浅度保密的理念相对应。然而，由于"沃恩案"还允许附誓书面陈述剔除那些"如果公开会危及信息秘密性质"的内容，这就使情况变得复杂起来。[94] 这个让步——解释秘密为何应当成为秘密本身可能会损害国家安全——已经引发了一系列案件，在这些案件中，官员们甚至不必承认秘密的存在，更不用为保密本身提供正当理由。

这里我们可以参考1975年"费里皮诉中央情报局案"（*Phillippi v.CIA*，后称"费里皮案"），其中原告寻求有关"格洛玛探测者"号（Glomar Explorer）的信息。据报道，这艘船曾被用于旨在收回沉没的苏联潜艇的秘密行动。在案件中，记者哈里特·费里皮（Harriet Phillippi）要求中央情报局提供报道"格洛玛探测者"号行动的信息。中央情报局回应称，无法满足要求，因为费里皮要求的信息涉及一项"出于国家安全"而"既不被证实也不被否认"的行动［后称"格洛玛回应"（Glomar response）］。[95] 费里皮随后上诉至地区法院，要求法院强迫中央情报局"为声称免于披露的每份文件提供详细的理由"。中央情报局通过提交秘密附誓书面陈述作出回应，地区法院随后进行了内部审查。在地区法院作出有利于中央情报局的简易判决后，费里皮上诉至哥伦比亚特区联邦巡回上诉法院，称法院有权内部审查的只是中央情报局**保留**的文件，而不是附誓书面陈述本身。但是，哥伦比亚特区联邦巡回上诉法院驳回了这一指控，称法院有权"在没有原告律师参与的情况下内部审查秘密附誓书面陈述"，因为"当中央情报局既不能确认也不能否认原告所要求信息的存在时，除了解释拒绝公开文件的附誓书面陈述以外，法院没有其他相关文件可以审查"。[96]

我一直认为，执行浅度保密规范的努力——迫使政府官员宣布国家秘密的存在，而不是秘密本身的内容——会因两个事实而受挫：一是承认国家秘密的存在可能损害国家安全；二是解释为什么承认国家秘密存在可能会损害国家安全本身就会损害国家安全。值得称赞的是，法院已经推翻了后一种说法。尽管受理"费里皮案"的法院允许官员提交秘密附誓书面陈述，

第二章 我们应该依靠法官吗？——透明度与司法尊重问题

解释他们无法承认或否认"格洛玛探测者"号的行动，但法院也指示中央情报局"提供一份公开的附誓书面陈述，尽可能详细地解释为什么既不能承认也不能否认原告所要求的记录是否存在"。受理"费里皮案"的法院称，这样做的目的是"形成一份尽可能完整的**公开记录**"。[97]

但这种公开记录有多详细？它是否确实获得了古德曼和汤普森提到的浅度秘密？前景黯淡。正如1979年哥伦比亚特区联邦巡回上诉法院审理"海登诉国家安全局案"（*Hayden v. NSA*，后称"海登案"）时承认，"逐项登记和公正辩护本身就是敏感的……将它们置于公开记录中可能会严重损害安全，这正是《信息自由法案》例外1所要预防的"[98]。换句话说，"海登案"证明了在某些情况下，官员可能合法地拒绝提供**任何**公开解释，因为他们决定隐瞒的信息符合《信息自由法案》的豁免条款。当然，并非所有涉及《信息自由法案》的案件都和"海登案"一样都有着国家安全局"超级秘密"。在两个广为人知的案例中——1982年"贾德尔诉中央情报局案"（*Gardels v. CIA*，后称"贾德尔案"）和1984年"米勒诉凯西案"（*Miller v. Casey*）——官员拒绝承认或否认原告所要求记录是否存在，但他们确实提供了公开的附誓书面陈述，解释了为何承认或否认国家保密的存在可能会损害国家安全。在"贾德尔案"中，原告要求中央情报局公开其与加利福尼亚大学的秘密联系。中央情报局解释，它无法承认或否认这种联系，因为如果它"表明与这些学校没有秘密联系"，那么外国情报机构"将集中精力在其他美国大学上"，以探明"中央情报局在那些学校开展什么工作"。[99]可以说，这种解释符合浅度保密的规范——它向公众提供了一个合理的理由，说明为什么中央情报局不能确认或否认秘密活动的存在。然而，在这种抽象程度上，我们无法得知中央情报局在学校的线人是否以我们认为不妥的方式使用（例如，诱捕外国学生）。与此同时，我们无法获得更多细节。只要我们尊重中央情报局认为"外国情报机构都是狂热分子"的说法，我们就无法要求官员在他们提交的公开附誓书面陈述中提到更具体的内容，因为这样会惊动外国情报机构，从而危及国家安全。[100]

在援引国家秘密特权的情况下，保密的理由往往更加模糊。第一次将"沃恩案"的标准扩展到这一领域的是1982年"哈尔金诉赫尔姆斯案"，原告希望知道他们是否受到非法监控，认为中央情报局提交的为援引国家秘密特权辩护的公开附誓书面陈述"太过模糊，无法成立"[101]。但是，哥伦比亚特区联邦巡回上诉法院不认同这种说法。中央情报局的公开附誓书面陈述称，"虽然必然性尚不明确，但在此背景下提出要求保密的理由"[102]。理由有以下两条：首先，"揭示外国政府协助中央情报局对持不同政见者进行监控的特殊情况可能会使外交关系紧张"；其次，允许原告知道他们已经成为监控对象的信息可能"与个人其他活动的信息相结合"，使外国情报机构"识别中央情报局特工"。[103]正如"贾德尔案"和上述讨论的与《信息自由法案》相关的案例，行政机构援引国家秘密特权的理由是如此抽象，以至于无法弄清楚中央情报局的行为。事实上，这些理由在理论上可以支持中央情报局对国家秘密特权的**任何**援引，因为几乎任何秘密活动的公开都可能以这种或那种方式"使外交关系紧张"。

因此，法院应该要求行政机构公开提交援引国家秘密特权的更详细的理由吗？这个问题在1983年"埃尔斯伯格诉米歇尔案"中得到了正面表达，"五角大楼文件"泄密案中的主角在得知他们遭受无证监听后要求赔偿。哥伦比亚特区联邦地区法院根据内部提交的援引国家秘密特权的理由，支持被告要求，之后原告继续向哥伦比亚特区联邦巡回上诉法院提出上诉，质疑政府提供的"公共理由十分苍白无力"。原告认为，公开附誓书面陈述称"国家利益会因原告所要求材料的公开而受到损害"，但没有具体说明"这种'利益'是由什么构成，它如何被损害"。因此，法院应该要求政府"更全面地公开说明为什么披露信息会危害国家安全"，或者解释"为什么对预期的不利后果进行具体描述本身就会损害国家安全"[104]。

哈里·爱德华兹（Harry Edwards）法官对原告的上诉表示同情，并指出"公开解释越具体，反对一方就越有能力提出抗辩"。然而他还认为，并没有严格规定让"主审法官迫使政府在内部提交资料之前就公开捍卫其

第二章 我们应该依靠法官吗？——透明度与司法尊重问题

主张","因为用来评估国家秘密特权主张的合法性程序并没有强制公开该特权旨在保护的信息"。他写道，最合理要求是"政府的公开声明不多于（也不能少于）切实可行的情况"[105]。至于谁来决定何为"切实可行"？爱德华兹法官声称，法院虽"没有放弃与国家秘密理论的提议有关的司法角色"，但"应该对行政机构的建议表现出相当的尊重"[106]。

还有其他选择吗？

正如前文提到的，我们有充分的理由说明法官为什么不会——实际上也不应该——带头强制公开涉密信息。因此，在行政机构出于国家安全理由保密之前，我们应该期望法官只设置一个门槛较低的程序性障碍，而不是高度实质性的屏障。然而，这并不意味着法官在打击保密滥用方面没有任何有价值的贡献。正如切斯尼强调，程序性要求应该是司法尊重的重要"先决条件"之一，因为这要求法官核实行政机构是否就披露所造成的危害大放厥词。[107] 又如波森曾正确强调，尊重并不等同于放弃；尊重的审查标准并不排除"要求对隐瞒的具体文件进行合理论证"[108]。我们不应认为法院没有资格在这种更为有限的意义上进行密切审查。正如鲍威尔大法官在"基思案"中公正地陈述，如果所谓的威胁"对于我们的高级执法人员来说太过微妙、太过复杂，无法将其重要性传达给法院"，那么人们必须怀疑其是否真的存在。[109]

令人高兴的是，有证据表明程序性要求对行政机构的官员产生了重大的影响。例如，在《信息自由法案》的背景下，司法部警告政府律师，如果附誓书面陈述中包含的"样板解释"并非为证明官员想要隐瞒的"特定信息"的合理性"量身定做"，法官不会作出简易判决。[110] 同时，最近一个非同寻常的案例，2009 年的"霍恩诉哈德案"（*Horn v. Huddle*，后称"霍恩案"）提醒官员，对援引国家秘密特权相关的程序性要求也不能掉以轻心。在该案中,哥伦比亚特区联邦地区法院的法官罗伊斯·兰伯斯(Royce Lamberth)在发现被告所援引的国家保密特权具有欺骗性后,处罚了政府律师和中央情报局的高级官员:其中一名诉讼当事人实际上并不是(如中央情报局所声称的)秘密特工。[111]中央情报局迅速与原告达成了一项三百万美元的和解,以防原告进一步诉诸诉讼程序。

虽然"霍恩案"传达出一种明确信号不能轻视联邦法官,但更重要的是认识到程序性要求的局限性。可以说,"霍恩案"指出,这种程序性要求只会让法官防范保密的笨拙使用。事实上,如果不是一位政府律师主动将中央情报局的欺诈性主张告知兰伯斯法官,"霍恩案"的结果可能会大不相同。[112]就《信息自由法案》而言,基本是同样的教训。也就是说,一旦令人尴尬或有罪的信息被公开,《信息自由法案》就产生了强大的抵消作用。关于这个主题,塞思·克雷默(Seth Kreimer)在两篇优秀文章中进行了详细描述。[113]例如,在与《信息自由法案》相关的案件中,美国公民自由联盟(ACLU)要求美国政府披露与极具争议的拘留政策相关的高度涉密文件,尽管前者并未占据上风,但仍然能够利用《信息自由法案》来揭露大量相关文件——累计超过十万页——这有助于公开那些有争议的做法。尽管如此,我们也不能忽视这样一个事实,美国公民自由联盟充分利用《信息自由法案》,是在泄密导致的报道引发人们注意到行政机构潜在的不当行为之**后**。正如克雷默所说:"透明生态"指的是"泄密为《信息自由法案》的要求提供了依据,而《信息自由法案》的要求反过来又为法院提供了机会应对持续保密的合理性"。[114]但如第一章所述,我们有理由担心泄密行为会违反法律,因此倾向于压制泄密行为。与克雷默的比喻一致,"透明生态"的威胁会长期存在。我们将在第四至六章讨论这个漏洞。但我们先要考察是否可能提高国会监督的有效性和可信度。

第二章 我们应该依靠法官吗?——透明度与司法尊重问题

〖注释〗

[1] Afergood, "Reducing Government Secrecy," 407-9; Wells, "State Secrets and Executive Accountability," 642; Pozen, "Deep Secrecy," 324.

[2] Pozen, "Deep Secrecy," 270.

[3] Wells, "State Secrets and Executive Accountability," 642-43.

[4] Clark, "Architecture of Accountability," 395-96. Secrecy and the Rule of Law," 587.

[5] Tompson, *Political Ethics*, 23-24.

[6] Luban, "Publicity Principle," 157. Wells, "State Secrets and Executive Accountability," 646。有关后果的讨论,参见 Shane, Madison's Nightmare, 106-7。

[7] Tompson, *Political Ethics*, 24-26.

[8] Tompson, *Political Ethics*, 24.

[9] "Declaration of Steven Aftergood," July 20, 2004, located online at http://tinyurl.com/8uyprjr.

[10] *Afergood v. Central Intelligence Agency*, 355 F. supp. 2d 557, 563 (D.D.c .2005). 另见 *Wolf v. CIA*, 473 F. 3d 370, 375-76 (D. c. cir. 2007); *Larson v. Department of State*, 565 F. 3d 857, 864-65 (D. c . cir. 2009).

[11] Armstrong, "The War over Secrecy." 另见 *Armstrong v. Bush*, 924 F. 2d 282, 294-95 (D.C . cir. 1991); *Kissinger v. Reporters Committee*, 445 U.s. 136, 167-68 (1980)。

[12] Stanley I. Kutler, "Bush's Secrecy Fetish," *Chicago Tribune*, January 2,2002.

[13] *EPA v. Mink*, 410 US 73, 80 (1973).

[14] 5 U.S.C. § 552(b)(1); 5 U.S.C. § 552(b)(3).

[15] Department of Justice, "Statutes Found to Qualify under Exemption 3 of the FOIA," located online at http://www.justice.gov/oip/exemption3.pdf.

[16] *EPA v. Mink*, 94-95.

[17] *Freedom of Information Act Amendments*, H.rep.No. 93-1380, 93rd Cong., 2nd Sess.,1974, 226, 229,强调为引者所引。

[18] *Weissman v. CIA*, 565 F.2d 692, 697 (D.C .Cir. 1977).

[19] *Halperin v. CIA*, 148-50.

[20] *Halperin v. CIA*, 150.

[21] *CIA v. Sims*, 471 Us 159, 179 (1985),强调为引者所引。

[22] *Fitzgibbon v. CIA*, 578 F.supp. 704, 710-11 (D.D.c . 1983).

[23] *Fitzgibbon v. CIA*, 911 F.2d 755, 762 (D.C.Cir. 1990).

[24] *Fitzgibbon v. CIA*, 911 F.2d 766.

[25] 概述参见 Department of Justice, *Guide to the FOIA*, 141-58。另见 Center for National Security Studies v. DOJ, 331 F.3d 918, 927–28 (D.c .cir. 2003)。

[26] *Ellsberg v. Mitchell*, 709 F.2d 51, 56 (D.C.Cir.1983).

[27] *United States v. Reynolds*, 11, 特别强调。

[28] *United States v. Reynolds*, 8-9.

[29] *United States v. Reynolds*, 10.

[30] *United States v. Reynolds*, 10.

[31] *United States v. Reynolds*, 10.

[32] Chesney, "State Secrets," 1287–88; Fisher, "The State Secrets Privilege," 397.

[33] *Jabara v. Kelley*, 75 F.r .D. 475, 10 (E.D.Mich. 1977).

[34] *Jabara v. Kelley*, 75 F.r .D. 475, 8.

[35] *Jabara v. Kelley*, 75 F.r .D. 475, 11.

[36] *Halkin v. Helms*, 598 F. 2d 1, 8 (D.C.Cir.1978).

[37] *Halkin v. Helms*, 598 F. 2d 1, 5.

[38] *Halkin v. Helms*, 598 F. 2d 1, 8.

[39] *Halkin v. Helms*, 598 F. 2d 1, 9, 省略了内部引用, 强调了重点。参见 *United States v. Nixon*, 418 Us 683, 710 (1974)。

[40] *Kasza v. Browner*, 133 F. 3d 1159, 1163 (9th Cir. 1998).

[41] *Kasza v. Browner*, 133 F. 3d 1165.

[42] *Kasza v. Browner*, 133 F. 3d 1168.

[43] *Kasza v. Browner*, 133 F. 3d 1170.

[44] *Mohamed v. Jeppesen Dataplan, Inc.*, 563 F. 3d 992, 1000 (9th Cir. 2009).

[45] *Mohamed v. Jeppesen Dataplan, Inc.*, 563 F. 3d 992, 1003.

[46] *Mohamed v. Jeppesen Dataplan, Inc.*, 563 F. 3d 992, 1003-4。另见 *In re United States*, 872 F. 2d 472, 478 (D.C. cir.1989)。

[47] *Mohamed v. Jeppesen Dataplan, Inc.*, 1006-7.

[48] *Mohamed v. Jeppesen Dataplan, Inc.*, 1007. 先例参见 *Spock v. United States*, 464 F. supp. 510, 519–20 (s.D.n .y. 1978)。

[49] *Mohamed v. Jeppesen Dataplan, Inc.*, 614 F. 3d 1070, 1090 (9th Cir. 2010).

[50] *Mohamed v. Jeppesen Dataplan, Inc.*, 614 F. 3d 1070, 1090 (9th Cir. 2010).

[51] *Mohamed v. Jeppesen Dataplan, Inc.*, 614 F. 3d 1088.

[52] *Mohamed v. Jeppesen Dataplan, Inc.*, 614 F. 3d 1089.

[53] Fisher, "The State Secrets Privilege," 408. 另见 Weaver and Pallitto, "State Secrets and Executive Power," 90。

第二章 我们应该依靠法官吗？——透明度与司法尊重问题

[54] Chesney, "National Security Fact Deference," 1435.

[55] *United States v. United States Dist. Court*, 407 Us 297, 320–21 (1972). 另见 Zagel, "The State Secrets Privilege," 886; Weaver and Pallitto, "State Secrets and Executive Power," 98; Berger, *Executive Privilege*, 370。

[56] *Ellsberg v. Mitchell*, 58, fn. 31. 另见 *United States v. United States Dist.Court*, 321。

[57] *Sterling v. Tenet*, 416 F. 3d 338, 343–44 (4th Cir. 2005).

[58] *Mohamed v. Jeppesen Dataplan, Inc.*, 1089.

[59] *El-Masri v. United States*, 479 F. 3d 296, 305 (4th Cir. 2007). 另见 *Ellsberg v. Mitchell*, 58, fn. 31。

[60] Samaha, "Government Secrets," 958.

[61] Chesney, "National Security Fact Deference," 1410; Wald, "Two Unsolved Constitutional Problems," 760。

[62] Yoo, "Courts at War," 597.

[63] *Hepting v. AT&T Corp.*, 439 F. supp. 2d 974, 996–97 (N .D. Cal. 2006); *ACLU v. NSA*, 438 F. Supp. 2d 754, 765–66 (E.D. Mich. 2006).

[64] Fuchs and Webb, "Greasing the Wheels of Justice," 3–5.

[65] Fuchs, "Judging Secrets," 175; Pozen, "The Mosaic Theory," 677–78.

[66] Chesney, "State Secrets," 1313–14. 另见 Halstuk, "Holding the Spy-masters Accountable," 131; "The Military and State Secrets Privilege," 580–81。

[67] Fuchs and Webb, "Greasing the Wheels," 5.

[68] Fuchs and Webb, "Greasing the Wheels," 5.

[69] Fuchs and Webb, "Greasing the Wheels," 5; Pozen, "The Mosaic Theory," 678.

[70] "The Cost of Doing Your Duty," *New York Times*, October 11, 2006.

[71] *Department of Navy v. Egan*, 484 Us 518, 529–30 (1988). 另见 Berkowitz and Goodman, *Best Truth*, XI。

[72] *Weatherhead v. United States*, 157 F. 3d 735, 740 (9th Cir. 1998).

[73] *Weatherhead v. United States*, 157 F. 3d 735, 737.

[74] *Weatherhead v. United States*, 157 F. 3d 735, 742.

[75] *Weatherhead v. United States*, 157 F. 3d 735, 743.

[76] *Weatherhead v. United States*, 157 F. 3d 735, 743.

[77] *Weatherhead v. United States*, 112 F. supp. 2d 1058, 1062–63 (E.D. Wash.2000).

[78] *Chicago & Southern Air Lines, Inc. v. Waterman SS Corp.*, 333 Us 103, 111(1948).

[79] Electronic Privacy Information Center, "Foreign Intelligence Surveillance Act Court Orders 1979–2011," online at http://epic.org/privacy/wiretap/stats/fisa_stats.html. Minnow, "The Lesser Evil," 2153–54; Telman, "Our Very Privileged Executive,"

509-10。

[80] "Justice in the Shadows," *New York Times*, September 12, 2002.

[81] Ballou and Mcslarrow, "Plugging the Leak"; Fenster, "The Opacity of Transparency," 947.

[82] Yoo, "Courts at War," 598.

[83] Yoo, "Courts at War," 597-98.

[84] Frost, "The State Secrets Privilege"; Chesney, "State Secrets," 1311–12.

[85] Wells, "Questioning Deference," 947–48; Telman, "Our very Privileged Executive," 516–17; Frost, "The State Secrets Privilege," 1953.

[86] Frost, "The State Secrets Privilege," 1960–61.

[87] Gutmann and Tompson, *Democracy and Disagreement*, 103. 这一概念起源于 Scheppele, *Legal Secrets*, 21-22。

[88] Gutmann and Tompson, *Democracy and Disagreement*, 103. Bok, *Secrets*, 202-3.

[89] Gutmann and Tompson, *Democracy and Disagreement*, 121.

[90] Gutmann and Tompson, *Democracy and Disagreement*, 121.

[91] Phillippi v. CIA, 546 F. 2d 1009, 1013 (D.C. Cir. 1976).

[92] Cozen O'Connor v. U.S. Dep't of Treasury, 570 F. supp. 2d 749, 765 (E.D. Pa. 2008); *Vaughn v. Rosen*, 484 F. 2d 820, 826–27 (D.C. Cir. 1973).

[93] *Phillippi v. CIA*, 1013.

[94] *Vaughn v. Rosen*, 826-27.

[95] *Phillippi v. CIA*, 1012.

[96] *Phillippi v. CIA*, 1013. 哥伦比亚特区联邦巡回上诉法庭最终在"海登诉国家安全局案"（1979）中澄清，法官有权披露秘密文件的"非敏感部分"。但是，请注意，如果法官认为他们没有资格评估秘密记录的披露可能造成的危害，那么他们可能也不会认为自己有资格评估附誓书面陈述的披露可能带来的危害。

[97] *Phillippi v. CIA*, 1013.

[98] *Hayden v. NSA*, 608 F.2d 1384-85 (D.C.Cir.1979). 近期案例可参见 *Edmonds v. FBI*, 272 F. Supp. 2d 35, 46–47 (D.C. Dir. 2003); *Bassiouni v. CIA*, 392 F. 3d 244, 245 (7th Cir. 2004)。

[99] *Gardels v. CIA*, 689 F. 2d 1100, 1104 (D.C. Cir. 1982). 另见 Miller v.Casey, 730 F.2d 773, 776 & 778 (D.C. Cir. 1984); Hunt v. CIA, 981 F. 2d 1116,1119–20 (9th Cir. 1992); *Wolf v. CIA*, 473 F. 3d 370, 375–77 (D.C. Cir. 2007)。

[100] *Gardels v. CIA*, 1106.

[101] *Halkin v. Helms*, 690 F. 2d 977, 992 (D.C. Cir. 1982).

[102] *Halkin v. Helms*, 690 F. 2d 992，强调为引者所加。

第二章 我们应该依靠法官吗？——透明度与司法尊重问题

[103] *Halkin v. Helms*, 690 F. 2d 993.

[104] *Ellsberg v. Mitchell*, 60-61.

[105] *Ellsberg v. Mitchell*, 63-64.

[106] *Ellsberg v. Mitchell*, 58.

[107] Chesney, "National Security Fact Deference," 1411, 1419.

[108] Pozen, "The Mosaic Theory," 679.

[109] *United States v. United States Dist. Court*, 320.

[110] Department of Justice, *Guide to the FOIA*, 147.

[111] *Horn v. Huddle*, Civil Action No.94-1756 (RCL) (D.D.C. 2009). Del Quentin Wilber, "U.S. District Court Judge Rules Withheld CIA Info in Suit Was Fraud," *Washington Post*, July 21, 2009.

[112] *Horn v. Huddle*, 2, fn. 2.

[113] Kreimer, "The Freedom of Information Act and the Ecology of Transparency"；Kreimer, "rays of sunlight in a shadow War." 更详细的分析，详见 Rosenblum, "constitutional reason of state," 162-63; Herman, *Taking Liberties*, 211-14。

[114] Kreimer, "Freedom of information Act and the Ecology of Trans-parency," 1077.

[第三章]
我们应该依靠国会吗？
——监管与行政特权问题

我们现在已经明白，为什么应该谨慎地"依靠法官来确定行政机构是否负责地使用保密制度"。那如果我们转而依靠国会呢？正如我在第一章中提到，国会在这方面的表现并不乐观。虽然立宪者声称，三权分立制度可以保证国会有效监督行政机构的战争与外交行为。然而事实上，议员总是在应该最了解情况的时候还被蒙在鼓里，而总统已经躲在保密的面纱之后，作出影响深远的国家安全决策。

国会为什么要努力与总统的秘密行动和政策保持同步？这一责问通常归咎于这样一个事实：国会依赖行政机构保持适当的知情权。[1] 布里特·斯奈德（Britt Snider）写道，国会的"情报仍由行政机构来负责"，因为国会"不能要求它不知道存在的信息"。[2] 当然，国会设立的情报监督委员会加强了对情报机构日常活动的监督。[3] 例如，自20世纪70年代中期以来，情报机构提供的简报和证词的数量急剧增加。[4] 格雷戈里·特雷弗顿（Gregory Treverton）表示："现在，国会几乎要接收行政机构的每一项情报。"[5] 尽管有所进步，但相关记录显示国会意识到影响深远的国家安全举措时为时已晚，其中最广为人知的案例就是"伊朗门事件"，以及最近发生的伊拉克武器计划的情报政治化、秘密监狱的建立，以及"越来越残酷的"审讯手段和无处不在的无证监听。[6]

这一迹象似乎令人费解。可能有人会问，为什么国会不要求获得更全

秘密与泄密 [美国国家保密的困境]
Secrets and Leaks: The Dilemma of State Secrecy

面的国家安全信息，尤其是可能违反国内和国际法律的行动信息？对此有很多解释。洛克·约翰逊（Loch Johnson）认为其中一种解释关注监管者自身，其中许多人不是敏锐的公众信任"守护者"，而是毫无批判力的情报界"啦啦队队长"。[7]另一种解释认为，情报监督委员会人员流动性高、成员众多。根据最近两份国会报告，这些委员会的成员几乎没有机会或动机发展情报事务方面的专业知识。[8]第三种解释强调了情报事务的相对隐晦性，弗兰克·斯米斯特认为，情报工作几乎不给人提供恩惠或炫耀的机会，因此无法引起国会成员的很大兴趣。[9]

这些解释无疑有助于我们理解为什么国会很少或根本不努力实行监督。然而，不情愿是唯一的问题吗？上述解释假设，只要国会**真的**想，它就可以获得国家安全信息。事情真的那么简单吗？至少一些学者是这么认为的。马克·罗泽尔、加里·施密特（Gary Schmitt）、戴维·克罗克特（David Crockett）和尼尔·德温斯（Neal Devins）等，都建议我们接受这样的事实，国会可以依靠总统来获取信息，因为国会可以利用其广泛的权力来迫使总统给出国会监督所需要的信息。[10]克罗克特认为，如果国会"迫切需要某种东西，它将充分利用其政治资源"。[11]

那考虑一下国会享有的权力。其中最重要的权力是立法权。原则上，国会可以利用这一权力限制不愿配合的总统秘密从事的活动。这种方法利用了"普遍性"的概念——"如果某个特定的决策不能事先公开，那么可以公开讨论一般类型的决策，考虑其在各种假设情况下的合理性，并制定在这些情况下的指导方针"[12]。普遍性限制的吸引力在于，它似乎在事实上消除了官员们在道德与法律之间的模棱两可，他们常常用这种模棱两可为秘密进行的可疑行为辩解。因为它让议员倾向于容忍的隐蔽行动或秘密政策变得毫无疑问，法定限制或禁令让官员们几乎没有"回旋余地"（一旦发现违规行为，也就没有借口了）。

然而，我们越接近实践，普遍性限制就变得越没用。正如丹尼斯·汤普森指出，问题在于政治生活的复杂性和不可预测性，可能会让议员们难以事

第三章　我们应该依靠国会吗？——监管与行政特权问题

先指定限制措施。例如，最近关于美国国家安全局无证监听计划的争议。当批评者指控该计划违反法律时，布什政府辩称，为了防止"未来任何针对美国的国际恐怖主义行为"，国会于2001年9月15日通过一项联合决议，授权使用武力打击恐怖主义，并呼吁总统"使用所有必要和适当的力量打击那些计划、授权、组织或帮助恐怖袭击的国家、组织或个人"。[13] 人们从这场争论中得到的教训是，国会在起草决议时应该更加谨慎。但法律工作也只能到此为止了，正如那句老生常谈的谚语："急需之下难顾法律"（Necessity knows no law），即使是措辞最精准的限制，在紧急情况下也可以被合法推翻。在这种情况下，议员通常面临的问题是这种需要是否**真正值得激烈的回应**。同时汤普森指出，在总统确定是否可以撤销先前授权的指导方针时，行政机构对国家安全信息的控制通常会给他带来巨大的优势。[14]

那么，国会可以通过什么方法来获得制定法律、监控潜在的违法行为，并实施问责制所需要的信息呢？国会有两项权力：一是可以利用传唤权迫使官员和机构负责人披露相关信息，二是可以通过拖延职位任命、条约批准和拨款进展等方式拒绝合作，直到总统满足其信息要求。然而，在实际中，国会通常很难最大程度地行使这些权力。对那些根据总统命令拒绝与国会分享信息的官员，负责起诉涉藐视国会案件的司法部一般都不会提出指控，因此法院的传唤权得不到执行。[15] 理论上，国会可以尝试以自己的方式强制执行这些传票，但正如约瑟夫·毕肖普（Joseph Bishop）公正地指出："国会从不愿意让事情发展到这种地步，别提逮捕总统了，哪怕是逮捕总统的一名下属，甚或是派遣一名警卫穿过特勤局的警戒线，都不曾有过。"[16] 国会拒绝与行政机构合作的能力也远未确定，这种做法很容易受到舆论波动和与采取集体行动相关的常见挑战的影响。[17] 当国会阻挠国家安全计划时，总统通常只需要一点小动作，就能让国会倍感痛苦。参议员乔治·艾肯（George Aiken）表示，他很难忘记冷战进展到白热化时期的情况，"我们都知道，当政府拨款法案悬而未决时，苏联会变得非常强大"[18]。

到目前为止，我们一直在讨论国会试图迫使总统分享信息时所面临的实际障碍。然而，假设国会能够克服这些障碍，并决定挑战总统的权威，这样就能解决问题吗？并非如此。国会还会面临另一个挑战：强迫总统公开国家安全信息，可能会公开那些本是出于保护国家安全利益而保密的信息，在这种情况下，国会使用强制措施是十分不负责任的，除非它有信心证明总统确实隐瞒不当行为。但国会要如何才能知道**何时**会出现这种情况？只有在获得有问题的信息**之后**，国会才能确定总统隐瞒信息的行为是否合理。

要理解这个难题的严重性，不妨考虑一下威廉·C. 班克斯（William C. Banks）和彼得·雷文汉森（Peter Raven-Hansen）的建议，即国会应该利用其财政权力，在一定程度上参与国家安全政策的制定。他们鼓励国会进行监督，但也认识到其中的危险，即财政限制可能干扰总统维护国家安全的职责。所以他们建议，国会可以通过"权衡限制措施在多大程度上会阻碍总统履行宪法赋予的职能，而无需在国会权力范围内限制达成目标"，来确定限制性拨款的可接受性。[19] 然而，班克斯和雷文汉森并没有解释，当只有总统知道这样的限制会在多大程度上阻碍一个重要的国家安全目标时，国会要如何参与其中。由于无法证实总统关于限制性拨款可能造成危害的说法，国会将很难作出反驳。国会可以尝试忽视总统的主张——这一策略可能有助于考验总统的决心。但是一旦总统拒绝该提议，国会坚持这一行为可能会产生不良后果。例如，假设总统达成一项有利于美国的核库存削减协议，他不希望让对方难堪，进而危及协议，所以公开表示该协议取得了一个不太明确的结果，给双方都带来沉重的负担。而一群激进派参议员没有意识到这一策略，他们宣称除非了解协议的细节，否则不会为削减库存计划提供资金。然而，总统拒绝合作，因为他担心参议员会为了向选民证明他们不支持这个负担沉重的协议，从而泄露协议的细节。协议方会在**其**选民面前十分尴尬，进而不得不违反协议。在这种情况下，除非总统分享他们想要的信息，否则国会拒绝为削减库存计划提供资金。这难道

第三章 我们应该依靠国会吗？——监管与行政特权问题

不是攻击错目标了吗？

上述难题表明，如果国会希望在不损害国家安全的情况下强制总统公开信息，那么应该使用传票，或者只有在了解总统隐瞒信息的本质**之后**才拒绝合作。但是，当总统控制了信息流时，国会如何才能获知？对这个困境常见的回应是，国会应该与总统达成信息共享协议。这是 1975 年杰拉尔德·福特政府的助理司法部长安东宁·斯卡利亚向国会提出的提议。他认为，作为承诺不公开信息的回报，总统可以非正式地将其认为享有特权的信息转交给国会，以便让国会评估其决策功过。如果国会认定总统的决策没有价值，国会将有义务归还这些文件，并行使宪法赋予的权力，正式要求获得这些文件。

那为什么国会没有采用这一提议呢？问题在于在斯卡利亚的提议中，总统可能会认为："即使他有条件地向国会提交信息，也可能造成无法弥补的危害。"[20] 换句话说，斯卡利亚的提议没有改变总统对国家安全信息流完好无损的控制。他的提议并不特别——就其本质而言，信息共享协议不能由法院执行，它们依靠的是机构之间的礼让。这也解释了国会为什么对这个提议兴趣乏然。因为即使是有条件地向国会传递信息，总统也可以拖延，那么议员们就没有理由指望一位有所隐瞒的总统将支持信息共享协议的目标。一个典型的案例是《1986 年凯西协议》（Casey Accord of 1986），一方是中央情报总监威廉·凯西（William Casey）与国家安全顾问罗伯特·麦克法兰（Robert McFarlane），另一方是参议员巴里·戈德华特（Barry Goldwater）和参议院情报委员会的丹尼尔·莫伊尼汉，他们之间达成了非正式协议。根据这项协议，凯西和麦克法兰承诺，将把秘密活动的全部情况告知国会的情报委员会。此前，美国国会对未公开的尼加拉瓜港口开矿事件一片哗然。然而，正如高洪柱所说，"在接受这些自愿报告要求后的几天内，里根政府就开始计划向伊朗秘密出售武器"[21]。

如果上面的分析是正确的，那我们得出的结论必然与罗泽尔、德宾斯、施米特和克罗克特的观点相悖，国会**无法**强迫总统分享国家安全领域

秘密与泄密 [美国国家保密的困境]
Secrets and Leaks: The Dilemma of State Secrecy

的信息。这一结论似乎难以置信,因为国会在近几十年来进行了一系列备受瞩目的国家安全调查,包括1975年的"丘奇委员会"和"派克委员会"、1986年的"伊朗门调查委员会"和2004年"9·11事件独立调查委员会"。但显而易见的是,国会只是在媒体将潜在的不当行为引起公众注意*之后*进行了这些调查,让议员有理由强迫总统公开特权信息。[22]事实证明,如果没有这种帮助,国会的权力可能远远不如其他人看起来那么有用。仅以一个案例说明,"9·11事件独立调查委员会"成功利用传票威胁并获得了布什政府此前曾拒绝分享的《总统每日简报》(President's Daily Briefing, PDB)。[23]然而,该委员会的领导人承认,他们对《总统每日简报》的关注主要归功于那份臭名昭著的"本·拉登决心袭击美国"的文件未经授权披露,这一披露初步质疑了白宫决策者的能力。[24]

如第一章所述,由于多种原因,国会倾向于在涉密信息泄露之后再采取补救行动。人们早就认识到,新闻报道是国会通晓总统言行举止的最重要手段之一。[25]但基于涉密信息泄露的新闻报道是另一回事,这些未经授权披露违反了国会本身颁布的法律。可以肯定的是,在某些条件下行政官员可能有理由违反这些法律(我们将在第五章中讨论)。然而,当涉密信息向全世界公开时(而不是仅仅向国会的监督者,他们可以谨慎地解决问题),这种违法行为很难是合理的。因此,国会这种依赖泄密来提供的监督不够全面,也就是说国会忽略了因为担心国家安全的附带损害而未披露或不公布的不当行为。此外,由于泄密事件通常在不当行为发生后的一段时间才出现,国会很少有机会采取补救措施。例如,与伊拉克武器计划相关的秘密情报政治化的重要披露,是在政府已经作出入侵决定之后才出现的。而最令人不安的是,由于未经授权披露通常是匿名作出的,国会可能会发现自己无法确定线人的动机,这使其容易受到心怀不满或党派主义官员的操纵。因此,国会对泄密的依赖似乎与民主准则存在某种紧张关系,即公众关注的重要事项的决策必须由直接或至少间接对公众负责的个人作出。鉴于这些担忧,我们无法得出国会目前已准备好监督国家保密的结论。

第三章 我们应该依靠国会吗？——监管与行政特权问题

相反，我们应该调查国会是否能够**及时**和**独立**地获得所需的国家安全信息，以便凭自身之力进行监督。

行政特权的问题

国会在努力获取国家安全信息时面临的主要挑战是，行政机构认为自己没有义务遵守国会的要求。斯奈德观察到，虽然国会通常通过法律保留审查情报材料的权利，"但行政机构并不认为这些法规要求将**所有**情报都转交国会"[26]。这种情况是有根据吗？总统能否在国会面前隐瞒国家安全信息？[27]

至今，行政特权的问题主要是在宪法原则的层面上讨论的：学者们关注于到底是先例、立宪者的本意还是固有或默示权力原则**赋权**总统向国会隐瞒信息。[28] 这一研究不容忽视，因为即使总统有权控制给国会的大量信息流，我们仍然可以质疑总统是否应该拥有这样的权力。但从现实的角度来看，我们很难从总统手中夺取权力。尽管事实证明总统控制信息流的宪法权力受到严重质疑。此外，通常通过权威裁决解决此类解释性争议的法院，在这种情况下拒绝提供帮助，它们援引 1977 年"美国诉美国电话电报公司案"（*United States v. AT&T*），要求"应当避免可能扰乱两个机构之间权力平衡以及无法准确反映其真实需求的解决方案"[29]。

鉴于宪法层面缺乏明确性，让我们想想是否存在具有**普遍性**的理由来支持行政特权。我们有两种理由需要考虑。第一种理由是，行政特权维护了行政机构的独立性，从而保护了三权分立。这一主张可以追溯到司法部长威廉·罗杰斯（William Rogers），他于 1958 年向国会提交的证词引起了人们对 1880 年的"基尔伯恩诉汤普森案"（*Kilbourne v. Thompson*）中一段著名文字的注意，即三权分立理论要求"被授予权力的人或机构不得侵犯他人所掌握的权力"[30]。罗杰斯认为，这段文字的意义在于，国会不能窥探司法审议，因为这将"彻底破坏司法自由"。"对于行政机构内部的保密建议调查，"他继续说道，"应该出于同样的考虑。"[31]

然而，这个论点并不完全令人信服。当特权主张**完全**属于行政机构权限的事项（例如，秘密军事行动）时，总统保护秘密的利益应该**优于**国会获取此类信息的更为一般利益。但是，当信息涉及需要国会行使其宪法权力时——例如，通过资助秘密行动或授权战争——那么总统在保护秘密方面的利益似乎就不是绝对的；我们还必须考虑到国会获得信息的利益，以确定在这种情况下应该通过什么法律。[32]

第二种理由是基于三权分立的行政特权将"国家稳定与安全"的责任赋予了行政机构，因为行政机构最适合以"保密和快速"的作风行事。[33]这一责任反过来又授权总统在必要的时候向国会隐瞒国家安全信息，以保护国家安全。[34]但是这一论点似乎也不能完全令人信服——至少不像目前所提的那样。特别是，这一论点的支持者没有明确解释为什么我们应该认为国会无法适当保密。他们通常会援引汉密尔顿在《联邦党人文集》第70篇中的观点用作解释，即"很明显，决策、活动、保密和调度通常是一个人的行动特点；随着人数的增加，这些品质将会被摧毁"。[35]为了支持这一观点，国会的批评者经常引用1776年10月1日本杰明·富兰克林（Benjamin Franklin）和罗伯特·莫里斯（Robert Morris）以秘密通信委员会成员的身份写的那封著名的信。富兰克林和莫里斯向委员会成员提供了最近法国愿意提供军事援助的情报后认为，"保密是不可或缺的义务，即便面对国会也是如此"，因为"致命的经验告诉我们，国会的议员太多了，无法保守秘密"[36]。

当然，汉密尔顿的理论以及富兰克林和莫里斯的观察绝非微不足道。我们知道，为了防止未经授权披露，国家事务的相关决策往往是由几个主要的领导者作出的，他们的下属只能"划分"访问信息的权限。[37]但如果现有观点只是关于决策者的**数量**，那么我们就很难解释为什么国会的委员会不应该无限制地获得国家安全信息，因为委员会只由少数几个成员组成。

第三章 我们应该依靠国会吗？——监管与行政特权问题

这就是为什么埃里克·波斯纳和阿德里安·韦尔默勒（Adrian Vermeule）认为行政特权是正当的，因为他们担心"国会像筛子一样漏洞百出"。戴维·波森曾反驳道，没有人能解释为什么当"保密者的圈子扩大到另一机构当局时，公开披露的可能性不是线性增长，而是呈几何级增长"。[38]

碰巧有一种解释，可以说明为什么哪怕我们只向少数国会议员提供无限制获取国家安全信息的渠道，公开披露信息的概率也会呈指几何级增长。关键原因不在于能够获得信息的人员数量，而在于人员关系的**组成**和**结构**。在行政机构，官员们的地位取决于总统。这使得他们不太可能有动机披露与决策者意愿相反的信息。相比之下，国会委员会通常由敌对党派组成，他们为获得政治优势更有动机披露敏感信息。立宪者詹姆斯·威尔逊在他的《法学演讲录》（*Lectures on Law*）中作了极妙解释："在这样的机构中，对于每一项事业，事业发展的每一步，人员之间的互相沟通，共同协商，双方协定，可能有不同的观点，不同的脾气，不同的利益，难道保密不是必不可少的吗？"[39]

对威尔逊的说法，有一种可以预见的回应。国会可以通过加强处理涉密信息的内部保障措施，并对未经授权披露制定惩罚措施，以防止党派纷争产生不良后果。[40] 但这种回应缺乏可信度，原因至少有三。首先，议员们可以从《演讲或辩论条款》（*Speech or Debate Clause*，指议员责任豁免条款）中寻求庇护，该条款保护他们免受刑事和民事诉讼。1971年，参议员迈克·格拉韦尔（Mike Gravel）正是利用了该条款。当时在最高法院就"五角大楼文件"泄密案作出裁决之前，他就将"五角大楼文件"列入了《国会记录》。[41] 其次，只有当议员被发现作出未经授权披露，他们才会受到纪律处分。然而，能证明其有罪的证据通常很难获得，因为在众议院或参议院的安全范围之外，进行未经授权披露的议员倾向于用匿名身份掩护。他们知道总统难以要求进行深入调查，以免被指控将政治分歧定为犯罪，或侵犯国会的尊严和独立。我们不妨回忆下1975年众议院情报委员会对中央情报局和联邦调查局违反国内法和国际法的指控展开调查时引

秘密与泄密 [美国国家保密的困境]
Secrets and Leaks: The Dilemma of State Secrecy

发的后续事件。该委员会提交了一份最终报告，众议院以264票对124票否决公开该报告。尽管如此，该报告还是被披露给《CBS新闻》记者丹尼尔·肖尔（Daniel Schorr），他随后将之转交给《乡村之声》（*Village Voice*），后者将报告全文发表。尽管众议院对泄密来源进行了调查，但始终没有找到罪魁祸首。[42] 最后，即使消息来源身份被确定，国会政治的敌对性质也会让人质疑法官的公正性，这些法官是国会议员本人，他们总是对本党议员作出的未经授权披露更为宽容。事实上值得注意的是，国会关于是否调查未经授权披露的决议总是按照党派路线进行。[43] 例如，1992年，众议院银行、金融和城市事务委员会（House Committee on Banking, Finance, and Urban Affairs）主席、众议员亨利·冈萨雷斯（Henry Gonzalez）将委员会在调查1991年之前美国对伊拉克的支持情况期间获得的涉密文件列入《国会记录》后，共和党议员要求他接受道德调查。[44]

将上述内容与行政机构官员的立场进行对比，我们发现，如果这些官员被发现对未经授权披露有责任，就很容易受到刑事、民事和行政诉讼的影响（我们将在第四至六章中讨论，这种惩罚并非罕见）。此外由于这些官员受制于总统的喜怒，总统的一丝怀疑就可能导致他们被解雇、转岗或降职，这使得行政机构很容易维持内部纪律。艾森豪威尔总统在内阁会议上那份众所周知的声明就证明了这一点——任何官员，如果违反了他想要保护的秘密都不可能在第二天还为他工作。[45]

我一直认为行政特权是合理的，因为行政机构可以更好地进行保密。有人可能反对，认为国会实际上也**不**容易进行未经授权披露。海蒂·基特罗瑟认为，"国会被认为具有可靠的非泄密记录"。而波森曾称，没有人曾"收集任何证据，甚至是传闻的证据"，能表明国会"像筛子一样漏洞百出"。[46] 的确，甚至可能有人认为，在保守秘密方面国会实际上是更可靠的机构。例如，高洪柱已经表示"行政机构而非国会，应该对最近发生的大量国家安全泄密事件负责"，而费舍尔则断言"与行政官员泄密相比，毫无疑问，国会泄密事件十分罕见，数量极少"。[47]

-110-

第三章 我们应该依靠国会吗?——监管与行政特权问题

但这种说法没有充分的根据。正如一名议员指出,鉴于"经过调查,只有少数泄密能追查到罪魁祸首",缺乏来自国会的泄密证据"很难证明国会有良好的记录"。[48] 此外,行政机构泄密比国会还多的说法,并没有区分两种披露:授权披露和未经授权披露。前者是得到机构领导层纵容甚至可能是命令的披露,因为它们的目的是"推进政策的实施"。[49] 由于目前对国家安全信息的控制权属于行政机构,它很可能要对大多数的授权披露负责。但这一事实并不能告诉我们,各机构在保守秘密能力方面的相对优势。因此,我们没有理由认为,国会如果被允许不受限制地获得国家安全的信息,它会避免同样使用授权披露。因此,争论实际上主要在于哪个机构更善于防范**未经授权披露**,尤其是机构领导决定**应该**保密的信息。

然而,在我们解决这个问题之前,还需要进一步区分。正如约翰逊指出,"最令人震惊的"未经授权披露毫无疑问来自"向外国情报人员出售美国最高秘密的行政机构官员"。[50] 但是,这种未经授权披露——实际上是间谍行为——是情报工作的重要组成部分,不管谁负责管理情报机构,这种管理风险都会存在。因此,我们不应该认为这类未经授权披露是针对行政机构本身的。相反,正如斯蒂芬·诺特所言,与我们的论点相关的未经授权披露是指:政治行为体故意泄露信息,目的是破坏他们无法通过正常决策程序否决的政策。[51] 无纪律的问题源自个人倾向在政治冲突中无视制度规则。[52] 由于行政机构管理着国家安全机构,因此如果大部分未经授权披露追溯到其官员,也就不足为奇了。但是,如果我们公平比较这些机构防止未经授权披露的能力,那么我们需要知道如果**国会**对国家安全信息的获取不受限制,它将如何表现。

现在,出于显而易见的原因,我们不太可能依靠过往的经验解决这个问题。然而,有两个值得注意的地方。首先,鉴于大陆会议确实可以广泛获取国家安全信息,我们不应忽视立宪者对该机构维持自由裁量权的悲观看法。此外,尽管现代国会获取国家安全信息的渠道有限,但它甚至无法惩罚公然违反自身规则的行为,这表明让它更广泛地获取国家安全信息可能会造成严重危害。考虑参议员伯顿·惠勒（Burton Wheeler）的所作所为，他作为一名坚定的孤立主义者反对美国加入二战，于1941年揭露了美国派遣部队前往冰岛的计划。[53]在德国潜艇频繁地在北大西洋巡逻时，惠勒为自己透露部队动向信息辩护，称这是行使"言论自由权"。[54]另一个被广泛引用的案例发生于1974年，当时众议员迈克尔·哈灵顿（Michael Harrington）向媒体披露了中央情报总监威廉·科尔比（William Colby）向一个情报小组委员会提供了美国致力于推翻智利萨尔瓦多·阿连德（Salvador Allende）的秘密证词。虽然哈灵顿最初同意对科尔比的证词保密，但他后来称，"他觉得自己有更大的责任去公布信息"。[55]还有众议院外交事务委员会（House Foreign Affairs Committee）的主席、议员克莱门特·扎布洛茨基（Clement Zablocki），他在1981年将针对利比亚秘密行动的计划泄露给《新闻周刊》。[56]扎布洛茨基未受到任何纪律处分，因为众议院情报委员会主席爱德华·博兰（Edward Boland）称，"泄密无所不在"。[57]无独有偶，众议院军事委员会（House Armed Services Committee）主席、议员莱斯·阿斯平（Les Aspin），于1987年向媒体披露了波斯湾军事演习计划。[58]阿斯平辩称，没有人告诉他这是涉密信息。[59]

在面对与总统及其国会同僚的分歧时，议员行为鲁莽的案例，解释了为什么观察人士认为向国会披露信息"就像一艘没有马达、方向舵或船帆的船在海上漂浮"。[60]当然，行政机构也不能幸免于无纪律的问题。我将在第四至六章中谈到，行政机构本身也面临纪律方面的挑战。但是，总统对下属的权力——以及他使用权力的意愿——让我们相信，行政机构能够惩罚（或者至少是严肃地尝试惩罚）那些对作出未经授权披露负责的人。相比之下，国会的结构和构成几乎没有理由让人相信其领导层也能做到这一点。的确，上述案例中最引人注目的是议员**公然**违抗国会保密的规范和规定的频次，这一做法表明他们并不十分担心与违纪相关的惩罚。（实际上，这些案例中提到的个人**都没有**受到任何有意义的制裁。）与此形成鲜明对比的是，行政机构中心怀不满的官员更倾向于匿名，总统的重拳让他们时

第三章 我们应该依靠国会吗？——监管与行政特权问题

刻保持紧张。换句话说，尽管两个机构都出现了未经授权披露，但其中一个机构似乎更愿意、也更有能力修补漏洞。这就是行政特权存在的理由。

我们应该废除行政特权吗？

我们现在已经确定，行政机构拥有更大的决定权，保证了总统有权向国会隐瞒国家安全信息。这一结论可能会遭到反对，因为即使议员更容易进行未经授权披露，我们也应该允许国会不受限制地获取国家安全信息。因为在某些情况下——例如，国家面临发动战争的决定时——允许议员不受限制地获取信息的好处超过假定他们披露此类信息可能造成的危害。有人反对说，如果在这种情况下行政机构没有向国会提供无限制获取信息的渠道，他们将被指控视国家安全为"手里的王牌"，而非作为需要考量的关键利益之一，其中包括最为关键的一点：立宪者希望防止权力集中。

这种反对意见有些考虑不周。以上代表行政特权提供的理由，**并没有**排除在国家安全与监督之间平衡公众利益。它只暗示了平衡这些利益的责任应该交给总统。这种安排背后的逻辑是：虽然我们可以认同，允许议员不受限制地获得国家安全信息的好处**可能**超过他们以高昂的代价披露信息的风险，但我们要如何知道**何时**会发生这种情况？显然，如果不首先确定相关信息的价值，这个问题就无法回答。不用说，我们不能让国会判断这些信息的价值，因为过早地使这些信息暴露在国会面前，意味着更高的披露风险，会破坏我们为平衡利益所付出的努力。因此，我们需要一个中间人。而这正是行政特权所实现的：总统在某些情况下可以隐瞒信息，只有他认为防范未经授权披露的公众利益，超过了允许国会获得这些信息的利益。一个很恰当的案例就是所谓的"加拿大雀跃"行动（Canadian Caper）。1979年，中央情报局的一次秘密行动解救了躲在加拿大驻德黑兰大使馆的美国人质。当时，卡特总统在行动完成三个月后才将这次秘密行动告知国会——尽管按照法律规定本应该更及时一些——因为加拿大政府合作的前提是向美国国会保密,他们担心傲慢或口无遮拦的议员可能会暴露此次行动。[61] 在这种情况下,一个谨慎的中间人——总统——能够实现保密和监督之间的平衡。

然而,我们不能忽视事实:总统作为中间人存在巨大风险。总统可以利用其对涉密信息流的控制权,来消除国会的反对意见,只与国会分享支持他倾向政策的秘密情报。[62] 在这些情况下,国会很可能通过宣战或拨款等方式恰当地行使其权力,但行动不会被告知。这些情况类似于总统授权否决一项法案,但却不审查其内容。如果我们确定行政特权很可能导致滥用权力,最终证明这种滥用权力的危害将超过其旨在防范的未经授权披露的危害,在这种情况下,我们有理由削减行政特权。

尽管很难证明风险的平衡实际上就是这样实现的,但为了便于讨论,让我们假设总统向国会隐瞒信息的危险实际上比国会不受限制地获取信息的危险更大。即便如此,削减行政特权是否会大大降低利用保密来掩盖不当行为的可能性?我之前一直认为,只要行政机构控制着信息流,议员就无法监督总统。那么,一旦国会可以不受限制地获取国家安全信息,确定行政机构是否负责任地使用保密,这一问题就迎刃而解了。然而经过仔细研究观察,我发现事实并非如此。

要想明白为什么国会独立获取国家安全信息不能消除人们对滥用保密的担忧,我们必须思考国会需要采取哪些步骤才能获取信息。鉴于美国国会结构上倾向于无纪律性,如果国会在未首先尝试降低未经授权披露的风险的情况下寻求独立获取信息的渠道,可以说是不负责任的。如何才能降低风险?高洪柱和基特罗瑟等学者提出的建议是,国会应该将监督国家安全事务的权力授予一个由少数高级别官员组成的"核心小组"。[63] 根据之前的讨论,我们知道这项建议没有切中要点。他们未意识到,未经授权披露的风险与其说是与接触某个特定秘密的人数有关,不如说是与党派冲突的程度有关。在解决党派问题方面我们无能为力,因为无法排除反对总统的

第三章 我们应该依靠国会吗?——监管与行政特权问题

政党成员,同时又不损害这一核心小组提供监督的可信度。因此我们希望,如果成员们作出未经授权披露,必将受到严厉的法律和政治制裁。然而,由于未经授权披露可以匿名进行,这一威慑的可信度多少令人怀疑。事实上,总统所在政党的核心小组成员也有可能进行匿名披露,以抹黑反对党的议员。这种可能性并不像听起来的那么牵强。例如,2002年,某国会议员在对"9·11"事件进行联合调查时作了未经授权披露,促使布什政府威胁要终止合作。联邦调查局经过长期调查最终发现,披露来源是共和党参议员理查德·谢尔比(Richard Shelby)。[64]这一结果使联合调查主席、民主党参议员鲍勃·格雷厄姆(Bob Graham)公开质疑,该披露原本是为了破坏联合调查(布什政府为了结束与不受欢迎调查的合作而找的借口)。[65]

尽管如此,为了便于讨论,我们还是假设限制这个核心小组的成员数量将提高抓住"背叛者"的可能性,这足以控制未经授权披露。那么,值得深思的问题是,这样一个核心小组在防范滥用保密方面能发挥多大的作用?假设该小组的成员现在拥有必需的信息,可以决定国会应该支持还是反对总统的政策。但是,当他们**自身**作为监督者的行为远离公众视线时,我们能相信他们会尽职尽责吗?

问题之一是,与这个核心小组的活动伴随而来的保密可能使其成员无法向公众解释为什么他们希望阻止或调查总统的政策或决定。由于他们没有能力召集公众反对他们认为有害或不明智的政策,因此该小组成员可能只不过是沉默的旁观者。例如,参议员杰伊·洛克菲勒(Jay Rockefeller)2003年在以参议院情报特别委员会副主席的身份听取了国家安全局的简报后,发现了无证窃听计划这一秘密。根据洛克菲勒的说法,因为不能与工作人员、外部专家或同事讨论该计划,他能够表达对该计划关注的唯一方法就是私下向切尼副总统抱怨。[66]这种困境并非前所未有。实际上,类似的抱怨可以追溯到20世纪70年代首次实施情报监督程序时。[67]

核心小组受到总统恫吓的可能性,会导致前者提出要求允许其否决总统并与国会甚至公众分享其观点。[68]但在接受这一要求之前,我们应该问,

秘密与泄密 [美国国家保密的困境]
Secrets and Leaks: The Dilemma of State Secrecy

怎样阻止核心小组滥用这种特权？当核心小组的大多数成员来自与总统相同的政党时，这个问题将是最尖锐的，这种安排自然引发人们对密谋串通的恐惧。例如，当共和党主导的情报委员会对布什政府有争议的国家安全计划视而不见时，这些担忧似乎并非空穴来风。[69]

为防监督无效，一些学者要求监督委员会由反对党的成员担任主席。例如，布鲁斯·阿克曼（Bruce Ackerman）建议，在紧急情况下应该允许总统行使特别权力，但须经国会密切和持续的监督。"如果信息受到行政机构的支配"，国会就无法提供必要程度的监督，阿克曼认为，在紧急情况下"应该保证反对派政党成员在监督委员会中占多数席位"，并且应该要求总统"向委员会提供对所有文件完全和即时的访问权"[70]。阿克曼写道，这种安排"让政府认识到，它不能向反对党重要成员隐瞒秘密"，"并且可以作为滥用权力的重要制衡手段"[71]。这一提议得到了金·夏普丽（Kim Scheppele）的大力支持，她认为对抗性监督应该成为美国体制格局的永久性特征（而不仅仅局限于紧急情况）。特别是她敦促美国参考德国的先例，其中监督制度的前提是"反对党必须能够制衡多数党无法为一己私欲而动用情报部门"。[72]夏普丽称德国的政治制度创造了这种"政治制衡"模式，要求政府向议会控制委员会（Parliamentary Control Commission）"报告所有情报活动"，该委员会由多数党和少数党派轮流担任主席。[73]

然而，这些提议经过进一步调查后，在许多方面都有问题。首先，阿克曼和夏普丽都认为，议员拥有专业知识和政治资本，可以与行政机构就情报问题进行激烈竞争，特别是在危机时期。然而马萨·米诺（Martha Minnow）指出，有证据表明，在危机期间国会对行政机构的尊重实际上是有所增加的。[74]此外，即使监督委员会中有经验丰富且不懈努力的议员，我们能信任那些向议员泄露违法信息的官员，特别是被由总统任命并且可能忠于总统的官员吗？[75]我们可以回想一下，国会被行政官员误导的频次。例如，1977年，国会发现时任中央情报总监理查德·赫尔姆斯（Richard Helms）就中央情报局在智利活动的证词中误导了国会。[76]1986年，国会

第三章 我们应该依靠国会吗？——监管与行政特权问题

发现奥利弗·诺思上校（Colonel Oliver North）在"伊朗门事件"中也误导了国会。[77] 在里根政府期间，中央情报总监威廉·凯西与国会的关系富有传奇色彩。众议员诺曼·峰田曾经恼怒地说："如果你和凯西说话时，你的外套着火了，除非你问起这件事，否则他不会告诉你。"[78] 这种模式似乎并没有因为时间推移而改变。在过去十年，乔治·特尼特（George Tenet）和迈克尔·海登（Michael Hayden）将军在分别担任中央情报总监和国家安全局局长时，被指控长期误导国会。[79] 不合作问题似乎并非美国特有。2011 至 2012 年，德国调查人员发现，情报部门官员向监督员隐瞒文件，使用超出联邦宪法法院（Federal Constitutional Court）批准范围的间谍和监视技术。[80]

这些现实的担忧并不是对阿克曼和夏普丽的提议持怀疑态度的主要原因，通过国会在批准情报界高层任命时保持谨慎，这些问题可以得以解决。因此，让我们关注一个更深层次的问题：**即使**核心小组的大多数成员来自反对党，我们对监督质量的担忧也不会消失。因为大多数人可以**利用其立场**来实现党派目的——例如，通过有选择地公开国家安全信息来推进自己的议程，或者在政治风向变得不利时，在内部会议中持一种立场，然后在公开场合持另一种立场。[81] 在这种情况下，形势将变得完全不同，因为总统无法充分解释为什么被泄露的信息应该不受问责。围绕拉姆斯菲尔德委员会（Rumsfeld Commission）调查结果的争议就说明了此问题。该委员会于 1998 年成立，因为国会中共和党人希望美国加强国家导弹防御，他们指责克林顿政府迫使中央情报局忽视伊朗和朝鲜等国家的弹道导弹威胁。[82] 拉姆斯菲尔德委员会要求以后能不受限制地获得涉密信息，并得出结论认为现有的情报分析存在缺陷，美国面临的威胁已经超过克林顿政府愿意承认的威胁。[83] 克林顿政府认为这只是"危言耸听"。但由于外部观察员无法核实任何一方的主张，争议很快就变成公关战。克林顿政府很快就在这场战斗中失败，但随着时间的推移，其慎重的声明被证明是有根据的。[84]

核心小组提供的监督质量也因以下事实而备受质疑：围绕其运作的保密

性使得他们不太可能对监管失败负责。例如,回忆一下之前参议员洛克菲勒的案例。"八人帮"(Gang of Eight,两院领袖和情报委员会领袖)所要求的保密是否让参议员洛克菲勒有机会对一项会使其选民深感不安的政策视而不见,或者正如他后来声称的,对于布什政府的政策,他是一个不快乐而又沉默的观察者吗?我们所知道的是,当时洛克菲勒把写给副总统的信件副本放在他的私人保险箱里,作为他对布什政府政策不满的证明。但怀疑论者可能会认为,此举仅仅是确保无论政治风向吹向何方,洛克菲勒都会拥有政治掩护:如果无证窃听计划在反恐战争中大获成功,那么他会避免曾公开反对该计划的尴尬。相反,如果这件事被证明极具争议性(最终确实如此),那么他手上就会有一张免罪金牌。这个案例的目的并不是要指责洛克菲勒的动机。相反,它的目的是,当我们依靠"八人帮"这样的核心小组来秘密监督国家安全事务时,我们总会对其成员的行为产生更多的疑问,而不是得到答案。

　　与阿克曼和夏普丽的假设相反,设立秘密监督委员会不太可能大幅提高我们对其监督质量的信心。在关于监督问题的讨论中,还有一个更深入的问题并没有被认识到:某种程度上,如果**某人**必须决定要分享或隐瞒什么信息,那么这个人或委员会就很有可能滥用此权限。人们通常认为,委员会不太容易会滥用这种权力。但为什么会这样呢?因为委员会的决定必须通过决策规则,例如多数或大多数表决等。委员会内部如何防止派系或共同利益占主导地位?扩大委员会的规模无法消除派系的影响。我们也不应该期望或鼓励个人或少数群体违反委员会的规则,向国会或公众作出特别的单方面披露。如果这种事发生了,那么将决定权委托给一个小组的目的将被挫败。

　　因此,剥夺总统在信息共享方面的最终决定权,并将其交给国会委员会,似乎只会为滥用国家保密再次创造新机会。支持者认为这种现实会推动权力制衡,可以将最终决定权交给法院或由"无党派专家"组成独立小组来解决具有破坏性的党派之争问题,他们有权决定总统何时可以向国会

第三章 我们应该依靠国会吗？——监管与行政特权问题

隐瞒国家安全的信息。例如，约翰·奥尔曼（John Orman）就提议，国会应该在信息分类领域通过立法的方式使得总统可以合法地隐瞒信息。在围绕什么是合法秘密发生冲突时，"法院应该作为最终仲裁者，判断所有未分类信息以及信息分类纠纷"[85]。同样，威廉·韦弗和罗伯特·帕利托呼吁对行政特权主张进行司法仲裁，因为"法院必须帮助确立何为三权分立，而不是用这个词作为完全置于事外的理由"[86]。

这一理念在 1977 年"美国诉美国电话电报公司案"中得到一些体现，该案件涉及司法部和国会之间因获取联邦调查局无证窃听活动的涉密文件而发生争议。尽管哥伦比亚特区联邦巡回上诉法院拒绝解决行政机构和立法机构之间这个"怪异的冲突"——前者行使权力严格控制有关国家安全的信息，而后者行使权力来收集信息。但是，法院还是努力地在其中调解，因为司法弃权不能"有序地解决争端"[87]。最后的妥协是允许选定的国会工作人员对相关文件随机选取样本进行审查，条件是在法院进行内部审查时，如果国会最初选择的文件过于敏感，有较高的披露风险，则联邦调查局可以与其他随机文件进行替换。[88]该案件的诉讼程序并没有完全证明司法介入的有效性——最终形成了三个案件，两个法院参与其中，并且在双方被哄骗达成有争议的解决方案之前，纠葛了 18 个月，但是无论这个过程是否本应该更加规范，这一案例依旧值得深思。

我们应该问的第一个问题是，有什么理由可以相信法官或独立专家是可靠的仲裁员？答案可能是，我们希望这些参与者基于道义而非利益来作决策。但在目前的背景下，相关的道义有哪些呢？可以说，关于信息共享的争议转向这样一个问题：**在这种情况下**，哪个机构对信息拥有最合理的主张。如果法院认为，寻求国家安全高度敏感信息的国会委员会中可能会有一个冲动的酒鬼，或者总统拒绝共享信息实际上是掩盖证据以免对其提起刑事诉讼。也就是说正确答案在某一特定情况下可能会发生改变。[89]如果是这样，那正如施密特指出，要求法院充当仲裁员，就是要求他们拥有"**卓越的政治智慧**"，尽管他们通常无法"充分评估政治状况和可能影响争议的细微差别"。[90] 该观点在"美国诉美国电话电报公司案"中得到充分的体现。哥伦比亚特区联邦巡回上诉法院最初声称，目睹两党之间的谈判曾帮助法院确定相关考量因素的"相对量级"——国会对信息的需求、未经授权披露的可能性，以及可能对国家安全造成的危害——但最后得出结论，这些具有"重要意义"的敏感材料仍颇具争议。[91]

此外即使法院或独立的专家组愿意并能够充当仲裁员，认为关于国家安全信息的分配决策可以不受政治影响，这一想法本身就有很大问题。[92] 困难在于这个法院或专家组必须作出的决定的性质和重要性。例如，试想这个案例：独立专家组必须决定是否公布另一个国家的核扩散信息。在作出决定时，专家组将考虑到潜在成本（例如，情报搜集来源与方法的泄露将造成的危害）以及潜在利益（最显著的是国会知情）。很难想象这样的成本和利益能够被评估或客观进行比较。相反，很大程度上这将取决于仲裁员的政治信念。现在，如果利害攸关的问题在政治上不重要，那么仲裁员的信念也相对不重要。但是，当讨论中的决定严重影响到政治机构处理争议性政策，以及了解潜在违法行为的能力时，这些仲裁员的信念将产生重大影响。因此，用不了多久，各政党肯定就会开始对担任这类职位的人产生兴趣，最终的结果是产生一个不那么公正的法官或专家组。

这还不是全部。如果法院或专家组要像行政机构那样有效地防范未经授权披露，那他们很可能不得不成立专门的法庭，让一名或少量的法官或专家秘密地、单方面地审查相关材料。但是，如果我们剥夺外部观察员研究这些法官或专家作决策的机会，我们要如何确定他们是否无私？换句话说，我们有什么理由相信，行事隐秘的法官或专家组行使自由裁量权的方式与行政机构的同行有什么不同？[93] 例如，如果之前里根总统或布什总统任命过这样的专家组，他们都拥有首席大法官威廉·伦奎斯特（William Rehnquist）或大法官安东宁·斯卡利亚的世界观，那在什么机会下这个"独立的"专家组才会拒绝布什总统向国会隐瞒那个无证监听计划？最后，有人可能看到，国会根据法院或专家组的意识形态变化，来准许或拒绝获得

第三章 我们应该依靠国会吗？——监管与行政特权问题

国家安全信息。

上述论点使我们回到早些时候，就成立核心小组的适当性上所达成的结论。也就是说，只有当提议的替代方案——无论是委员会、法院还是专家组——更确定是为公众利益服务时，才有理由干涉总统对国家安全信息的控制。这**并不是**说把信息共享的最终决定权交给行政机构以外的机构肯定不会产生任何积极的影响。这样一个机构很可能没有那么直接的动机，滥用其对国家安全信息的控制，因为它不能指望利用这一权力"解锁"额外的权力——例如，操纵国会宣战。但问题是，我们不知道这种情况是否会发生，也不知道这种情况何时会发生，也就是说，这个法官或专家组的成员是否能够拒绝被他们的党派倾向影响。考虑到这一主题的政治意义——国家安全信息的分配——很难想象会有一个公正的中间人存在，这一点尤其令人不安。换句话说，在国家保密的条件下，由于无法获得理性信任所必需的信息，我们将始终缺乏充分的理由去信任任何"保密监管机构"。[94] 我们可以对比其他行业的监管机构的情况，其中信息的可用性使得监管机构能够进行公正无私的评估，而不是进行假设。

还有其他选择吗？

我首先提出的观点是，国会并非是监督国家保密使用的合适选择，因为即使它有决心挑战总统，也无法轻易获得实施监督所需的信息。但这**并不**意味着目前的国会监督体系毫无意义。正如米诺公正地认为，即便是交给议员的简报十分有限，也可以作为一个"黑匣子"，保存"所有的工作记录"，以便"在今后的场合进行评估和审查"。[95] 因此，采取一些小而重要的措施来激励监管者更认真地对待自己的角色是有意义的。例如，我们可以认同基特罗瑟的观点，即要求"八人帮"成员对秘密简报作出书面回应，以降低他们日后推卸责任的能力，可能会因此激励他们在适当时机敦促官员作出解释。[96] 同样，我们可以认同凯瑟琳·克拉克的观点，即国会应当确保议员能够让其律师和工作人员出席秘密吹风会；否则，议员将很难评估与他们共享的信息。[97]

然而，即使采取了这些小措施，我们也应该对国会监督能取得什么成果保持现实态度。考虑到总统对国家安全信息流的控制权，我们几乎没有理由相信议员能够**带头**披露总统决定隐瞒的政策和行动。现在我们已经很清楚，为什么呼吁废除行政特权对解决这一障碍毫无帮助。这一举措要么会以牺牲信息的秘密性为代价（如果将与国会共享信息内容的决定权移交给由敌对各方组成的委员会），要么以牺牲专业知识为代价（如果将决定权移交给一个特设法庭）。此外，因为它将监管权力集中在一个有所不同但依旧神秘莫测的机构——比如秘密法院或国会委员会——这样的举措将会回避一个问题——我们如何才能确定新的国家保密监管机构是否确实在负责任地行事。因此，废除行政特权可能会损害国家安全，而不会真正增强监管的可信度。

重要的是，我们要认识到保留行政特权让国会这个监督者变得孤立无援。虽然总统可以利用他对涉密信息流的控制来阻挠国会的"巡警式监督"（police patrols），但是我们已经看到，他不能轻易阻止下属发出"火警式监督"［fire alarms，由马修·麦克库宾斯（Mathew McCu-binns）与托马斯·施瓦茨（Thomas Schwartz）创造的术语］。[98] 因此国会常常能够控制总统的权力。问题是国会要付出怎样的代价？为了回答这个问题，我们必须研究是否能够对未经授权披露进行监管：我们将这种违反关键民主准则的披露风险降得越低，对国会依赖这些披露的不安就会越少。

第三章　我们应该依靠国会吗？——监管与行政特权问题

〖注释〗

[1] Clark, "Architecture of Accountability," 404; Ransom, "A Half Century of Spy Watching," 188; Shane Harris, "The CIA Briefing Game," *National Journal*, June 6, 2009.

[2] Snider, *Sharing Secrets*, 53-54.

[3] Snider, *The Agency and the Hill, chaps*. 7-9. 另见 Aberbach, *Keeping a Watchful Eye*, 40-41。

[4] Johnson, "The CIA and the Question of Accountability," 190-91. 另见 Commission on the Roles and Capabilities of the United States Intelligence Community, *Preparing for the 21st Century: An Appraisal of U.S. Intelligence* (Washington,Dc:GPo:1996)。

[5] Treverton, "Intelligence," 93.

[6] Johnson, "Congress, the Iraq War, and the Failures of Intelligence Oversight," 188.

[7] Johnson, "The Church Committee Investigation of 1975," 198.

[8] *Final Report of the National Commission on Terrorist Attacks upon the United States*, 420-21;*Commission on the Roles and Capabilities of the United States Intelligence Community*, 144. 另见 Posner, *Uncertain Shield*, 174-76。

[9] Smist, *Congress Oversees*, 91-93. Ott, "Partisanship and the Decline of Intelligence Oversight," 87.

[10] Devins, "Congressional-Executive Information Access Disputes," 108-9, 121-22. Schmitt, "Executive Privilege," 178; Rozell, *Executive Privilege*, 160-64.

[11] Crockett, "Executive Privilege," 227. Fisher, *Congressional Access to Executive Branch Information*.

[12] Tompson, *Political Ethics*, 26.

[13] Department of Justice, *Legal Authorities Supporting the Activities of the National Security Agency Described by the President*(Washington,DC,January19,2006),2,online at http://www.justice.gov/opa/whitepaperonnsalegalauthorities.pdf.

[14] Tompson, *Political Ethics*, 29.

[15] Devins, "Congressional-Executive Information Access Disputes," 109-16.

[16] Bishop, "The Executive's Right to Privacy," 485. Patterson, *To Serve the President*, 80.

[17] Holt, *Secret Intelligence and Public Policy*, 226, 234; Sofaer, "Executive Privilege," 293-94.

[18] Cited in Halperin and Hoffman, *Top Secret*, 99.

[19] Banks and Raven-Hansen, *National Security Law and the Power of the Purse*, 178.

[20] *Hearings Before the Subcommittee on Intergovernmental Relations of the Committee on Government Operations*, 94th Cong., 1st Sess., 1975, 122–23 (Statement of Antonin Scalia).

[21] Koh, *The National Security Constitution*, 59–60; Smist, *Congress Oversees*, 122–23.

[22] Johnson, "A Shock Theory," 345.

[23] Kean and Hamilton, *Without Precedent*, chap. 4.

[24] Kean and Hamilton, *Without Precedent*, chap. 4, 90.

[25] Aberbach, *Keeping a Watchful Eye*, 87-88.

[26] Snider, *Sharing Secrets*, 17, 35-36.

[27] "行政特权"一词是指总统有权向政府其他部门隐瞒某些种类的官方信息。这包括与内部审议有关的信息（越来越多地被称为"审议过程特权"），这些信息可能向其他两个机构都隐瞒，以及与国家安全有关的信息单独向国会隐瞒（国家安全信息向法院隐瞒被称为"国家秘密特权"）。在此，我仅关注行政特权的后一方面，即总统有权向国会隐瞒国家安全信息。有关特权不同方面的概述，参见 Breckenridge, *The Executive Privilege*, 12; Sagar, "Executive Privilege"。

[28] 先例参见 Brownell, "Memorandum," Appendix 13, 272; Rozell, *Executive Privilege*, 28。反例参见 Schwartz, "A Reply to Mr. Rogers," 468; Prakash, "A Critical Comment," 1180。原始意图，参见 Rozell, *Executive Privilege*, 19–28; Schmitt, "Executive Privilege," 173–77。反例参见 Prakash, "A Critical Comment," 1173–77; Berger, *Executive Privilege*, chap. 6; Kitrosser, "Secrecy and Separated Powers," 510–22。默示权力，参见 Crockett, "Executive Privilege," 217; Rozell, *Executive Privilege*, 23–26; Dixon, "Congress, Shared Administration and Executive Privilege," 130–34。反例参见 Fisher, *The Politics of Executive Privilege*, 233; Prakash, "A Critical comment," 1151–69。

[29] *United States v. A.T&T*, 567 F.2d 121 (D.C.Cir. 1977); *United States v.A.T&T*, 551 F.2d 384 (D.C. Cir. 1976). Fein, "Access to classified information," 835–43; Rozell, *Executive Privilege*, 81–82; Fisher, *The Politics of Executive Privilege*, 246–47. Brooks, The Protection of Classified Information, 2.

[30] Rogers, "Constitutional Law," 1011; *Kilbourne v. Thompson*, 103 U.s. 191 (1880).

[31] Rogers, "Constitutional Law," 1011-12. 另见 *Hearings Before the Subcommittee on Intergovernmental Relations of the Committee on Government Operations*, 108–10 (statement of Antonin s calia)。

[32] Schwartz, "A Reply to Mr. Rogers," 526.

[33] Crockett, "Executive Privilege," 217. 另见 Rozell, *Executive Privilege*, 23–26; Schmitt,

第三章 我们应该依靠国会吗？——监管与行政特权问题

"Executive Privilege," 162–76。

[34] Crockett, "Executive Privilege," 211.

[35] *The Federalist*, 342. *The Federalist*, 314.

[36] Wharton, *Diplomatic Correspondence*, 2:151–52. Ford, Journals of the Continental Congress, 5:827. 另见 Committee of Secret Correspondence to Silas Deane, October 2, 1776, in Smith, *Letters of Delegates to Congress*, 5:288 -89。其他案例，参见 John Jay to Robert Morris, October 6, 1776, in Wharton, *Diplomatic Correspondence*, 2:165; George Washington to James Duane, May 14, 1780, in Washington, *The Writings*, 8:265-66。

[37] *Hearings Before the Subcommittee on Separation of Powers of the Committee on the Judiciary*, 92nd Cong., 1st Sess., 1971, 424 (Statement of William Rehnquist).

[38] Posner and Vermeule, "The Credible Executive," 885; Pozen, Deep Secrecy, 331.

[39] Wilson, *The Works*, 1:294.

[40] 概述参见 Kaiser, *Protection of Classifed Information by Congress*。

[41] *Gravel v. United States*, 408 U. 606, 626 (1972). Hamilton and Inouye, Report, 577.

[42] Smist, *Congress Oversees*, 136. 这种多样性十分常见，参见 Barrett, "An early 'Year of Intelligence,'" 476 (disclosure of intelligence on soviet space capabilities); Crabb and Holt, *Invitation to Struggle*, 171 (disclosure of covert operations in the congo); Jake Tapper, "Bush scolds congress," *Salon*, October 9, 2001, online at http://tinyurl.com/96h5pu9 (disclosure of plans for the invasion of Afghanistan)。

[43] *Political Tactics*, 30.

[44] "Congressman Avoids inquiry into U.S.-Iraq Disclosures," *New York Times*, September 20, 1992; Clark, "Congress's Right to Counsel in Intelligence Oversight," 945; Martin Tolchin, "Inquiry into U.S. Aid to Iraq Urged," *New York Times*, May 18, 1992. Annals of Congress, 11th Cong., 3rd Sess., 1811,67. Annals of Congress, 11th Cong., 3rd Sess., 1811, 72. 这段历史概述，参见 Hoffman, *Governmental Secrecy*, 247-48。

[45] Cited in Greenstein, *The Hidden-Hand Presidency*, 205.

[46] Kitrosser, "Congressional Oversight of National Security Activities," 1075; Pozen, "Deep Secrecy," 331.McClendon, "Violations of Secrecy," 38-40, 43-44; Congressional Globe, 41st cong., special sess., 1869, 30-31. Mcc lendon, "Violations of secrecy," 45-46. 另见 Haynes, The Senate of the United States, 2:667-68。Reinsch, Readings on American Federal Government, 179。

[47] Koh, *The National Security Constitution*, 173; Fisher, *The Politics of Executive Privilege*, 250. 另见 Berger, *Executive Privilege*, 288-89。

[48] Hyde, "Leaks and congressional oversight," 147.

[49] Knott, *Secret and Sanctioned*, 178.

[50] Johnson, "Intelligence and the Challenge of Collaborative Government," 180.

[51] Knott, *Secret and Sanctioned*, 178.

[52] Bishop, "The Executive's Right to Privacy," 486.

[53] Bishop, "The Executive's Right to Privacy," 486.

[54] Wheeler and Healy, *Yankee from the West*, 387-88.

[55] Smist, *Congress Oversees*, 134.

[56] Woodward, *Veil*, 136-38.

[57] Woodward, *Veil*, 138.

[58] Smist, *Congress Oversees*, 316–17; "Loose Lips sink trust in congress," *Chicago Tribune*, July 16, 1987.

[59] Smist, *Congress Oversees*, 316; Dorothy Collin, "Aspin, Michael Trade Barbs on Gulf-Escort Disclosures," *Chicago Tribune*, July 16, 1987.

[60] Calhoun, "Confidentiality and Executive Privilege," 178. 其他案例，参见 Hamilton and Inouye, *Report*, chap. 13; Clark, "Congress's Right to Counsel in Intelligence Oversight," 941–49。

[61] Colton, "Speaking Truth to Power," 599–600.

[62] "Keeping Secrets," 906.

[63] Koh, *The National Security Constitution*, 167–69, 171–73; Kitrosser, "Congressional Oversight of National Security Activities," 1071–72. Berger, *Executive Privilege*, 291-93.

[64] Allan Lengel and Dana Priest, "Investigators Conclude Shelby Leaked Message," *Washington Post*, August 5, 2004.

[65] Graham and Nussbaum, *Intelligence Matters*, 140.

[66] Letter from Senator Jay Rockefeller to vice President Richard Cheney, July 17, 2003, online at http://www.fas.org/irp/news/2005/12/rock121905.pdf. 另见 Nancy Pelosi, "The Gap in Intelligence Oversight," *Washington Post*, January 15, 2006; Clark, "'A New Era of Openness?'" 319; Pfiner, *Power Play*, 176。

[67] Halperin and Hoffman, *Top Secret*, 98-100.

[68] Kitrosser, "Congressional Oversight of National Security Activities," 1072.

[69] "About That Rebellion," *New York Times*, March 11, 2006.

[70] Ackerman, "The Emergency Constitution," 1051.

[71] Ackerman, "The Emergency Constitution," 1052. Levinson and Pildes, "Separation of Parties, Not Powers," 2374–75.

第三章 我们应该依靠国会吗？——监管与行政特权问题

[72] Scheppele, "We Are All Post-9/11 Now," 619. 另见 Katyal, "The Internal Separation of Powers," 2341–42。

[73] Scheppele, "We Are All Post-9/11 Now," 618–19.

[74] Minnow, "The Constitution as Black Box During Emergencies," 597–98. 另见 Chanley, "Trust in Government in the Aftermath of 9/11," 469–83。

[75] 此类困境概述，参见 Blechman and Ellis, *The Politics of National Security*, 151; Johnson, *Secret Agencies*, 136。

[76] Crabb and Holt, *Invitation to Struggle*, 172-73.

[77] Smist, *Congress Oversees*, 265-66.

[78] Blechman and Ellis, *The Politics of National Security*, 156.

[79] Scott Shane, "Democrats Say CIA Deceived Congress," *New York Times*, July 8, 2009; Scott Shane, "News of Surveillance is Awkward for Agency," *New York Times*, December 22, 2005.

[80] David Gordon Smith and Kristen Allen, "Electronic Surveillance Scandal Hits Germany," *Der Spiegel*, October 10, 2011; Matthias Gebauer, "Interior Ministry Ordered Destruction of Intelligence Files," *Der Spiegel*, July 19, 2012.

[81] Smist, *Congress Oversees*, 176-86; Knott, *Secret and Sanctioned*, 176-77; Block and Rivkin, "The Battle to Control the Conduct of Foreign Intelligence and Covert Operations," 327, 344. 另见 Smist, *Congress Oversees*, 110。

[82] Helms, *Empire for Liberty*, 69-70.

[83] Commission to Assess the Ballistic Missile Threat to the United States, *Report*; Eric Schmitt, "Panel says U.S. Faces Risk of a Surprise Missile Attack," *New York Times*, July 16, 1998.

[84] Michael Dobbs, "How Politics Helped redefine Threat," *Washington Post*, January 14, 2002; Diamond, *The CIA and the Culture of Failure*, 251–60; Graham, *Hit to Kill*, 47-51; Hartung, *Prophets of War*, 200-202.

[85] Orman, *Presidential Secrecy and Deception*, 207.

[86] Pallitto and Weaver, *Presidential Secrecy*, 215–16; Berger, *Executive Privilege*, 381-82; Dorsen and Shattuck, "Executive Privilege, the Congress and the Courts," 174-75.

[87] *United States v. A.T&T*, 551 F.2d 384, 385 (D.C. Cir. 1976); *United States v. AT&T*, 567 F.2d 121, 123 (D.C .Cir. 1977).

[88] *United States v. AT&T*, 123.

[89] Smist, *Congress Oversees*, 319-20.

[90] Schmitt, *Executive Privilege*, 181–82.

[91] *United States v. AT&T*, 123.

[92] 该讨论参见 Cox, *The Myths of National Security*, 161-65。

[93] Snider, "Congressional Oversight of Intelligence after September 11," 242-46.

[94] 我把这种提法归功于丹尼斯·汤普森。

[95] Minnow, "The Constitution as Black Box during Emergencies," 604-5.

[96] Kitrosser, "Congressional Oversight of National Security Activities," 1085-86.

[97] Clark, "Congress's Right to Counsel in Intelligence Oversight," 958-59.

[98] Mcc Ubbins and Schwartz, "Congressional Oversight Overlooked". 另见 Johnson, "A Shock Theory," 345。

[第四章]

法律应该赦免未经授权披露吗?
——火警式监督与合法性问题

我们既然已经看到,当试图强化立法监督和司法审查时出现的复杂情况,让我们将注意力转向第一章中提到的困境的第二部分。我指出未经授权披露涉密信息成为一种有效和可信的监管手段,这种特征同样也引发了人们对其合法性和正当性的担忧。因为这种监管手段分散了监管权力(一旦任何官员掌握令人不安的秘密,都可以发出警报),与委员会或法官相比更容易成功(监管权力的集中会带来俘获)。同时,由于此类披露推翻了负责国家安全的官员的定密决策,我们对这种披露的依赖似乎与对法治和民主准则的尊重相冲突。那么,我们是否应该修改法律去赦免这些未经授权披露呢?

法律如何规定?

人们普遍认为,美国宪法第一修正案保护的是负责传递和公布那些未经授权披露涉密信息的官员、记者和出版商。这种观点并非完全毫无根据。正如在"五角大楼文件"泄密案中所见,最高法院拒绝限制《纽约时报》发表越南战争的秘史。然而事实是,披露涉密信息的人会受到行政、民事和刑事诉讼。为了消除误解,笔者首先澄清一下法律实际上如何阐释未经授权披露。

目前，人们通过一系列合同和法规禁止未经授权披露。其中最直接的方式是非公开协议（nondisclosure agreement），官员必须在获得涉密信息之前签署该协议。协议禁止签署方向未经授权的人披露涉密信息，并认定这种做法构成解雇的理由。[1] 这种"保密协议"（secrecy agreements）的合宪性（constitutionality）在1988年的"全国联邦雇员联盟诉美国案"（*National Federation of Federal Employees v. United States*）中受到质疑，有人认为这种协议条件限制了政府雇员美国宪法第一修正案的权利，是不可接受的。但是，哥伦比亚特区联邦地区法院观察到，人们普遍觉得"美国宪法第一修正案可能会因政府利益而受损"，并且政府在维护国家安全信息方面具有"无可否认的实质性"利益。[2] 因此，即使"所有政府雇员都享有美国宪法第一修正案权利"，法官奥利弗·加西（Oliver Gasch）裁定，"那些获得涉密信息的人必须接受言论自由保护的差别对待"[3]。

针对未经授权披露涉密信息的第二项合同禁令的形式是出版前审查协议（prepublication review agreement），官员必须在获得高度涉密信息之前签署。这种出版前审查协议的合宪性也受到广泛认同。[4] 典型案例之一是1972年的"美国政府诉马尔凯蒂案"（*United States v. Marchetti*，后称"马尔凯蒂案"），该案涉及美国政府禁止出版一本声称揭露中央情报局参与非法活动的图书。[5] 在联邦第四巡回上诉法院提起上诉的作者维克多·马尔凯蒂（Victor Marchetti）是中央情报局的前雇员，他认为中央情报局的出版前审查协议相当于事先限制（prior restraint），因此应予以驳回。但是，联邦第四巡回上诉法院却认为在外交事务中，"针对雇员及前雇员披露在就业期间获得的涉密信息，保密的必要性为事先限制制度提供了正当理由"。[6] 联邦第四巡回上诉法院认为，在这个领域，保密的必要性如此迫切，"如果没有正式的明定协议，法律可能就意味着保密协议"[7]。

"马尔凯蒂案"的裁决随后在1980年"斯奈普诉美国政府案"（*Snepp v. United States*）中得到肯定。此案涉及前中央情报局雇员弗兰克·斯奈普

第四章 法律应该赦免未经授权披露吗？——火警式监督与合法性问题

（Frank Snepp），他在越南战争结束时派驻西贡。返回美国后，斯奈普出版了一本书，讲述了中央情报局"欺骗式撤离"对南越人民造成的伤害。[8] 美国政府随后提起诉讼，认为斯奈普违反出版前审查协议，并要求没收该书的所有收益。案件最终打到了最高法院，最高法院驳回了斯奈普认为出版前审查协议违反美国宪法第一修正案的主张。法院指出该协议是政府保障重大利益的"合理手段"，既保护国家安全重要信息的保密，又保护秘密设施的保密，后者的秘密性对于驻外情报机构的有效运作至关重要。[9]

除了上述的行政与民事制裁之外，还有两种刑事法规可能会使作出未经授权披露的官员受到指控。第一种法规禁止未经授权披露**特定**类别的涉密信息，例如通信情报、秘密特工的身份和核武器数据。[10] 第二种法规已被用于防范更常见的未经授权披露，如《防盗法规》和《间谍法》。[11] 第二种法规最初在1973年的"美国诉鲁索案"（*United States v. Russo*）中提出，该案件涉及"五角大楼文件"泄密案主角丹尼尔·埃尔斯伯格和安东尼·鲁索（Anthony Russo）。然而，鲁索因被控行为不当而被解雇，因此这些法规的适用性尚未确定。随后1988年的"美国诉莫里森案"（*United States v. Morison*），也运用到了这些法规。该案件涉及海军工程师塞缪尔·莫里森（Samuel Morison），他向《简氏防务周刊》（*Jane's Defence Weekly*）投稿了从同事办公桌上窃取的文件。但这个案例的参考价值有限，因为尽管莫里森声称他交给《简氏防务周刊》的文件"可供公开传播和参考"，但有证据表明他的实际动机是说服《简氏防务周刊》雇用他。[12] 所以尽管联邦第四巡回上诉法院驳回了莫里森的主张，其声称自己因触犯《间谍法》被起诉违反了美国宪法第一修正案，但我们还不清楚如果莫里森真的披露了表明非法活动的信息，法院是否会以同样方式作出回应。[13]

到目前为止，我已经概述了禁止官员未经授权披露涉密信息的法律。但是信息传输链中的其他人呢？就记者而言，他们在传播未经授权披露方面的作用使其面临两种法律诉讼：一是可能面临刑事指控，二是可能被迫公布其线人的身份。目前我们尚不清楚是否有起诉记者的法定依据。可以想象得到的是，记者可能因与官员"密谋"违反《间谍法》而被起诉。[14]他们也可能因将"国防信息"传达给"一个无权接收的人"被起诉，因为他们有"理由相信"这些信息"可能会损害美国的利益"。[15]但是，没有一个记者因为得到或传播涉密信息而被起诉过。这一结果在很大程度上归因于用语错综复杂的《间谍法》。因此，目前我们尚不清楚根据《间谍法》起诉一名记者是否会违反美国宪法第一修正案。[16]

但相当清楚的是，当记者被强制要求坦白向其披露涉密信息的人的身份，特别是当这些信息对检方案件至关重要时，是合法的。参考先例是1972年的"布莱兹伯格诉海耶斯案"（*Branzburg v.Hayes*，后称"布莱兹伯格案"），这是一起记者面临藐视指控的案件，因为他们拒绝向大陪审团披露其线人或与之相关的信息。面对美国宪法第一修正案是否赋予记者特权可以拒绝在大陪审团面前作证的问题，最高法院得出结论："我们不能严肃接受这样一种观点：美国宪法第一修正案保护新闻记者同意隐瞒其线人或证据的犯罪行为，其理论依据是报道犯罪比采取行动更好。"[17]

"布莱兹伯格案"意味着，在大陪审团调查涉密信息泄露的犯罪案件中被传唤的新闻记者，除非愿意为藐视法庭接受惩罚，才能为线人保密。因此不足为奇，美国宪法第一修正案的支持者一再呼吁制定一项"新闻保障法"（shield law），赋予记者特权以免受被迫披露信息的困扰。然而在过去的一个世纪里尝试了60多次，国会仍没有颁布这样的法律。[18]但是由于司法部的内部指导方针警示检察官不要强迫记者披露线人的身份，（自我克制的行为无疑是因为认识到起诉记者是一种"混乱"的工作，在政治上不合时宜。）因此，这种保护法的缺失并没有引起很大的反感。[19]尽管如此，最近的一系列案件凸显出这些内部准则并非一成不变。

最著名的案例之一是白宫的两名官员向记者透露，布什总统外交政策的批评者约瑟夫·威尔逊（Joseph Wilson）的妻子瓦莱丽·普莱姆（Valerie Plame）曾为中央情报局工作。由于这些披露可能违反了《情报身份保护

第四章 法律应该赦免未经授权披露吗?——火警式监督与合法性问题

法》(Intelligence Identity Protection Act),检察官帕特里克·菲茨杰拉德(Patrick Fitzgerald)被任命调查此事。菲茨杰拉德不受司法部通常的指导方针约束,传唤了白宫官员联系的记者接受质询。两名记者——《纽约时报》的朱迪思·米勒(Judith Miller)和《时代周刊》的马修·库珀(Matthew Cooper)被传唤至哥伦比亚特区联邦地区法院。[20] 法院援引 2004 年《特别顾问调查》(In re Special Counsel Investigation),"布莱兹伯格案"要求记者服从传票,朱迪思·米勒与马修·库珀提起上诉。[21] 最终结果是 2005 年大陪团传票中重申了"布莱兹伯格案"的信息。哥伦比亚特区联邦巡回上诉法院重申,美国宪法第一修正案并不能保护记者"免于在大陪审团面前作证或以其他方式向大陪审团提供证据,无论记者向其线人承诺过什么"。[22]

最后,出版商发布包含未经授权披露的新闻报道可能面临两种法律诉讼:一是禁止出版物发行;二是出版后可能面临刑事指控。1931 年"尼尔诉明尼苏达州政府案"(Near v. Minnesota,后称"尼尔案")中确立了严格的标准,前一种方案很少被采用,法院认为事先限制"只有在特殊情况下才被允许",例如,"出版运输的航行日期或部队的数量和位置"[23]。这一标准第一次在 1971 年"《纽约时报》诉美国政府案"(New York Times v. United States,即"五角大楼文件"泄密案)国家安全语境争论中提出。该案件涉及政府针对《纽约时报》发表的"五角大楼文件"发出禁制令的合法性。法院的结论是,此案未能满足施加事先限制所需要的"沉重负担"理由。[24] 至关重要的是,这一措辞暗示最高法院否定了大法官雨果·布莱克(Hugo Black)和威廉·道格拉斯(William Douglas)认为美国宪法第一修正案完全不允许事先限制的观点。[25] 相反,最高法院的意见表明,用大法官波特·斯图尔特的话来说,只有当出版物"一定会对我们的国家或人民造成直接、立即和不可挽回的损害时,才会发出禁制令"。[26]

这一审慎的逻辑后来在 1979 年的"美国政府诉《进步》杂志案"(United States v. Progressive)中又一次得到认可。该案的起因是《进步》杂志试图发表一篇包含氢弹设计和制造技术的文章（尽管是从公开渠道获得的信息，其中包括两份后来被认为错误解密的文件）。[27] 美国政府要求该杂志撤下这篇稿件，后者拒绝了这一要求。随后，美国政府试图禁止《进步》杂志出版。[28] 这一次，美国政府占了上风。法官罗伯特·沃伦（Robert Warren）认为《原子能法》（Atomic Energy Act）是他作出裁决的一个重要参考，但他最终还是依赖"尼尔案"所确立的标准。[29] 沃伦法官写道，发表该文章"可能让某些国家大幅减少拥有热核武器所需的时间"，意味着"即使在没有法定授权的情况下，由于存在对我们国家及其人民造成直接、即时和不可挽回损害的可能性，也有必要通过初步禁制令"。[30]

除了禁制令，出版商还可能因发表未经授权披露而面临刑事指控。刑法明文禁止发表包括与战时安全措施、通信情报和敏感军事设施有关的特定种类信息。[31] 怀特法官在"五角大楼文件"泄密案中的观点也强调了一种可能性，即根据《间谍法》，如果与国防有关的秘密文件被传递给了"无权接收"的人，出版商可能要对此负责。[32] 虽然怀特法官对《间谍法》的解读得到了大多数同事的支持，但也有一些人持强烈反对意见。[33] 道格拉斯大法官反驳称，《间谍法》明文并没有禁止出版，其立法史表明国会无意将其用于出版商。[34] 法院没有机会解决这一争端，但更广泛的观点是，出版后制裁（postpublication sanctions）并没有与美国宪法第一修正案不相容。[35] 因此，至少就目前而言，似乎还没有明确禁止引入其他刑事处罚。

未经授权披露应该被赦免吗？

我们现在已经确定，参与未经授权披露涉密信息的官员、记者和出版商会面临行政、民事和刑事诉讼。诚然，在这些情况下，法律的运用范围并不总是显著，尤其是在《间谍法》下记者和出版商的刑事责任。但很明显，法律对传播链中最重要的环节——最先披露涉密信息的官员——并不有利。

第四章 法律应该赦免未经授权披露吗?——火警式监督与合法性问题

鉴于此,笔者接下来要考察的是:是否应该修改法律赦免未经授权披露。

通常有两个理由来支持禁止未经授权披露。第一个原因是披露可能会损害美国国家安全的利益。[36] 这种危害可以有多种形式,最明显的是未经授权披露可能暴露敏感的政策和决策,从而使美国更难以实现其战略目标。此外,披露可以揭示获取秘密情报的来源和方法,使外国行动者更容易采取措施,阻碍美国未来搜集情报的能力。还可能有一些微妙的代价。例如,未经授权披露可能会削弱美国确保与其他国家合作开展活动的能力,这些活动在道德上令人不安或在政治上令人尴尬,但对国家安全至关重要。这些国家可能拒绝合作,因为它们担心一旦合作被披露,自身将受到批评或报复。最后,未经授权披露可能会产生溢出效应(spillover effects)。例如,披露国际谈判中的信息可能会导致一项有价值的国际协议破裂,或削弱美国的谈判地位,产生持久影响国家安全的不利结果。

没有人会否认这些原因非常重要。然而,我们很难准确鉴别这些信息的重要性,因为关于未经授权披露造成损害的说法很难有确凿的证据。执法人员总是认为,讨论未经授权披露造成损害这件事本身就是有害的,这会进一步向敌对国家提供已被披露的活动信息。所以与未经授权披露造成损害相关的官方声明,或是陈词滥调〔正如中央情报局外国拒止与欺骗委员会(Foreign Denial and Fraud Committee)副主席詹姆斯·布鲁斯(James Bruce)所说:"我们无法衡量泄密对美国情报界造成的损害,但是有经验的专家估计,累积的影响是非常严重的。"〕或是神秘难解〔正如在一份著名的跨党国会报告中所称,"数百起严重的媒体泄密事件大大削弱了我们应对美国最难对付对手的能力",并补充道,"然而,我们不能在公开的场合下讨论这些问题"〕。[37]

这种沉默造成的证据挑战令人沮丧,但它没有削弱禁止未经授权披露的理由。在某种程度上,这是因为对过去事件的了解可以帮助我们认识到未经授权披露构成的威胁。追溯到1942年6月的案例,当时《芝加哥论坛报》(Chicago Tribune)发表了一篇文章,揭示美国正设法破译日本在中途岛战役中使用的密码。[38]虽然当时日本并未注意到这篇文章,但该报道造成的损害具有启示意义。(事实上,这一事件推动了《美国法典》第18篇第798条(a)款的通过,该条款禁止发布与通信情报有关的涉密信息。)[39]此外,在某些情况下,未经授权披露造成的损害已为公众所知,虽然这种案例很少。案例之一:杰克·安德森(Jack Anderson)披露了国家安全局在莫斯科周围拦截乘坐豪华轿车的苏联政治局成员的电话通信。1971年9月,安德森的文章发表后不久,克里斯托弗·安德鲁(Christopher Andrew)和马修·艾尔德(Matthew Aid)报告,苏联采取了措施,防止进一步的窃听。[40]另一个案例可以追溯到1983年4月,当时美国驻贝鲁特大使馆遭到炸弹袭击,新闻报道披露,拦截的通信记录表明叙利亚和伊朗也参与其中。据凯瑟琳·格雷厄姆(Katherine Graham)说,这一披露促使恐怖分子停止使用已暴露的通信渠道,使美国更难以监控他们的活动。这些情报的损失反过来又可能使这些恐怖分子在5个月后更容易对贝鲁特的海军陆战队发动炸弹袭击,该袭击最终造成241人死亡。[41]

禁止未经授权披露涉密信息的第二个原因是,这可能会危害政府的有效运作。与其他任何集体企业一样,如果成员缺乏归属感和忠诚度,政府就无法实现其目标。[42]通常,伴随未经授权披露而来的匿名性尤其令人担忧,因为它会让决策者之间滋生不和与不信任。例如,考虑海军速记员查尔斯·雷德福(Charles Radford)决定将会议记录转交给杰克·安德森的后果。该会议记录证明了1971年印巴战争期间,尼克松总统和国家安全顾问亨利·基辛格(Henry Kissinger)对巴基斯坦的"倾斜"。这一披露使尼克松和基辛格都感到非常难堪,因为这与他们公开宣布美国将采取不偏不倚的态度背道而驰。不足为奇,这个披露导致了有据可查的指责,加剧了政府内部关键决策者之间的分歧,包括尼克松和基辛格。[43]此外,还导致了一场激烈的内部调查,在很长一段时间内分散了官员和决策者的注意力。

这并不是说未经授权披露是行政机构内部不和与不信任的主要甚至唯一原因。地盘之争和个人矛盾长期困扰尼克松政府,雷德福的披露所引发

第四章　法律应该赦免未经授权披露吗？——火警式监督与合法性问题

的内部分歧最终可能只起到很小的作用。即使没有未经授权披露，政府内部也会发生争论，但这一事实并不等于未经授权披露不会造成危害。照此推理，就好比说，既然火灾已经发生，那往燃着的建筑物上倒汽油也不会带来伤害。换句话说，即使我们预期政府内部会发生争吵，但为防止恶劣情况变得更糟，想要限制未经授权披露并非不合理，因为由此产生的结果会使政治领导人更难执行他们当选的政策。

有人认为应该禁止未经授权披露，因为它们会危害国家安全以及降低效率。这种观点受到了两方面的质疑。第一种质疑来自一些学者，他们怀疑是否每一次未经授权披露涉密信息都会威胁到国家安全。这一质疑的前提是，定密体系往往会产生"猖獗的定密过高"——官员和官僚机构利用它来隐瞒令人尴尬的信息。[44] 在这种情况下，有人认为我们不应该禁止所有的未经授权披露，因为至少有一些披露仅仅触及国家安全的皮毛。著名的案例有丹尼尔·埃尔斯伯格披露的"五角大楼文件"，以及布拉德利·曼宁（Bradley Manning）通过维基解密（WikiLeaks）网站披露的美国外交电报。

第二种质疑也来自学者，他们怀疑我们是否应该禁止每一个威胁国家安全的未经授权披露。这一质疑也基于人们对盛行的定密体系的不满，尽管定密过高问题的出现不是因为官员和官僚机构夸大了保密的必要性，而是因为他们未能对公众说明国家安全事务信息的合理需求。问题不在于未经授权披露**是否**会威胁国家安全；相反，问题在于尽管此类披露对国家安全构成威胁，但我们**何时**应赦免它们。在这些学者看来，官员和官僚机构会拒绝发布对国家安全构成威胁的公共信息（哪怕是最轻微的威胁），以免"敌人"从这些信息中获利。这种保守的立场可能会使公民在道德和政治问题上完全陷入黑暗中（例如，在反恐行动中使用酷刑）。因此有人认为，当此种披露揭示的信息中公众利益超过了国家安全的潜在威胁时，就应该赦免未经授权披露。[45]

我认为出于两方面考虑，这些赦免未经授权披露的理由是错误的。首先，对于定密过高的问题，未经授权披露并不是一种没有成本的补救措施。各国必须隐瞒那些会真正危害国家安全的信息。为指导这类信息的处理，各国需要依靠一种分级标识系统（system of classification markings）。不难看出，如果违反相关规定而受到惩罚的威胁是有条件的，而不是必然的，那么分级标识系统的威慑效果就会减弱。这只是激励的问题：一个人越相信不服从就会受到惩罚，他就越有可能尊重相关的分级准则。此外，如果惩罚的威胁是有条件的而不是必然的，那么分级标识系统的威慑效果最终将取决于官员是否愿意在陪审团面前冒险。这一安排会让心怀不满或诡计多端的官员披露更多涉密信息，因为要证明他们披露的信息是适当定密的，检察官可能会处于不利境地，不得不向陪审团披露更多涉密信息。因此，将惩罚设定为有条件的，而不是必然的，最终将使政府更难阻止人们对已被**适当**定密的信息进行未经授权披露。

这一论点意味着，要解决定密过高的问题，就应当改革定密体系。但也有人反对这一做法，他们认为通过法规改革来防止定密过高是徒劳的，因为即使是最严格的定密法规，也必须让行政机构有宽泛的自由裁量权，以国家安全的名义隐瞒信息。[46]因此，海蒂·基特罗瑟等批评人士认为，在任何一种定密体系下，定密过高似乎都是"不可避免的"。因此，最重要的是只禁止那些极有可能危害国家安全的未经授权披露。[47]有批评人士指出，鉴于我们在第二章和第三章中讨论过的司法审查和立法监督的系统性弱点，这就更加有必要了。

假设我们接受这种观点，即便如此，我们能相信随后的未经授权披露涉密信息将不会危害国家安全吗？想必我们将不得不相信负责作出此类披露的官员、记者和出版商的判断。但是，他们永远都能知道**每一次**披露的后果——这种假设明智吗？这似乎令人难以置信。相反，我们有理由认为他们往往考虑不到全局；他们并不总是知道某一特定信息的披露可能会如何影响**一直**保密的计划或活动，比如秘密外交或反情报行动。当然，在某些情况下，全局并不重要。一些过分热心的美国武器核查人员将伊拉克高

第四章　法律应该赦免未经授权披露吗？——火警式监督与合法性问题

中科学课考试内容列为秘密，将之公开的官员显然不会将国家安全置于危险之中。[48] 但是，我们可以假设官员、记者和出版商总是知道某一特定信息是否属于定密过高吗？例如，《洛杉矶时报》（*Los Angeles Times*）决定刊登揭露中央情报局一直在招募伊朗裔美国商人充当线人的文章。该报不顾中央情报局的反对发表了这篇文章，当时的执行主编迪恩·巴奎（Dean Baquet）称："中央情报局在（伊朗侨民）社区所做的事情是众所周知的，如果他们认为这件事不会传出去，那就是在自欺欺人。"[49] 毫不夸张地说，如果我们同意巴奎的说法，那么我们应该支持解散中央情报局，因为我们认为在判断一篇文章可能会造成危害情报相关活动的后果上，《洛杉矶时报》的工作人员比中央情报局更专业。（中央情报局郑重声明，这件事确实产生了负面影响。据一名发言人表示，"利用伊朗裔美国商人带回情报的计划进行得相当顺利，但自《洛杉矶时报》的报道以来就不那么顺利了。这虽然只是《洛杉矶时报》一天的报道，但在伊朗的影响要大得多……现在，移居伊朗的伊朗裔美国人会发现，他将受到更严格的审查"。)[50]

如果允许个人行为者忽视定密标识，那么我们应该问问自己为什么要首先建立这样一种定密体系。这并不是说官员们不会定密过高，相反，如果不想让个人行为者破坏通过法律建立的、拥有专业知识和信息的公共权威，那么我们必须毫无保留地接受定密体系所作出的决定，这个定密体系是由公开当选的官员设计、授权并拨款的。[51] 如果现行体系有缺陷，那正确的补救办法必须是由我们选定的代表进行公共改革指导，而不是由消息不足的个人行为者进行颠覆。

到目前为止，我一直认为不能将定密过高作为允许官员、记者和出版商进行未经授权披露的理由，因为他们无法估计此类披露可能造成的危害。现在，定密过高为允许未经授权披露提供了理由这个论点的第二个缺陷。我们为什么要相信，官员、记者和出版商有合法的理由断定，披露一份特定的涉密信息更符合公众利益？他们通常基于两个理由为自己的行为辩护。首先，有人认为未经授权披露会进一步推进民主问责制，因为披露会

秘密与泄密 [美国国家保密的困境]
Secrets and Leaks: The Dilemma of State Secrecy

引发人们关注行政机构潜在的侵犯公众信任的行为,并向公民提供他们需要确定责任的(其他涉密)信息。[52]第二,有人断言,未经授权披露在揭露政府侵犯个人权利政策的同时,保护了公民自由。

这些理由是建立在一个几乎没有人会反对的前提之上,即一个政体通常希望在国家安全和效率方面的利益与确保问责制和保护公民自由方面的利益之间取得平衡。但是,这些理由并没有解决当这些利益发生冲突时,官员、记者和出版商的未经授权披露是否是平衡这些利益的合法手段。至少有两个理由对这种情况表示怀疑。首先,不管缺点是什么,监督定密体系的决策者可以真正声称他们得到了公民的授权,在相互竞争的利益和优先事项之间取得了适当的平衡。相比之下,涉及披露、报道和发布涉密信息的当事人,既不是人民选举产生的,也不是由他们的代表任命的。因此,当未经授权披露发生时,国家安全事项的重要决策实际上是由个人行为者作出的,这一结果违背了民主理念,即此类决策应由公民直接或间接支持的个人或机构作出。在这种情况下,我们有强有力的理由来反对官员、记者和出版商的活动——他们的行为构成了一种僭越。

在这里可能有人会反对说,官员、记者和出版商是公民社会的个人和企业成员,他们的行为仅仅是为了促进或维护共同利益。因此,当他们作出未经授权披露时不能受到篡夺政治权力的指控,如美国公民自由联盟(ACLU)尝试代表公众影响公共政策时,不能被指控为篡夺政治权力一样。但这个类比有效吗?按理说官员、记者和出版商披露涉密信息的行为,和美国公民自由联盟以保护公众利益为借口而公布最高法院内部审议备忘录的行为十分相似。可以肯定的是美国公民自由联盟在某些情况下**违反**法院规则是有正当理由的。例如,如果它获得的记录显示法院是基于某种种族理论作出的裁定,那么揭露法院的审议备忘录在各个方面都站得住脚。但是,我们是否真的想授予美国公民自由联盟(或更广泛的公民社会其他组织)这样的权利,只要他们认为这将促进公共利益就公开法院审议结果。随后各种团体对法院保密性的侵犯——每个团体都认为其披露会推进公众

第四章 法律应该赦免未经授权披露吗?——火警式监督与合法性问题

利益——最终不会危害法院的审议能力吗?简而言之,关键在于我们要确立程序和权威——比如选举和法院——在利益冲突间进行平衡和仲裁。我们要根据这些权威和程序决定什么是符合公共利益的。因此,个人对于公共利益的定义会破坏这些权威和程序,显然会造成混乱。(我们将在第五章中看到,当有明确证据表明存在严重不当行为时,并不能排除**违抗**的可能性。)[53]

第二个质疑未经授权披露能成为平衡潜在利益冲突的合法手段理由是,公民很难追究官员、记者和出版商对轻率或恶意披露的责任。尽管他们声称会对读者和广告商负责,但正如莉莲·贝维尔指出,这种说法不能当真,因为市场环境和选举制度并无相似之处。[54] 即使有相似之处,未经授权披露通常是匿名且碎片化的,公众难以确定披露者的动机,无法判断官员、记者和出版商的参与程度,反过来也很难识别以及惩罚那些作出轻率或恶意披露的人。不妨通过接下来的案例来感受这一问题的重要性。20世纪90年代中期,《纽约时报》刊登了一篇报道,讲述了中央情报局如何利用"声名狼藉的人物"作为线人来打击恐怖主义。尽管中央情报局说服《纽约时报》删除其中一名线人的名字,但这篇文章仍对他进行了一些细节描述。中央情报局称"该线人在那之后不久就消失了,其家属认为恐怖分子已将之杀害"[55]。

我们应该如何回应这个案例呢?第一个反应可能是对《纽约时报》明显不负责任的行为感到愤怒。但是,我们亦应该考虑存在众多可能性。首先,文章中所包含的细节是否确实对揭秘线人的身份起到了决定性的作用(毕竟恐怖分子可能早已认定线人为中央情报局提供消息)。同时我们也希望确认线人的据称"失踪",是不是中央情报局为确保他的安全而精心编造的虚假故事的一部分。为了确定《纽约时报》揭露中央情报局与"声名狼藉的人物"打交道是否合适,我们需要知道是否还有不那么麻烦的替代性方案,使中央情报局可以用来逮捕被通缉的恐怖分子。但是,我们如何才能获得这样的信息?可以肯定的是,中央情报局和线人的前同事都不会自愿提供信息。因此，我们无法就这一披露是否真的符合公众利益发表太多看法。然而，我们似乎有必要在这种情况下说些什么。我们不能简单地认为官员、记者和编辑、出版商比议员和高级官员更有公共精神。毕竟，下属官员可能会另有所图，记者与编辑要成就事业，出版商要出售广告坑位。因此，无力追究这些行为者责任的行为应被视为恢复而不是消除我们对滥用监管权力的恐惧。

对于很难让官员、记者和出版商承担责任的指控，可以通过两方面加以反驳。首先有人可能认为，未经授权披露往往是匿名进行的，恰恰因为它们是非法的。如果修改法律，允许为了公众利益而进行未经授权披露，那么匿名将会减少，反过来也会让该负责官员承担责任。但这种说法似乎不太可信。因为出于很多原因，人们更愿意匿名披露，尤其是官员们希望维护自己的隐私，避免在工作场所遭遇尴尬和敌意（我们将在第五章中讨论这个问题）。此外，即使对未经授权披露负有责任的官员仅仅因为害怕法律的制裁而选择匿名，那么在多大程度上修改法律才能减少他们对被起诉的恐惧？既然法律只赦免出于保护公共利益的未经授权披露，那么我们可以预测到那些作出有争议披露的官员（披露既告知公众同时又威胁国家安全）仍然会保持匿名，以免自己最终走上犯法的道路。然而为了维护问责制，我们最希望仔细审查的正是这些有争议的披露（我们将在第六章中讨论）。

另一种可以反驳这种指控的方式是，未经授权披露通常来说是匿名的，这种匿名性在最坏的情况下可以掩盖官僚机构的明争暗斗，然而国家保密却可以用来掩盖违法行为。因此从问责制观点来看，有人认为容忍匿名披露付出的代价很小，以此回报的是重大罪行不容忽视的保障。但根据最近的经验，这种说法似乎不大可信。[56] 在过去十年，有人采用了匿名披露来诬告李文和（Wen Ho Lee）与史蒂文·哈特费尔（Steven Hatfill）分别从事间谍活动和生物恐怖主义，并恶意揭露中央情报局瓦莱丽·普莱姆的身份。[57] 更重要的是，在这些情况下记者和出版商拒绝遵守法庭的命令，拒

第四章 法律应该赦免未经授权披露吗？——火警式监督与合法性问题

绝交待报料人的姓名，一位批评人士称，他们"对报料人忠诚但别有用心"。[58] 更令人不安的是，公众同样为匿名披露所摆布。例如，在伊拉克战争前夕，基于"知晓"伊拉克大规模杀伤性武器计划的线人报告，为发动战争发挥了重要作用。[59] 然而，现在普遍认为这些报告提出的观点十分片面影响了公众舆论。[60] 因此，我们不能自信地说，就问责制而言国家保密可能造成的危害通常将超过匿名披露可能造成的危害。

未经授权披露会得到裁决吗？

我一直认为法律不应该赦免未经授权披露，因为负责此事的官员、记者和出版商既没有专业知识，其行为也不合法，更无权平衡公众在保密和专业知识方面的竞争利益，甚至不能对自己的决定负责。然而，我们有什么办法可以弥补这些不足吗？例如，国会能否代表公民进行调解？一些学者，尤其是哈罗德·埃德加（Harold Edgar）和本诺·施密特（Benno Schmidt）认为，议员已经通过他们的行动表态。他们声称国会不愿将**所有**未经授权披露皆明确定为刑事犯罪，这表明议员认可官员、记者和出版商所扮演的角色（除了少数几个范围狭窄的领域，国会明确禁止**所有**未经授权披露，如报道战时部署和通信情报）。但这一说法没有证据支持，正如2006年6月议会决定正式谴责《纽约时报》揭露"恐怖主义融资追踪计划"（Terrorist Finance Tracking Program）的存在，该计划是由财政部发起的反恐行动。[61] 这种公开记录中的不一致使国会支持未经授权披露的说法更多地是一种假设，而不是事实。因此，如果要相信议员们确实批准了未经授权披露，将其作为监管国家保密使用的一种手段，那么我们需要其批准的明确信号。

这种信号该以什么形式出现？很明显，议员不能简单地授权官员、记者和出版商披露他们认为合适的涉密信息，这样做会使公共权力结构产生

秘密与泄密 ［美国国家保密的困境］
Secrets and Leaks: The Dilemma of State Secrecy

矛盾，一种公共权力的持有者（官员、记者和出版商）被允许披露另一种公共权力持有者（行政机构）想要隐瞒的内容。因此，议员将需要任命一名仲裁员来评估某一未经授权披露是否确实符合公众利益。那么，这项权力应授予谁？

国会可以承担这一角色，要求未经授权披露必须经过批准，由议员决定哪些披露符合公众利益。[62]但是，国会进行这种审查是否真的可取（更别提是否可行）？我们至少有两个理由来质疑这种方式。第一个理由是宪法性质。我们在第三章中谈到，行政机构认为美国宪法第二条赋权总统管理其下属的行为，特别是在维护保密方面。有人认为1988年"海军部诉伊根案"就是证据。法院裁定总统控制国家安全信息的权力主要来自他作为总司令的角色，"与国会的授权完全无关"[63]。因此按照这种观点，授权行政机构官员违反总统命令向国会披露信息的法定方案是违宪的。尽管国会有所抗议，但迄今为止它已接受了这一观点。例如，《情报界吹哨人保护法案》（Intelligence Community Whistleblower Protection Act，ICWPA）授权那些希望从事"与情报事务相关吹哨活动"的官员与国会接洽，但他们必须先向相关监察长提出问题，随后监察长"建议"官员按程序向国会投诉。[64]可以想象，这一程序要求意味着国会几乎无法通过这一渠道接收到披露，因为很少有官员愿意冒着激怒同事和领导的风险，宣称他们希望与国会接触。[65]

假设我们认为总统以美国宪法第二条为挡箭牌是没有根据的，那还有另一个理由对议员审查未经授权披露的作用持怀疑态度。我在第三章中论述，国会的结构和构成妨碍了其成员防止未经授权披露的能力。在目前的背景下，依据同样的观点，我们有理由怀疑国会能否限制其成员向媒体**转播**未经授权披露。有证据证实了这种担忧。其中一个案例追溯到1941年，当时一名陆军上尉将美国二战的高度秘密计划副本转交给参议员惠勒（在第三章中提过）。惠勒是一名极力反对美国卷入战争的孤立主义者，他选择将计划转交给《华盛顿先驱论坛报》（*Washington Herald*

第四章　法律应该赦免未经授权披露吗?——火警式监督与合法性问题

Tribune),而不是参议院领导层,因为"他认为对外关系委员会不想公布计划"。[66] 另一个案例可以追溯到1995年,当时国务院官员理查德·努西奥(Richard Nuncio)告知众议院情报委员会成员罗伯特·托里切利(Robert Torricelli),中央情报局在危地马拉的雇员线人中,其中一人涉嫌谋杀美国公民。[67] 托里切利没有将这些信息提交给情报委员会或国会领导人,而是选择向《纽约时报》披露,包括那名线人的身份。[68] 托里切利为自己未提醒总统的决定辩护,"总统也许会告知可能使我受到道德约束的涉密信息"[69]。

以上两个案例讨论的未经授权披露,都是针对个别国会议员而非相关的国会委员会。人们也许会认为,如果我们建立正式程序可以直接向国会的相关委员会进行未经授权披露,转播的风险会就此降低。但是,我们完全不清楚,为什么与处理一般的涉密信息相比,国会委员会在处理未经授权披露方面将更加规范?相反,人们更应该担心的是,议员将着眼于从公开或禁止披露中获得的党派利益来评估此类披露。此外,我们有理由怀疑想要进行未经授权披露的官员是否愿意与国会接触。正如艾伦·卡茨(Alan Katz)指出,根本问题在于官员们认识到议员并没有强烈的动机为其消息来源保密。[70] 如果记者和出版商透露一个匿名线人的身份,他们会为此付出沉重的代价;但国会议员与之相反,为算旧账或吸引公众注意,他们与政府达成交易有选择地转播披露,这并没有什么损失,反而收获颇丰。鉴于此,我们不应该感到惊讶,对于那些想要进行未经授权披露的官员通常更愿意接触媒体而非国会。在伊拉克战争前可能滥用秘密情报的报告中,参议院情报特别委员会询问情报界前成员理查德·克尔(Richard Kerr),情报分析员是否要面临扭曲秘密情报的政治压力:

克尔:"总有人会在这些情况下感到压力很大,觉得自己受到了压迫。"

委员会采访者:"这也是我们听到的。但是,我们找不到他们其中任何一人。"

克尔:"也许他们很聪明,所以不会主动找你。"[71]

让国会决定未经授权披露是否符合公众利益的弊端,不可避免地使司法部门的制度特征变得鲜明起来,其中最明显的是,司法部门已证明有能力保密,并且不受选举政治必要性的影响。那么国会应该要求法院确定,未经授权披露在何时是符合公共利益的?一些学者这样认为:例如,卡斯·桑斯坦(Cass Sunstein)认为"没有理由相信"允许官员、记者和出版商决定是否以及何时披露涉密信息"能确保披露和保密的利益得到妥善解决"。我们应该呼吁法官来平衡未经授权披露涉及的障碍和利益。[72] 不过在向法院寻求庇护之前,我们应该考虑法院在判定未经授权披露是否符合公众利益方面所面临的三个挑战。

第一个挑战涉及利益的不可公约性(incommensurability)。正如路易斯·亨金问到,即使平衡利益的原则是无可非议的,但法院能否"很好地权衡政府隐瞒信息的'需求'、媒体出版发行的'需求'和公民知道真相的'需求'?"[73] 反对并不是因为法院不能就每一个案件的公共利益得出**某种**结论,而是因为他们没有比较成本和收益,特别是当某一信息披露对于国家安全**既是**有害的,对于公民和国会议员**又是**有益的时候。[74] 例如假设某报纸披露,一向以"绝不妥协"为竞选主张而当选的总统其实一直在秘密谋求与恐怖组织达成和平交易。该报称,公众显然有兴趣知道总统的行为违反其的竞选主张。与此同时,总统声称他并未违反任何法律,这种披露已经导致外交信誉明显受损。法院应该如何权衡提高公众知情权的利益与丧失外交信誉之间的关系?假设选举在即,这会使得公众的知情权比外交信誉更为重要吗?如果民调显示,总统和他的对手打成平手怎么办?这时公众是否更有必要知道,总统没有自己说的那么强硬?假设外交信誉的丧失可能会降低反恐行动的效果,这是否使得外交信誉更为重要?如果美国的一个重要盟友宣称,不允许未经授权披露破坏反恐合作,那又

第四章 法律应该赦免未经授权披露吗？——火警式监督与合法性问题

该如何？法院现在应该忽视该披露对美国造成的危害吗？或者法院应该假定这个盟友将在未来某一天讹上一笔吗？或许是通过索要有价值的情报作为补偿，因此这对国家安全的危害是间接的，但却是实实在在的。这些问题的答案最终将取决于政治判断，即如何理解利益的能力——辨别哪些妥协是可行的，然后在不断变化的环境和高度不完整的信息中作出决定。不幸的是，对"利益平衡"的呼吁掩盖了这一混乱的现实，也没有解释为什么我们应该相信法官的决定一定优于总统的决定。有人可能会反对，在上述假设的情况下，与总统的判断相比，即将到来的选举对法院的判断影响较小。或许是这样，但我们可以假设法官本身就没有狭隘的顾虑吗？当然他们不会受到选举压力的影响，但媒体有权玷污他们的名誉，贬低他们的遗赠，损害他们晋升上级法院的前景。他们能躲开媒体的愤怒吗？

法院面临的第二个挑战是评估。当法院被要求决定迫近的未经授权披露是否违反公共利益时，这一挑战应运而生。为了提供合乎逻辑的答案，法院需要评估可能因未经授权披露而造成危害的程度。在之前讨论的两个事先限制案例"《纽约时报》案"和"《进步》杂志案"中，法院并未回避，而是作出了相应的评估。这可能令人有些惊讶，因为在其他方面法院一直不愿对行政机构关于对披露涉密信息可能造成危害的主张进行事后判断（正如我们在第二章中所见）。部分原因在于事先限制案件对判决的要求较低。在基于《信息自由法案》判决的案件中，法官必须评估特定的披露是否会更普遍广泛地危害国家安全，这种评估要求熟悉国家安全的来龙去脉。相比之下，事先限制案件要求法官们对公开未经授权披露是否可能导致"直接、即刻、无法弥补的"危害达成一致意见，想必即便是一个不熟练的观察者也能运用这一标准来评判事件。[75]

或许看起来确实如此。然而，如果我们仔细研究"《纽约时报》案"和"《进步》杂志案"，可以看出法官想要对未经授权披露可能造成危害达成一致意见是多么困难。例如法官们关于"五角大楼文件"发表可能造成的危害的评估差异。道格拉斯大法官强调，"五角大楼文件"内容是"过去的，而非未来的事件"，而怀特大法官称，披露这些文件"会对公共利益造成重大危害"，布莱克蒙大法官支持怀特的主张，认为公布该文件"显然会对国家造成巨大损害"。[76] 第二章中提过这种差异并不罕见。情报分析师认为这种差异是评估工作中不可避免的一部分。但是，在法律裁决的背景下，这种差异是可接受的吗？我们应该担心，这种差异将使法院对特定类型的未经授权披露是否符合公共利益的问题难以得出一致答案。最后可能因为法官的观点不同，宽泛相似的未经授权披露却得出不同的判决，这一结果挫败了我们为确立此类披露的合法性所作的努力。

我们可能倾向于认为，如果向法院提供了足够的资料和专家意见，这种损害评估的差异是可以消除的，或至少可以缩小。例如，基特罗瑟认为，如果法官能参照1969年"勃兰登伯格诉俄亥俄州案"（*Brandenburg v. Ohio*，后称"勃兰登伯格案"）来审理复杂的金融和科学纠纷，以及煽动性案件，那么他们在处理涉及未经授权披露的案件时，应该不会遇到任何麻烦。[77] 但是这种观点是错误的，原因至少有二：首先，正如下面要讨论的，比起金融和科学纠纷，涉及未经授权披露的案件很难获得相关证据。其次，即使有相关证据，在国家安全案件中需要盘算的可能性也远比煽动性案件复杂。因为我们不确定谁可能利用未经授权披露，以及可能如何利用。因此，客观的答案往往是少之又少。我们在"《进步》杂志案"中可以看到，面对一系列声明赞成和反对发表这篇文章的附誓书面陈述，沃伦法官认为"任何人看过所有专家的附誓书面陈述后，如果有任何肯定的结论，那就是我们面前的问题，即便是多么博学、睿智、爱国的人，也会持有截然相反的意见"。[78] 当然，沃伦法官被要求得出结论：发表这篇文章"将不可挽回地损害美国的国家安全"。[79] 随后，威斯康星州的另一期刊发表了一封信，信中详细列举了那篇被禁文章中包含的大部分信息（这一事件导致美国放弃对"《进步》杂志案"的审查）。风向很快就变了，一位著名的核科学家告诉《时代》杂志：这篇文章不应被禁止，而应该被忽视，"因为大部分内容都是错的"。[80]

第四章　法律应该赦免未经授权披露吗？——火警式监督与合法性问题

到目前为止，我提出了两个理由说明为什么法院难以确定未经授权披露是否符合公众利益。现在我们考虑一个难度更大的挑战——整理和管理证据。当法院被要求查明已经发生的未经授权披露是否损害公众利益时，就会出现这种挑战。要回答这个问题，法院显然需要了解未经授权披露的事实，特别是对国家安全造成的危害。然而不可避免在有些情况下，执法人员不愿意采取针对未经授权披露的法律行动，更不用说证实或否认危害是否已经造成。因为这可能向敌对国家发出信号，表明所披露信息的真假。当然，我们很难确定有多少未经授权披露可能属于这种性质。但请记住，早些时候国会两党联合发布的报告指出，有"数百起严重的媒体泄密事件"不宜在公开场合讨论。[81]

此外，在有某些案件中，执法人员不可避免将不能采取法律行动，因为被告可能会为了进行辩护而获取涉密信息。试想如果美国司法部试图起诉一项未经授权披露可能会发生的情况，该披露被广泛引用来证明可能造成的危害。我在这里指的是1975年2月开始服役的"格洛玛探测者"号。当时，《洛杉矶时报》和《纽约时报》报道，中央情报局专门设计打造了"格洛玛探测者"号秘密打捞一艘沉没的苏联潜艇，并取得一些成功。[82] 在这一消息公布之后，中央情报总监威廉·科尔比试图说服记者和出版商不要进一步公布这一消息，以免引起苏联人的警惕，从而妨碍中央情报局打捞潜艇内容物残骸。然而杰克·安德森拒绝合作，在电台广播中透露了这次行动，称其为劳民伤财的"无用物"。[83] 据科尔比称，苏联人开始在这艘沉没的潜艇周围地区巡逻，迫使中央情报局取消了第二次尝试回收这一珍贵情报库的计划。我们仔细研究这一事件可以发现，当安德森披露"格洛玛探测者"号的任务时，我们很难知道这究竟造成了什么威胁。[84] 至少有四种似是而非的说法在流传。第一，科尔比夸大了安德森披露带来的危害，目的是让公众舆论转而反对后者。[85] 第二，科尔比只是假装对这一披露感到不安，以掩盖他实际上想让外界关注这一行动的事实，这样中央情报局就能因"历史上最伟大的一次情报妙举"而获得赞誉。[86] 第三，"格洛玛探测者"号实际上在第一次尝试时就成功回收了潜艇内容物,科尔比只是假装对安德森的披露感到痛苦,试图向苏联人隐瞒他们的成功。[87]第四,科尔比有可能说的是实话。[88]

现在假设中央情报局试图起诉安德森,并且当时存在一项法律允许为了公众利益而进行未经授权披露。不难想象安德森的律师们会作何反应,他们会要求获得中央情报局的文件以证明安德森的说法是正确的,即这是一次浪费时间的行动而非情报妙举。也不难预想结果会是什么。司法部无疑会选择放弃起诉,而非向安德森的律师公开中央情报局的内部运作。这种结果将服务于程序正义,却无法真正维护公众利益。[89]

法院在裁决未经授权披露是否符合公众利益时,还必须面对另一种证据问题。至少在某些情况下未经授权披露被指控危害国家安全,要证明这种指控属实,可能需要外国官员或外国组织成员的证词,只有他们才知道自己是否真的从相关信息的披露中获益。显然,法院无法通过强迫的手段获得这种证词。其结果将是某种证据的缺失,正如另一个被广泛引用的证明未经授权披露造成危害的案例。[90]1998年8月《华盛顿时报》发表了一篇文章,提到本·拉登"通过电脑和卫星电话与世界保持联系"。[91]在2001年9月11日的恐怖袭击之后,前国家安全委员会官员丹尼尔·本杰明(Daniel Benjamin)称,这篇报道一面世,"本·拉登立刻停止使用卫星电话",他补充说,"本·拉登停止使用电话后,让助手对外宣称美国失去了找到他的最好机会"。[92]2004年7月,"9·11事件独立调查委员会"在报告中指出,"在《华盛顿时报》泄露消息后,'基地'组织的高层领导几乎立即停止使用某种特定的通信手段。这使得美国国家安全局更难拦截他的通话"。[93]2005年2月,美国中央情报局本·拉登工作站(Bin Laden Issue Station)前站长迈克尔·舒尔(Michael Sheuer)重申了这一指控。据报道,舒尔在谈到《华盛顿时报》这篇文章时称:"这篇报道的发表和'9·11'事件之间有直接的因果关系。"[94]2005年9月,时任众议院情报委员会主席的众议员皮特·霍克斯特拉(Pete Hoekstra)也重申了这一

第四章 法律应该赦免未经授权披露吗？——火警式监督与合法性问题

说法。2005年12月，布什总统谴责《纽约时报》揭露国家安全局的无证监听时，又提及《华盛顿邮报》这篇文章。[95]

鉴于如此多的政府官员都发表了同样的声明，人们可能会认为《华盛顿时报》有罪的证据肯定无可辩驳。但在布什总统发表讲话后不久，事情就开始变得扑朔迷离。《Slate》杂志的杰克·沙佛（Jack Shafer）迅速指出，本·拉登使用卫星电话是《时代周刊》于1996年12月首次报道的，比《华盛顿时报》早近两年。[96]《华盛顿邮报》的格伦·凯斯勒（Glenn Kessler）还称，在《华盛顿时报》和《今日美国》发表文章的前一天，美国有线电视新闻网（CNN）和哥伦比亚广播公司（CBC）就已经提到本·拉登的卫星电话。[97]随后彼得·卑尔根（Peter Bergen）补充道，"早在'9·11'事件之前，本·拉登就一直小心翼翼地避免使用卫星电话或手机"。卑尔根是为数不多见过本·拉登的西方记者之一。[98]与此同时，《华盛顿时报》的比尔·戈茨（Bill Gertz）提供了一种更浅显的解释，为什么本·拉登可能早已停止使用卫星电话：1998年8月21日，《华盛顿时报》刊登这篇文章的前一天，美国曾试图在一次导弹袭击中狙杀本·拉登。"对于恐怖分子来说，"戈茨公正地说，"这种濒死体验可以促使他们改变行动程序。"[99]这并不是故事的最后转折。当《华盛顿邮报》的凯斯勒要求"9·11事件独立调查委员会"副主席李·汉密尔顿（Lee Hamilton）作出回应时，汉密尔顿回答："委员会依靠的是三个'非常可靠的高级情报官员'的证词，他们已经'确认了本·拉登停止使用手机与《华盛顿时报》之间的关系'，并将其描述为'非常严重的泄密'。"凯斯勒随后找到中央情报局，但其拒绝对此发表评论，因为此事涉及"情报来源和方法"。与此同时，白宫重申"他们确信是新闻报道改变了本·拉登的行为"[100]。

试想法官面临的困境，他必须确定《华盛顿时报》的文章是否真的危害了国家安全。他应该相信戈茨吗？戈茨曾推测，汉密尔顿描述的"非常可靠的高级情报官员"，实际上是在重复丹尼尔·本杰明首次发表的"有缺陷的理论"。[101]还是应该相信前中央情报总监波特·戈斯（Porter Goss），他直截了当指出，记者认为《华盛顿时报》的文章会危害国家安全是"都市神话"，但事实是"毫无疑问，揭露电话监控是近年来未经授权披露国防涉密信息最令人震惊的犯罪案例之一"[102]。如果法官能够强迫戈斯证实这一指控，而证据也能够证明——情报分析中经常出现的情况——他的推测十分充分，那又怎样呢？法官最希望得到本·拉登助手的证词，因为他最有可能知道本·拉登为什么会在1998年8月后停用卫星电话。

如何发出警报？

上述反对意见意味着，修改法律赦免未经授权披露涉密信息的做法并不具有说服力。如果我们无法确认官员、记者和出版商有能力判断哪些未经授权披露符合公共利益，同时他们又可以轻易作出轻率或恶意的披露，那么认同他们的行为是在捍卫公共利益这种观点，将会危及国家安全并破坏民主问责制。

然而重要的是，这些反对意见只会对授予官员、记者和出版商进行未经授权披露的合法权利产生影响。其含义并不是说这些行为者永远没有理由作出未经授权披露。我们担心的是官员、记者和出版商不具备知识及合法性来决定未经授权披露是否符合公众利益。一旦披露揭露了严重的不当行为，这种担忧就会消失。因此，上述反对意见并不妨碍官员、记者和出版商发出警报；它们只是暗示在适当的时候，这些行为者应该违反禁止未经授权披露的法律而作出披露。

这一结论无疑会使官员、记者和出版商感到不快，他们将因此不得不冒着生命危险。但赋权不知情且不负责的个人行为者作出他们认为符合公共利益的未经授权披露，这一选择显然没有吸引力。考虑到这一点，现在让我们来试想官员、记者和出版商**何时**有理由违抗禁止未经授权披露的法律，以及在面临报复威胁的情况下，他们**是否**有可能这样做。

第四章 法律应该赦免未经授权披露吗?——火警式监督与合法性问题

〖注释〗

[1] Information Security Oversight Office, *Briefng Booklet: Classifed Information Nondisclosure Agreement* (Washington, DC: NARA, 2001), 5. 另见 32 C.F.R .2003。

[2] *National Federation of Federal Employees v. United States*, 695 F. Supp.1196, 13 (D.D.C . 1988).

[3] *National Federation of Federal Employees v. United States*, 695 F. Supp.1196, 14.

[4] 50 U.S.C. § 403(d)(3). 另见 Headley, "Secrets, Free Speech, and Fig Leaves," 75。

[5] Marchetti and Marks, *The CIA and the Cult of Intelligence*.

[6] *United States v. Marchetti*, 466 F.2d 1309, 32 (4th Cir. 1972).

[7] *United States v. Marchetti*, 466 F.2d 1309, 31. 另见 Knopf v. Colby, 509 F. 2d 1362, 1370 (4th Cir. 1975)。

[8] Snepp, *Decent Interval*.

[9] *Snepp v. United States*, 444 U.s. 507, 516, fn. 3 (1980)。另见*McGehee v.Casey*, 718 F.2d 1137 (D.C . Cir. 1983); *Stillman v. CIA*, 517 F. Supp. 2d 32 (D.D.C.2007); *Berntsen v. CIA*, 05-1482 (D.D.C . 2009)。[10] 18 U.S.C. § 952; 18 U.S.C. § 798(a); 50 U.S.C. § 421(a); 42 U.S.C. § 2274(b), 2014。

[11] 18 U.S.C . § 641; 18 U.S.C . § 793.

[12] *United States v. Morison*, 844 F. 2d 1057, 61 (4th Cir. 1988).

[13] *United States v. Morison*, 844 F. 2d 1057, 31, 61. 另见 Dmitrieva, "Stealing Information"。

[14] 18 U.S.C. § 793(g). 概述参见 Vladeck, "Inchoate Liability and the Espionage Act," 231-32; Lee, "Probing Secrets"。参见 "Another Chilling Leak Investigation," *New York Times*, May 21, 2013。

[15] 18 U.S.C. § 793(e).

[16] *United States v. Rosen*, 445 F. Supp. 2d 629 (E.D. Va. 2006). 另见 Lee, "Probing Secrets," 171-72; Epstein, "Balancing National Security and Free-Speech Rights," 504-5; "Prosecuting the Press," 1013-15。

[17] *Branzburg v. Hayes*, 408 U.S. 665, 24 (1972).

[18] Siegel, "Trampling on the Fourth Estate," 507. 另见 28 C.F.R . § 50.10。

[19] Lee, "Probing Secrets," 162. 参见 Charlie Savage and Leslie Kaufman, "Phone Records of Journalists Sized by U.S.," *New York Times*, May 13, 2013。

[20] *In Re Special Counsel Investigation*, 332 F. Supp. 2d 26 (D.D.C. 2004); *In Re Special Counsel Investigation*, 338 F. Supp. 2d 16 (D.D.C. 2004).

[21] Pearlstine, *Off the Record*, chap. 6.

[22] *In Re Grand Jury Subpoena*, 397 F.3d 964, 968-72 (D.C. Cir. 2005). *New York Times Company v. Gonzales*, 459 F.3d 160, 38-40, 48 (2nd Cir. 2007), *United States v. Sterling*, No. 1:10cr485, 2011 WL 4852226 at 13-15 (E.D.Va. 2011).

[23] *Near v. Minnesota* 283 U.S. 697, 29 (1931).

[24] *New York Times Co. v. United States*, 714.

[25] *New York Times Co. v. United States*, 720.

[26] *New York Times Co. v. United States*, 730 732.

[27] *United States v. Progressive*, 486 F. Supp. 5, 7 (W.D. Wis. 1979).

[28] 42 U.S.C. § 2280.

[29] *United States v. Progressive*, 467 F. Supp. 990, 994 (W.D. Wis. 1979).

[30] *United States v. Progressive*, 467 F. Supp. 1000.

[31] *New York Times Co. v. United States*, 721, 730, 734-38, 745, 752, 754. 18 U.S.C. § 794(b); 18 U.S.C. § 797.

[32] *New York Times Co. v. United States*, 738-39. 怀特法官的立场，参见 *United States v. Rosen*, 638-39。

[33] *New York Times Co. v. United States*, 730, 745, 751, 759.

[34] *New York Times Co. v. United States*, 721.

[35] Edgar and Schmidt, "The Espionage Statutes and the Publication of Defense Information," 1033; Posner, *Not a Suicide Pact*, 109.

[36] 关于这一点，参见 Interdepartmental Group on Unauthorized Disclosures of Classified Information, *Report*; Hurt, "Leaking National Security Secrets," 9-18。

[37] Bruce, "How Leaks of Classified Intelligence Help U.S. Adversaries," 400; Commission on the Intelligence Capabilities of the United States Regarding Weapons of Mass Destruction, *Report*, 381. 另见 Hamilton and Inouye, *Report*, 578。

[38] Stanley Johnston, "Navy Had Word of Jap Plan to Strike at Sea," *Chicago Tribune*, June 7, 1942.

[39] Frank, "The United States v. the *Chicago Tribune*". 另见 Schoenfeld, *Necessary Secrets*, 135-39。

[40] Aid, *The Secret Sentry*, 152-53; Andrew, *For the President's Eyes Only*, 359.

[41] Katherine Graham, "Safeguarding Our Freedoms As We Cover Terrorist Acts," *Washington Post*, April 19, 1986. 其他案例，参见 David Ignatius, "When Does Blowing Secrets Cross the Line?" *Washington Post*, July 2, 2002; Cater, "News and the Nation's Security," 26-27; Xanders, "A Handyman's Guide to Fixing National Security Leaks," 783; Abel, *Leaking*, 36。

[42] Bovens, *The Quest for Responsibility*, 150-51, 195.

第四章　法律应该赦免未经授权披露吗？——火警式监督与合法性问题

[43] Dallek, *Nixon and Kissinger*, 350–52; Isaacson, *Kissinger*, 380–90. 其他案例，参见 Feldstein, *Poisoning the Press*, chap. 8。

[44] Kitrosser, "Classified Information Leaks," 885; Cheh, "Judicial Supervision of Executive Secrecy," 731; Ballou and Mcslarrow, "Plugging the Leak," 885.

[45] Stone, "Free Speech and National Security," 961; Coliver, "Commentary on the Johannesburg Principles," 63–68.

[46] Katz, "Government Information Leaks," 121.

[47] Kitrosser, "Classified Information Leaks," 896; Ballou and Mcslarrow, "Plugging the Leak," 885; Stone, "Free Speech and National Security," 961.

[48] Borjesson, *Feet to the Fire*, 211.

[49] Nelson, *U.S. Government Secrecy*, 23. 另见 "CIA Looks to Los Angeles for Would-Be Iranian Spies," *Los Angeles Times*, January 15, 2002。

[50] Nelson, *U.S. Government Secrecy*, 23. 其他案例，参见 Aldrich, "Regulation by Revelation," 31–32。

[51] *Knopf v. Colby*, 1368.

[52] Katz, "Government Information Leaks," 145; Stone, *War and Liberty*, 154.

[53] Charles Fried, "Why Leakers should Be Punished," *New York Times*, June 18, 2012. 另见 Bovens, *The Quest for Responsibility*, 167-168。

[54] Bevier, "The Journalist's Privilege," 475.

[55] Nelson, *U.S. Government Secrecy*, 25. Tim Weiner, "CIA Reexamines Hiring of Ex-Terrorist as Agent," *New York Times*, August 21, 1995.

[56] 正如媒体评论家雷纳塔·阿德勒（Renata Adler）观察到，最近几十年，匿名披露的作用已经"完全颠倒了"。过去为线人保密的目的是让无权者畅所欲言，而不必担心当权者的报复，但最近"媒体上几乎所有的'匿名消息来源'……都曾是政府某官员，或是敌对人士"。参见 Canaries in the Mineshaf, 27。另见 Overholser, "The Seduction of Secrecy," 35–36; Klaidman and Beauchamp, *The Virtuous Journalist*, 197-99; Abel, *Leaking*, 61。

[57] 李的案例，参见 Matthew Purdy and James Sterngold, "The Prosecution Unravels: The Case of Wen Ho Lee," *New York Times*, February 5, 2001。哈特费尔的案例，参见 Eric Lichtblau, "Scientist Offially Exonerated in Anthrax Attacks," *New York Times*, August 8, 2008; Nicholas D. Kristof, "Media's Balancing Act," *New York Times*, August 28, 2008。普莱姆的案例，参见 Barton Gellman and Dafna Linzer, "A 'Concerted Effort' to Discredit Bush Critic," *Washington Post*, April 9, 2006; Maureen Dowd, "Woman of Mass Destruction," *New York Times*, November 10, 2005。

[58] Eric Boehlert, "How the New York Times Helped Railroad Wen Ho Lee," *Salon*, September 21, 2000, online at http://tinyurl.com/8urxu6x. 相关案例，参见 Lee v. Department of Justice, 413 F.3d 53 (D.C. Cir. 2005); *Hatfil v. Ashcrof*, 404 F. Supp. 2d 104 (D.D.C. 2005); *In Re Special Counsel Investigation*, 332 F. Supp. 2d 26 (D.D.C. 2004)。

[59] Michael Gordon and Judith Miller, "U.S. Says Hussein Intensifies Quest for A-Bomb Parts," *New York Times*, September 8, 2002. 其他案例，参见 Finnegan, *No Questions Asked*, chap. 4; Hoyle, *Going to War*, chap. 16。其他概述，参见 Isikoff and Corn, Hubris。

[60] Massing, "Now They Tell Us."

[61] *Supporting Intelligence and Law Enforcement Programs*, H.Res. 895, 109th Cong., 2006.

[62] 此类提案，参见 Morse, "Honor or Betrayal?" 445–46。

[63] Department of Justice, "Access to Classified Information," November 26, 1996; *Department of the Navy v. Egan*, 527. 另见 *New York Times Co. v. United States*, 729-30。

[64] House Permanent Select Committee on Intelligence, *Intelligence Community Whistleblower Protection Act of 1998*, H. Rep. 105747, 105th Cong., 2nd Sess.,1998. 另见 Senate Permanent Select Committee on Intelligence, *The Disclosure to Congress Act of 1998*, s. Rep. 105-165, 105th Cong., 2nd Sess., May 20, 1998 (Statement of Randolph D. Moss)。

[65] "S. 372, The Whistleblower Protection Enhancement Act of 2009", *Hearing Before the Senate Homeland Security and Governmental Affairs Committee*,111th Cong., 1st Sess., 2009, 52–54 (statement of Danielle Brian).

[66] Wheeler and Healy, *Yankee from the West*, 33–34; "Media Incentives and National Security Secrets," 2242, fn. 102. 另见 Ritchie, *Reporting from Washington*, 22。

[67] Knott, "Eecutive Power and the Control of American Intelligence," 174.

[68] Levinson, *Outspoken*, chap.1; Tim Weiner, "Guatemalan Agent of CIA Tied to Killing of American," *New York Times*, March 23, 1995.

[69] Jason DeParle, "Bob and Bianca to the Rescue," *New York Times*, June 4, 1995.

[70] Katz, "Government Information Leaks," 110–11, fn. 5.

[71] *Prewar Intelligence Assessments on Iraq*, 484–85 (Additional views of Senator Dianne Feinstein).

[72] Sunstein, "Government Control of Information," 904. 另见 Kitrosser, "Classified Information Leaks," 905–16; Posner, *Not a Suicide Pact*, 110。

第四章　法律应该赦免未经授权披露吗？——火警式监督与合法性问题

[73] Henkin, "The Right to Know and the Duty to Withhold," 278-79. 另见 Bevier, "An Informed Public," 512-14。

[74] Stone, "Free Speech and National Security," 961.

[75] Kitrosser, "Classified Information Leaks," 913-15.

[76] *New York Times Co.v. United States*, 722-23, fn. 3, 762-63.

[77] Kitrosser, "Classified Information Leaks," 913.

[78] *United States v. Progressive*, 996.

[79] *United States v. Progressive*, 998.

[80] "Press: Letter Bomb," *Time*, october 1, 1979. "《进步》杂志案"的判决结果让法院有强有力的审慎理由，避免对未经授权披露作出裁决，因为在互联网时代，它们迫使出版商服从命令的手段越来越少。

[81] *Report of the Commission on the Intelligence Capabilities of the United States*, 381.

[82] Bruce, "How Leaks of Classified Intelligence Help U.S. Adversaries," 402; Ballou and Mcslarrow, "Plugging the Leak," 801-2.

[83] Olmstead, *Challenging the Secret Government*, 73.

[84] *Military Audit Project v. Casey*, 656 F. 2d 724 (D.C.Cir. 1981) and *Phillippi v. Central Intelligence Agency*, 655 F. 2d 1325 (D.C . Cir. 1981).

[85] Olmstead, *Challenging the Secret Government*, 73.

[86] Olmstead, *Challenging the Secret Government*, 70.

[87] "The Great Submarine Snatch," *Time*, March 31, 1975; Schwartz, *Atomic Audit*, 248.

[88] Colby, *Honorable Men*, 418.

[89] 这并非假设。在二战期间，对《芝加哥论坛报》的法律诉讼被撤销，原因是担心高调的起诉会导致日本人改变海军最近破译的密码。参见 Schoenfeld, *Necessary Secrets*, 137-38. 同样，1975年福特政府决定不起诉揭露了"霍利石行动"的西摩·赫什，以免引起苏联人的警觉。参见 Olmstead, *Challenging the Secret Government*, 75-76。

[90] Betts, *Enemies of Intelligence*, 181.

[91] Martin Sieff, "Terrorist is Driven by Hatred for U.S.,Israel," *Washington Times*, August 21, 1998.

[92] Benjamin and Simon, *The Age of Sacred Terror*, 261.

[93] *Final Report of the National Commission on Terrorist Attacks upon the United States*, 127.

[94] Keefe, "The Challenge of Global Intelligence Listening," 25, fn. 9.

[95] Hoekstra, *Secrets and Leaks*, 2; David E. Rosenbaum, "Bush Account of a Leak's Impact Has Support," *New York Times*, December 20, 2005.

[96] Jack Shafer, "Don't Blame the Washington Times," *Slate*, December 21, 2005, online at http://tinyurl.com/chdkdnt.

[97] Glenn Kessler, "File the Bin Laden Phone Leak under 'Urban Myths,'" *Washington Post*, December 22, 2005; Glenn Kessler, "On Leaks, Relying on a Faulty Case Study," *Washington Post*, December 23, 2005.

[98] Bergen, *The Osama Bin Laden I Know*, 397.

[99] Bill Gertz and Rowan Scarborough, "Inside the Ring," *Washington Times*, December 23, 2005.

[100] Kessler, "File the Bin Laden Phone Leak Under 'Urban Myths'".

[101] Gertz and Scarborough, "Inside the Ring."

[102] Porter Goss, "Loose Lips Sink Spies," *Washington Post*, February 10, 2006.

[第五章]
我们应该依靠吹哨人吗?
——违抗与报复问题

我在第四章中提到,法律不应该赦免未经授权披露涉密信息,因为官员们并非总能判断哪些披露符合公众利益;倘若有人鲁莽行事或恶意为之,也很难追究其责任。但这并不意味着官员们永远都没有理由作出未经授权披露。如果一名官员得知的涉密信息可以揭露不当行为,那么他完全有理由违抗禁止披露涉密信息的法律。但什么才算是不当行为呢?不当行为在何时才能成为官员向记者和出版商披露涉密信息的正当理由?这些是我们接下来必须思考的问题。

何时吹哨?

官员在有理由违抗法律进行未经授权披露涉密信息之前,必须满足以下五个条件。首先,披露必须揭示不当行为。但什么才算是不当行为?官员不能根据自己的道德、宗教或政治观点来评估不当行为,原因有两个:第一,与那些心怀良知但心生不满的应征士兵不同,这名官员很可能自愿接受涉密信息的委托(而且很可能有明确的条件,她不能作出未经授权披露)。因此,如果总统的秘密活动和政策违背她的良心,其应该辞职而不是公布总统的行动和政策。她有忠诚于雇主的义务——只有面临更重要的

秘密与泄密 [美国国家保密的困境]
Secrets and Leaks: The Dilemma of State Secrecy

义务,即使是她的雇主也承认这种义务是合法的情况下,她才能无视忠诚的义务。[1] 第二,她违抗命令的潜在不利后果将不仅由她一人承担,还将由她危及的其他公民一同承担。正如亚历山大·比克尔所写未经授权披露是一种"强加的"道德胁迫行为。[2] 由于未经授权披露的官员给同胞们造成了负担,因此必须从侵犯**共同利益**的角度来评价其不当行为。

然而,共同利益往往会发生冲突。例如,一个秘密监控计划可能会侵犯公民的隐私(privacy of citizens),但同时也能维护公共安全(public safety)。那么,参与这个计划的官员要如何确定是否存在不当行为?这位官员不能仅仅因为**她**认为同胞会觉得隐私比安全更重要,就判定总统侵犯了共同利益。这种做法忽视了事实——在如何平衡共同利益的问题上,尤其是在许多不确定条件下,人们往往存在分歧。例如,不仅是我们应该在多大程度上重视安全而非隐私的问题上存在分歧,在监控计划对安全的实际贡献上也存在分歧。分歧的普遍性正是我们重视和运用投票和代表的原因——我们可以通过这些程序得出集体意义上什么才是符合公共利益的结论。

可以说官员不能依赖自身见解来平衡相互冲突的共同利益——因为我们授予总统而非她来代表我们作出决定——只有当总统的行事范围超出授权,该官员才可以揭发不当行为。[3] 举例说明,假设官员发现有证据显示秘密监控计划被总统用来监视政治对手而不是安全威胁(法律授权后者而不是前者),她可能有理由得出结论:总统越权了。

但是,公共权力的界限总是清晰吗?在某些情况下确实如此。假设某官员发现总统掩盖事实,招募了一些人来偷窃政敌办公室。该官员毫不怀疑自己正在目睹公共权力的严重滥用。但是,当我们考虑总统可能在战争和冲突中下令采取的措施时,情况就变得扑朔迷离了——例如使用强化审讯技术或对公民使用欺骗手段。这种违法或法外行为应该**始终**都被视为足以构成未经授权披露的不当行为吗?

一些学者持肯定态度。例如,杰弗里·斯通曾声称:"如果公众对了

第五章 我们应该依靠吹哨人吗？——违抗与报复问题

解某政策或计划的需求超过政府保密的利益，该保密政策或计划在实际上就是非法的。"[4]但这似乎太过轻率了。我们可以设想这样一种情况：总统可能会从事议员没有授权甚至禁止的行为；但如果议员了解情况，他们**就会**授权。例如，假设联邦调查局逮捕在纽约策划自杀式爆炸的恐怖组织头目。有证据表明，拘留该头目的消息可能会促使组织的其他成员立即执行预定计划。于是总统在不通知任何人的情况下，下令将这名恐怖分子单独监禁。[5]现在想象一下，单独监禁设施的主管发现了这个囚犯没有记录在案。这位主管有理由认为总统滥用了权力吗？答案肯定是视具体情况而定。就像前面讨论的秘密监控计划一样，在判断总统是否滥用职权之前，单独监禁设施的主管必须考虑许多变量。例如，她需要调查最高法院和国会是否已经宣布永远禁止预防性拘留（或者他们是否授予总统在此类问题拥有一些自由裁量权）？是否有理由相信这个囚犯真的是恐怖分子头目（而不是无辜平民）？是否有证据表明该囚犯受到虐待（而不只是被单独监禁）？秘密拘留有时间限制吗（或者看起来没有限制）？至关重要的是，总统是准备为他事后的决定负责（还是为了掩盖整个事件而销毁记录）？

简而言之，问题在于由于冒险行使行政权力的情况通常发生在复杂而迅速的事件中，官员无法依靠不当行为的严格定义去判断情况。在确定一起表面上看起来是违法的行为是否构成真正的权力滥用，她需要考虑更广泛的背景。换句话说她需要评估总统的行为是否符合授予他的权力，即他是否遵循了法律精神（而不是字面意思）。

这种确定不当行为是否发生的程序也有缺陷。由于秘密情报通常是分级的，下属官员可能会发现自己缺乏详细的相关信息，无法确定总统是否真的在滥用职权。这可能会导致她陷入困境，注意到总统明显违法的行为，但实际上却无法确定他是否真的滥用职权。也许会使她服从实际上她有理由违抗的命令。然而，有一些方法可以绕过这个障碍。如果有明显的证据表明总统的行为违反了法律（例如，总统声称必要的秘密拘留是合理的，但实际上他正在销毁证明这种必要性的记录），下属官员就有充分的理由相信发生了严重问题。此外，下属官员如果缺乏查明政府是否发生不当行为所需的信息，也不必保持沉默；相反，她的立场会迫使自己去接触那些可能掌握她所缺乏信息的官员。

相关信息的缺乏并不是确定表面不当行为是否真的构成权力滥用的唯一障碍。还有一种可能是，道德和政治上的分歧将导致公共权力在合法范围内出现差异。例如，假设监禁设施主管认为，总统监禁恐怖组织头目的决定违反了国会通过的法律。主管是否认为这种违法行为是滥用职权，取决于她是否认为总统在紧急情况下有权违反法律。毋庸置疑，我们在这个问题上很难达成共识。然而，一旦我们认识到理智的人可能对某项违法行为是否构成权力滥用有不同的意见，那么很明显，即使未经授权披露揭示了公然违反法律的行为，也可能引起争议；因为一个人认为是不当行为，其他人不见得也这么认为。正如我们将讨论，这种担忧并不意味着只有在公众一致认为发生滥用职权的情况下，官员才能作出未经授权披露。相反，公众对公共权力的合法界限普遍存在分歧，这对官员何时作出未经授权披露施加了义务——她应该表明自己的身份以便公众（可能还有陪审员）能够审查她的动机。

到目前为止，我一直认为只有当官员遇到不当行为（理解为公共权力滥用）时，她才有理由作出未经授权披露。这只是未经授权披露必须满足的三个门槛条件之一（且只是五个条件之一）。第二个门槛条件是，未经授权披露必须建立在清晰和令人信服的证据之上，而非道听途说或零碎的证据。当公正的观察者可能从中得出同样的推论时，证据就是清晰而令人信服的。这个条件的原因很简单：因为作出未经授权披露的某官员会可能危及其同胞，除非她能拿出公众必定会接受的证据，否则她没有理由将他们置于险境。基于上述原因，对于她所揭露的表面不当行为是否真的是滥用权力的情况，人们可能存在分歧。然而，证据本身应该清晰而有说服力。回到之前的例子，官员必须有证据证明这个秘密监控计划**实际上**是用来监视政治对手，她才能披露计划的存在。总统监视政治对手的行为是否确实

第五章 我们应该依靠吹哨人吗？——违抗与报复问题

构成权力滥用，取决于公民和国会议员随后分析的相关变量（例如，调查可能会显示，总统有充足理由相信其对手正与外国势力暗中勾结，通知国会可能会使他在参议院的对手警觉）。但是，监视政治对手的证据应该是清晰和令人信服的——例如，必须有日志、实物证据或可信证人的证词。

第三个门槛条件是未经授权披露不应给国家安全带来过度或不成比例的负担。官员不应当为了揭露真相而不惜任何代价进行未经授权披露。在某些情况下**即使**有清晰和令人信服的违法证据，作出未经授权披露亦是不可取的。如果该国正处于战争状态，或正在进行某项谈判以制定影响深远的条约，这些情况最有可能发生。在这种背景下令人尴尬的或可定罪的信息披露，会危及该国的战略或外交利益，其影响之大足以超过公众揭露不当行为的利益。因此，在进行未经授权披露之前，官员必须说明她的行为可能造成的危害。她应该注意那些具体、迫在眉睫的严重威胁，而不是模糊、遥远的威胁，因为只有前一类威胁才比让公众知道行政机构存在严重不当行为更加重要。例如，假设某官员发现，为获取情报关押在监狱里的恐怖分子受到了严刑拷打。如果我们有理由认为这些信息的披露构成了具体、迫在眉睫的严重威胁，比如恐怖分子的同伙极有可能通过折磨俘获的美国平民进行报复，那么该官员应该避免在平民被释之前公开披露该信息。但她的最终决定必须取决于事实情况。如果不当行为本身可能会产生具体、迫在眉睫的后果，比如根据恐怖主义分子为避免遭受酷刑而提供的虚假情报，国会即将宣战，那么她将有理由根据相称原则作出未经授权披露。

因此，某官员有理由作出未经授权披露之前必须满足三个门槛条件：一是考虑公共权力滥用；二是基于清晰和令人信服的证据；三是不会对公共安全构成严重的威胁。在官员有理由违抗禁止未经授权披露的法律之前，还有两个必须满足的条件，这两个条件涉及应该由**谁**，以及应该**如何**作出披露。

第一个条件要求官员应当使用**最温和**的披露手段。由于披露涉密信息可能危及国家安全，官员有义务尽量限制披露范围和规模以减少危害（当然需要提醒其他人注意表面的不当行为）。这个条件的第一步是官员必须调查是否有可能在行政机构范围内进行未经授权披露，因为这将防止涉密信息透露给未经授权的人。[6] 这种披露避开标准报告程序，以便让本部门主管（或者为此目的任命的官员，比如监察长）直接注意到非法行为。这一要求对于级别较低的官员尤其重要，因为如前所述，他们可能缺乏必要的相关信息来确定是否真的存在权力滥用。通过与高级官员接触，下属即使无法更细致地了解广泛的攸关利益，至少也能确保本部门高层知道相关的不当行为，并且不认为这明显是错误行为。[7]

但是，官员们必须**总是**向高级官员披露吗？一些议员和学者似乎也这么认为。例如加布里埃尔·舍恩菲尔德写道："发现了政府不当行为的官员，绝不应该纵容违法行为继续发生。"但他认为，他们必须以法律规定的方式发出警报，特别是必须遵守吹哨人法规（whistleblower statutes），"该法规为公务员报告犯罪提供了清晰可行的程序，并确保他们的投诉得到适当妥善的处理"。他强调这些程序"不包括通过《纽约时报》头版向世界其他地区……泄露重要秘密"[8]。

这个要求是否完全合理？我们有理由提出反对意见。最直接的原因是高级官员为包庇他们的同谋或避免出现丑闻，会忽视或压制吹哨人的投诉。[9] 这种情况下限制吹哨人只能通过官方渠道（official channels）披露，会使得不当行为不为人知。此外，如果吹哨人的同事和领导对她进行报复，内部报告不当行为可能会导致她缺乏外界支持。因此，通过内部渠道（internal channels）限制吹哨人可能会制止官员报告不当行为。最后，在部门内发出警报可能会为违法者提供销毁犯罪证据的机会。[10] 因此，以这种方式限制吹哨人也可能会破坏执法。

这么看官员似乎没有义务只在内部吹哨。当然，他们必须经常调查是否可以在内部吹哨。这需要评估上述担忧。她的投诉会被听到吗？她有可能会受到严厉惩罚吗？违法证据会被销毁吗？如果这些担忧可以忽略不计，那么她应该利用官方渠道吹哨。但即使这些担忧变得更加引人

第五章　我们应该依靠吹哨人吗？——违抗与报复问题

注目，她仍然有义务调查所有不公开披露的合理替代方案。例如，如果真的存在报复威胁，她可能会考虑是否可以进行匿名投诉（anonymous complaint）。

但假如官员已经用尽所有合理的替代方案呢？回到前面的案例，假设参与秘密监控计划的官员得知内部投诉（internal complaints）引发了上司的严厉回应（例如，一位抱怨总统不应监视其政治对手的同事被立即解雇）。鉴于这一事件，该官员决定她有理由将此事提请外部人员注意。但这是否意味着她现在有理由向记者和出版商披露涉密信息？一些议员认为当内部吹哨（internal whistleblowing）很有可能无效甚至适得其反时，官员应当接触议员，而非记者和出版商。因为前者可以利用谨慎的监督程序（如内部听证会或调查）防止涉密信息的广泛传播。这种要求是否更为合理？

我不这么认为，或许议员也无法调查到不当行为的证据，尤其是当国会多数党与总统来自同一政党的时候。在这种情况下，议员有明显的动机忽略或轻视不当行为的证据。即使大多数议员**并非**来自总统的政党，也会出现同样的结果。总统表面上的对手或者会因为偶然的政治原因而保持沉默——例如，为避免被攻击不爱国，他们决定不公布令人尴尬或有罪的信息；或者因为他们已经被要监管的机构领导层"俘获"，因此选择保持沉默。[11] 即使愿意或有动机质疑总统，他们的调查也可能因为总统有权向国会隐瞒信息而陷入停滞。更糟糕的是他们会选择性地披露涉密信息以转移公众的指责，或掩盖自己的阴谋或疏忽，从而扭曲公众对总统政策和决策的理解。

因此，官员似乎只有义务调查向国会披露涉密信息是否可能导致国会认真调查总统活动的适当性。如果出于偶然的政治原因而使她的披露受到压制，或者由于总统拒绝与国会进一步分享信息而导致她的披露无效，那么她将有理由未经授权向记者和出版商披露信息，以提醒公民注意不当行为以及国会的监管失责。事实上，如果她有充分理由相信议员很可能与高级官员串通一气掩盖事实真相，或者有选择地披露证据以掩盖自己的失职，那她完全有理由绕过国会。不过,用最温和手段的宽泛义务将始终存在。吹哨人只能披露必要的涉密信息,以说服公民相信滥用职权的存在。

我们现在已确定,第一章所述的反对未经授权披露的理由并不完全正确。在某些条件下,特别是当我们有充分理由相信议员不会对总统的非法或法外行为进行严苛的审查时,官员将有理由向记者和出版商作出未经授权披露。然而,我们并没有列出相关官员在作出未经授权披露前必须符合的全部条件。我们现在看到的第五个条件,也是最后一个条件将使这一情况变得极为复杂。

官员必须满足的最后一个条件是,她必须愿意公开身份。对于这里讨论的各种条件,这个条件背后的原因可能是最不明显的。正如吉恩·詹姆斯(Gene James)问道,"当不当行为发生时",我们为什么需要知道吹哨人的身份?[12] 西塞拉·博克给出三个原因。第一,公开披露对那些被指控不当行为的人更公平,否则这些人"将很难在匿名对手面前为自己辩护"。[13] 第二,公开披露更有可能有效揭露不当行为,因为"公开声明的内容更容易被核实"。[14] 第三,公开披露可以让观察人士研究吹哨人的动机。[15]

博克的前两个观点并不完全具有说服力。正如弗雷德里克·埃利斯顿(Frederick Elliston)指出,调查人员有责任对不当行为的指控进行公正和彻底的调查。只要他们尽到自己的责任,对公平和效率的关注就会变得不那么紧迫,所以是否知道吹哨人的身份并不那么重要。[16] 当然如果指控被证明是毫无根据的,吹哨人的身份也会被揭露,但我们要求吹哨人提供表面不当行为的清晰且令人信服的证据,以防止出现这种情况。不能提供这些证据的吹哨人显然会有强烈的动机隐藏其身份,但调查人员有理由轻视她的指控,实际上会试图揭开她的身份(如果她的身份被公开,法律面前她将失去道德辩护)。

如果吹哨人已经提供了不当行为清晰而令人信服的证据,为什么还要公开自己的身份呢?博克认为吹哨人应该公开身份第三个原因,就是能让公众(也可能是陪审员)审视她的动机。这一原因并非没有受到质疑。许

第五章 我们应该依靠吹哨人吗？——违抗与报复问题

多学者认为吹哨人的动机是次要的；真正重要的是吹哨人是否披露了不当行为。例如，詹姆斯反驳道："从公共利益的角度来看，没必要让吹哨人的动机值得称赞。"[17] 詹姆斯的反对意见在"常规"吹哨的背景下比在当前的背景下更有意义，原因有二。首先，与违反保密合同的"常规"吹哨不同，"国家安全吹哨人"既违反保密合同，也违反刑法。人们普遍认为，一个人如果基于道德原因而违抗法律，就应该公开其行为，以便让其他公民核实她是否出于善意。[18]

其次，由于公共权力的合法界限存在广泛分歧，对于表面不当行为是否真的构成权力滥用，人们往往会存在争议。例如，假设我们前面讨论的监狱主管是行政权力的支持者，她可能会判断总统秘密拘留恐怖组织头目的决定并非滥用权力；但如果她是公民自由主义者，那可能就会得出相反的结论。由于表面不当行为是否确实构成权力滥用可能存在分歧，那我们如何确定监狱主管并非只是以总统犯下"严重错误"为由而声称有理由作出未经授权披露，但其实她的真实意图是要推翻出于部门或个人原因而不喜欢的政策？鉴于这种可能性，我们有必要研究吹哨人是否出于正直的品德行事。特别是我们需要调查吹哨人是否公正无私地看待行政机构的不当行为——她是否是狂热的党派分子，以吹哨为幌子，将披露涉密信息作为促进部门利益或推进个人价值观的手段。

有一个例子会使这一点更清楚。假如总统认为入侵一个即将研制出可怕生化武器的国家符合美国利益。但他无法向民众传达局势的紧迫性，因为这样将暴露美国对该国生化武器计划的了解程度，反过来也会使该国保护其设施不受轰炸。他也不能把这个秘密情报告知国会，因为国会里有一群激进的民主党人会披露这些情报，以促进"全面和自由的公众讨论"。然而，如果总统不向公民和议员传达局势的紧迫性，他们就不太可能批准入侵行动，因为他们对军事行动兴趣寥寥。面对这一困境，总统决定利用欺骗手段。在提出入侵理由时，他向公民和议员们保证伤亡人数将会降到最低。因为他相信一旦入侵结束，就能够安全地揭露生化武器的存在。到那时公民和议员们就会认同他使用欺骗手段是正当的。但就在总统提出入侵理由后不久，一份匿名披露显示他的一些顾问曾以可能造成重大伤亡为由反对入侵。匿名披露的官员声称他违反法律，是因为认为总统严重滥用职权，在可能造成人员伤亡的问题上欺骗了公民和议员。这一披露引发巨大的争议，入侵计划也被取消。

想象一下，假如有调查显示上述披露源自某内阁办公室官员，她收到了某些公司的竞选捐款，一旦发生战争，这些公司在目标国家的投资就荡然无存。公民和议员（可能还有陪审员）了解这一事实会有何益处？如果知道这一点，他们将可能调查该官员判断总统滥用权力的依据：是基于公共权力的合法范围，还是为讨好她的竞选捐款人而意欲破坏拟议的入侵。

很多原因显示出于后一种意图的披露是有问题的。最直接的原因是这种披露会危及国家安全，因为它会迫使支持军事行动的官员为重申其主张的价值，进一步披露涉密信息。此外这种披露也破坏了信任，因为我们希望官员们尤其在拥有获取涉密信息的特权时能优先考虑公共利益而非部门或企业利益。这类披露还具有欺骗性，因为它真正的目的是保住竞选捐款人的财富——如果这种目的被公之于众，其政策可能无法得到支持。（与总统的欺骗政策不同，如果发现生化武器真的存在，它将经受住这样的考验。）如果内阁办公室官员认为她的政策会得到公众的支持——也许她认为竞选捐款人与公众拥有共同利益（"对通用汽车有利，就是对美国有力"）——那么她应该基于这些理由公开反对战争，而不是假装担忧总统会欺骗公众。

因此，秘密披露的麻烦在于公众难以辨别匿名披露是为谁服务，很难采取恰当的措施防范被操纵的可能。（与其他可监控的影响源方式相比：比如登记选举资助，公众能够追溯金钱对决策的影响。）[19] 但是，我们总是需要知道未经授权披露背后的动机吗？当然不是。在这里我们应该区分**严重或明显**的不当行为与**可疑或表面**的不当行为。前者涉及明目张胆地滥用职权，其行为不可能从公共利益的角度为之辩护，包括严重的玩忽职守、

第五章 我们应该依靠吹哨人吗?——违抗与报复问题

腐败和滥用警察权力。相比之下,在后一种形式的不当行为中,总统违反了公共利益的法律,其行为的成本和利益可能更接近;在这种行为中,违反法律是否真的等于滥用权力,公众通常会有不同意见。揭露可疑不当行为的吹哨人出于上述原因必须愿意坦白她的动机——因为只有这样,我们才能够确保她的未经授权披露并非旨在秘密推进部门或党派利益。相反,揭露严重不当行为的吹哨人没有义务披露自己的身份,因为在面对严重滥用公共权力方面,她的动机与公众利益相比显得很苍白。此外,揭露严重不当行为的吹哨人有充分的理由避免披露自己的身份,因为有能力做出这种行为的总统也可能会不惜一切代价让她闭嘴。

然而从现实角度来看,这种区分并不是很有意义,因为国家安全吹哨人倾向于揭露可疑的不当行为,而非严重的不当行为。这主要有两个原因。首先,在美国这样发达的工业化国家,严重的违法行为相对罕见("水门事件"就是最佳案例)。其次,当涉及国家安全问题时,总统可以——也确实——将公众利益作为违法的理由。这意味着大多数未经授权披露都会暴露出政府可疑的不当行为,因此我们通常希望国家安全吹哨人主动透露自己的身份。但这种希望带来严重的困境。要求吹哨人透露自己的身份会导致品德正直的官员也不太可能主动揭发。如果暴露身份,这名官员极有可能遭到报复,不见得是来自法律的判决(因为检察官可能选择不起诉她或者陪审团可能使起诉无效),而是来自她的同事和领导,他们也许都对披露导致的负面报道不乐观。这方面的记录无疑令人沮丧。正如迈克·马丁(Mike Martin)所言,"吹哨人的悲惨故事并非例外,这很常见"[20]。被报复的威胁越明显,官员主动揭发的意愿就越弱,尤其是当这名官员只是不当行为的目击者,而不是积极参与者。正如马丁指出,尽管某官员有义务为公众服务,但她也要考虑这可能对其事业和个人生活产生的不利影响。[21]

当然,官员既然**选择**成为一名公务员,就不能只关心自己的利益。因此,她对公众的义务并不只是一遇到麻烦就放弃。特别是当她遇到严重不当行为时，即使付出巨大的个人代价，她也有义务进行揭发。但如上所述，官员实际上不太可能面对这种悲惨的状况，因为她在揭露严重不当行为时没有义务透露自己的身份。真正的困难在于当官员遇到可疑的不当行为，即表面的违法行为时，正如我们看到的，这种违法行为更为常见。我们知道在这种情况下，如果官员决定吹哨，那她有义务透露她的身份。但是她有义务在我们的强制条件下吹哨吗？她没有，因为不当行为的程度，以及公众对此事的兴趣是模糊的。但对她个人而言，后果可能相当负面。因此这位官员有理由吹哨，却没有义务作出吹哨行为。[22]

报复问题

现在我们已经考察了在何种情况下，官员才有理由作出未经授权披露。但这个研究使我们面临一种困境：如果我们认为官员只有在自己愿意透露身份时才有正当理由进行披露，那将面临这样一种风险：被报复的威胁会让她"闭口不言"从而使公民不大可能意识到权力滥用。但是，如果我们认为官员作出匿名披露是正当的，这样她可以避免报复，那么我们就要冒着这样的风险：她披露的目的是为了秘密推进部门利益或将自身价值观强加于公众。很明显，我们无法通过要求官员将未经授权披露直接告知国会来规避这种困境，因为在缺乏公众压力的情况下，议员们可能无法采取行动。我们也不能指望通过让官员**只在**发生严重不当行为时才接触记者和出版商来规避这种困境。这种带有限制性的许可没有抓住重点，因为在国家安全领域的吹哨通常只会暴露一些可疑不当行为，而非严重不当行为。那我们如何克服这种困境呢？

最明显的答案是找到一种保护吹哨人免受报复的方法。她能安全地公开自己的身份，从而使公众能放心相信她的披露。但我们该如何找到免受报复的盾牌呢？一种选择是依靠公众舆论的力量。也就是说官员只有在确

第五章 我们应该依靠吹哨人吗？——违抗与报复问题

定自己的行为可能获得广泛的公众支持时，才应该去揭发不当行为，这样同事或领导就很难对她进行报复。但出于很多原因这种解决方案并不令人满意。因为官员并不总是能够自信地预测公众对她的披露会有什么反应。考虑一下她将不得不应付的各种问题。她的披露会在国会引起轩然大波吗？新闻媒体会开展后续调查吗？总统的新闻发言人能成功转移公众注意力吗？对于这些问题，即使是最老练的政治观察家也无法得出明确答案。当然，当官员的披露暴露出严重不当行为时，她也有理由期待公众的支持。但公开这种不当行为的吹哨人没有义务在第一时间披露自己的身份（记住，我们只有在不清楚她所披露的活动或政策是否真的构成权力滥用时，才有兴趣了解她的身份以及动机）。

另一种保护吹哨人免受报复的方法是依靠法律。但这说起来容易做起来难。尽管长期以来议员们一直努力打击针对吹哨人的报复，但从国家安全吹哨人的角度来看，他们制定的法规并不令人满意。[23]1978年的《公务员改革法案》（Civil Service Reform Act）、1989年的《吹哨人保护法案》（Whistle-Blower Protection Act）和2012年的《吹哨人保护促进法案》（Whistle-Blower Protection Enhancement Act）规定，报复吹哨人的行为是"绝对禁止的"，并建立了权利受到不法侵害的官员可以要求赔偿的机制——这些举措的影响更为深远。[24]然而，这些法规明确将所有"主要职能"是"从事外国情报活动"的政府机构排除在范围之外。[25]此外，这些法规规定的保护并不适用于"被法律明确禁止"的未经授权披露，以及包含"行政命令明确要求为国防或外交事务保密"的信息。[26]换句话说，这些法规实际上只保护普通的吹哨人——那些披露了可能被严格控制但非官方涉密信息的官员。

这并不是说，国家安全吹哨人不享有任何防止报复的法律保护。根据1978年的《监察长法案》（Inspectors General Act，IGA）和1998年的《情报界吹哨人保护法案》，他们也受到一定程度的保护。[27]《监察长法案》设立了监察长，联邦雇员可以向监察长报告潜在的不当行为；《监察长法案》还规定对"向监察长提出投诉或向监察长披露信息的人"采取任何报复行动都是非法的。[28]《情报界吹哨人保护法案》也设立了情报界成员向国会报告不当行为的机制。[29] 尽管《情报界吹哨人保护法案》并不直接保护国家安全吹哨人免受报复，但允许吹哨人在因披露信息而遭到报复的情况下向国会提出申诉。

这些法规承认了国家安全吹哨人面临被报复的威胁。但作为防止报复的保护手段，法规在两个主要方面并不令人满意。首先，法规提供的保护只适用于当官员向其上级报告不当行为时——也就是说她在内部揭发了这件事。这种条件意味着，如果遇到不愿意或没有能力来纠正不当行为的上级，这个官员会受到限制 [30]。因为一旦她决定将不当行为公之于众，就无法在防止被报复这件事上得到法律保护，她不得不在被保护和高效率之间作出选择。换句话说，当前的吹哨人保护措施希望官员报告叛逃员工而非高级官员的不当行为。其次，想要揭发高级领导的官员能否真的指望《监察长法案》所提供的保护，也不容乐观。相反有证据表明，在这种情况下潜在的吹哨人应该注意前"功绩制保护委员会"（Merit Systems Protection Board）特别顾问威廉·奥康纳（William O' Connor）曾给出的建议：官员不要轻易检举政府的不当行为，"除非你即将退休或非常富裕"。奥康纳说："不要抬起你的头，因为它会被风吹掉。"[31]

让我们回忆一下理查德·巴洛（Richard Barlow）的案例。1985年至1989年，巴洛任职于中央情报局，他参与了旨在侦察巴基斯坦核扩散的情报活动。在此期间巴洛第一次与里根政府的政策制定者产生了分歧——他们误导了国会（当时由民主党控制）关于巴基斯坦核扩散的程度，以免国会削减军事和财政援助，这些援助被用来确保帮助巴基斯坦对抗驻阿富汗的苏军。[32] 1989年，巴洛调往国防部部长办公室。大约在同时美国宣布计划向巴基斯坦出售大量F-16战斗机。巴洛准备了一份研究报告，表明计划的军售违反了控制军事出口的法律，因为巴基斯坦人已经知道如何改装F-16战斗机运送核武器。巴洛的行为引起了政策制定者的愤怒，因为他们

第五章 我们应该依靠吹哨人吗？——违抗与报复问题

希望与巴基斯坦政府保持稳定关系。巴洛被勒令停止对军售的调查，不久政策制定者在国会作证称，F-16战斗机**不能**运送核武器。[33] 巴洛愤怒地向其上级抱怨国会被误导了。几乎就在那一刻，他接到了解雇通知，安全许可也被撤销了。[34] 随后他被分配了一系列临时的、琐碎的任务，并且不得不面对长达9个月的调查——因为国防部官员指控他精神不稳定。经过国防部、国务院和中央情报局的调查，这些指控最终被推翻，巴洛重获安全许可。然而，他却无法在政府重新获得永久职位。[35] 随后他向美国联邦索赔法院（United States Court of Federal Claims）提出救济主张，但在司法部声称该案件在不披露国家秘密的情况下不能继续审理，之后该诉讼被驳回。[36]

巴洛的情况并不罕见。[37] 还有西贝尔·埃德蒙兹（Sibel Edmonds）的案例。她在"9·11"事件后不久被联邦调查局雇用，翻译土耳其在美国境内进行间谍活动时被联邦调查局截获的电话记录。埃德蒙兹很快发现自己陷入了一种尴尬的处境——她发现一名土耳其裔同事与他们窃听的组织有关联，并且该同事试图阻止包括埃德蒙兹在内的其他人翻译与这些组织有关的电话内容。2002年12月，埃德蒙兹向其主管提出对这种利益冲突的担忧，上司告诉她"无需担心"。[38] 然而一个月后，联邦调查局的一名特工告知埃德蒙兹，他怀疑他们共同的同事故意谎报了一些电话内容，以保护窃听的目标。埃德蒙兹通过重新查看同事的一些译文证实了这一传闻。在这一发现之后，埃德蒙兹要求对同事进行调查。然而主管拒绝了她的请求，这促使她向联邦调查局的高级官员求助。随后的调查证明其同事是无辜的，之后埃德蒙兹开始指控这些高级官员和她的主管一起包庇其同事，并威胁要公开她的担忧。不久后，她因"扰乱秩序"而遭解雇。[39] 埃德蒙兹随后提起诉讼指控联邦调查局非法解雇，但在司法部援引国家秘密特权后，她的诉讼被驳回。[40] 就在那时，埃德蒙兹将其担忧公之于众。[41] 在公众强烈抗议之后，司法部总监察长被要求调查此事。他的报告得出结论：尽管"埃德蒙兹不是一个容易管理的员工"，但她的许多指控"实际上是有根据的，

秘密与泄密 [美国国家保密的困境]
Secrets and Leaks: The Dilemma of State Secrecy

本应得到联邦调查局更彻底的调查"[42]。报告的结论是，联邦调查局的管理人员没有调查埃德蒙兹的同事，而是将埃德蒙兹"积极追查其指控的不当行为"视为问题所在。[43]随着事态的发展，埃德蒙兹向最高法院提出上诉，要求重新审查司法部对国家秘密特权的使用。然而，法院拒绝这样做。[44]

这些案例表明，下属对高级官员所支持的政策和人员表示异议会付出沉重的代价。这并不是说巴洛和埃德蒙兹是正确的——我在这里就不详细解说这些案例了。[45]更确切地说，问题的关键在于巴洛和埃德蒙兹的遭遇表明，国家安全吹哨人很容易受到国家秘密特权保护、不受外部审查的行政措施的影响——因此，巴洛和埃德蒙兹的遭遇也可能发生在其他人身上。我们还能做什么来保护国家安全吹哨人免受报复？现在在解决这个问题之前，我们要先解决与这些案例相关的可能反对意见。令人担忧的是，巴洛和埃德蒙兹的案例是否代表了大多数国家安全吹哨人的经历？换句话说，是否存在这样一种可能性，即从统计数据上看，这些案例属于异类，而大多数国家安全吹哨人不会经常遭到严厉报复？考虑玛西亚·米塞利（Marcia Miceli）、珍妮特·尼尔（Janet Near）和特里·德沃金（Terry Dworkin）在分析针对普通吹哨人的报复行为时得出的结论。他们观察到"媒体报道案例中的吹哨人遭到的报复可能比普通吹哨人的经历更为严重或不同寻常"，因为基于对联邦雇员随机抽样的调查显示，报复"对联邦吹哨人而言不是必然结果"。吹哨人被报复的比例1980年为17%、1992年为38%，到2003年为44%。[46]尽管这个数据趋势令人沮丧，但米塞利、尼尔和德沃金指出，到目前为止只有不到一半的吹哨人认为自己遭到了报复。

米塞利、尼尔和德沃金的研究还表明，即使针对普通吹哨人的报复行为像"常识"认为得那样普遍，也不一定能阻止官员吹哨。[47]他们指出，不只一项调查显示普通吹哨人再次采取同样行动的意愿似乎"与他们曾被报复的经历无关"。[48]他们还引用了一些研究表明官员们在思考是否吹哨时会考量多种因素，包括吹哨将"导致管理行为发生预期变化"的可能性。[49]举例来说，在一项针对联邦雇员的大规模调查中，80%的受访者表

第五章　我们应该依靠吹哨人吗？——违抗与报复问题

示功效是促使他们吹哨的两个最重要因素之一，而只有40%的人选择保护自己不受报复。[50]

就国家安全吹哨人而言，以上列举的证据是否令人感到乐观？我们有理由对这样的类比持怀疑态度。国家安全吹哨人更容易受到报复，因为与工作相关的保密性意味着——与普通吹哨人不同——他们不能轻易公开自己经历的报复。此外，正如国家安全吹哨人的支持者指出，当吹哨人为国家情报机构效力时，通常针对吹哨人的"敌意"会变成"强迫性敌意"，因为这类机构非常重视忠诚和谨慎。[51]考虑到这一点，我们确实需要对国家安全吹哨人的调查结果进行研究，然后才能判断他们对遭遇报复的担忧是否言过其实。不幸的是，由于情报界的保密性质，这类调查很难推进。假设我们能够证明像巴洛和埃德蒙兹这样的案例属于异类，这会减轻人们对遭到报复的担忧吗？我认为并不会：从统计数据上看，这种案例可能很少见是因为官员们一开始就不愿吹哨。毕竟调查显示，在所有目睹不当行为的雇员中，只有五分之一到三分之一的人会真的去吹哨。[52]我有理由认为这一比例在情报界可能要低得多，因为在情报界保密的存在进一步抑制了吹哨的可能性。此外，尽管巴洛和埃德蒙兹的案例可被证明并不常见，但仍然具有相关性——正如上面提到的，它们表明了与高级官员发生冲突的吹哨人可能会经历什么。

我们能防止报复吗？

我们已经看到，尽管希望那些作出未经授权披露的官员主动透露自己的身份，但这一要求很可能会让他们遭到领导和同事的报复。鉴于这一困境，让我们考虑能否加强目前提供给国家安全吹哨人的保护措施。我们将看到这种想法既不可能也不可取。

近年来，诸如政府问责项目（Government Accountability Project，GAP）

和政府监督项目（Project on Government Oversight，POGO）等声援团体代表国家安全吹哨人，都赞成把情报界的雇员纳入《吹哨人保护法案》的保护伞下——这将允许未来国家安全吹哨人的投诉由功绩制保护委员会和联邦巡回上诉法院受理，而不是由各监察长受理（据称，他们已被证明在保护官员免受报复方面毫无建树）。[53] 这并不是说这些声援团体完全信任功绩制保护委员会或上诉法院。相反他们提到统计数字表明这些机构对提交给它们的案件缺乏同情心。例如，在1999年至2005年期间提交给功绩制保护委员会的30起案件中，吹哨人只有2起胜诉；在1995年至2005年期间提交给上诉法院的96起案件中，吹哨人只有1起胜诉。[54] 尽管有人认为这些统计数字可能仅仅意味着"许多吹哨人理由不充分"，但这些声援团体坚持认为调查结果表明功绩制保护委员会和上诉法院对吹哨人普遍怀有敌意。[55] 与此同时，他们还强烈批评特别检察官办公室（Office of Special Counsel）的表现，该联邦机构负责帮助吹哨人对抗报复。例如，他们援引的一份报告显示，在涉及报复的案件中，寻求特别检察官办公室帮助的81%的联邦雇员，对该机构的整体效率给出了"低"至"非常低"的评级。[56] 他们认为这个统计数字表明当前的体系需要改革，以便更加积极回应吹哨人的顾虑。

支持国家安全吹哨人的改革还有很长的路要走，其中的重要措施包括：减轻吹哨人证明已发生报复行为的举证责任；允许地区法院审理涉及报复吹哨人的上诉；扩大报复行为的定义。[57] 关于最后一个措施，声援团体认为国会应授权功绩制保护委员会和上诉法院审查撤消安全许可的问题。到目前为止，功绩制保护委员会和上诉法院拒绝承担这项任务，因为最高法院在1988年"海军部诉伊根案"中裁定，美国宪法赋予行政机构签发安全许可的权力。[58] 一些评论家称，对于那些想要惩罚吹哨人的领导们来说，"伊根案"已经使撤销安全许可成为领导的"首选武器"——一名官员如果无法获得她履行职责所需的涉密信息，就已经是"被有效地惩罚"了。[59]

毫无疑问，尽管上述机构特征极大地增加了国家安全吹哨人的脆弱

第五章 我们应该依靠吹哨人吗?——违抗与报复问题

感,但我们有理由怀疑声援团体拟议改革的合理性和可行性。这些改革的一个直接障碍是,国家安全界成员提起的诉讼通常涉及秘密证据。正如第二章(以及我们刚刚提到的巴洛和埃德蒙兹)的案例,即使在情报机构雇员抱怨遭受歧视或虐待的情况下,联邦法官也不愿质疑美国司法部援引国家秘密特权。我们已经知道为什么法院不可能在这方面发挥更积极的作用。现在让我们关注拟议改革的另一个缺点,它们基于这样的理念,即确定哪些活动构成不当行为是一件容易的事情。这一假设在医学和工程学等专业领域似乎是合理的。例如承建房屋的人必须遵守规定,建筑师或工程师违反相关技术规则的行为可以被相关员工和外部审计人员客观地识别。相比之下,在国家安全领域,对于违反法律是否真的构成不当行为,以及违法行为是否为未经授权披露提供了正当理由,通常会存在分歧。因此,如果我们制定法律阻止总统解雇那些因认为存在不当行为而披露涉密信息的官员,我们将有效迫使**他**调整自己的政策,以应对下属的反对。然而这种安排是不可取的,原因有二。首先,我们希望由自己选择的总统作出决策,让我们有机会评估他的判断力和性格。其次,总统的下属很可能对构成不当行为的因素持有矛盾观点。这意味着总统将无法采取强硬措施,否则指挥系统中的某人会得出发生了不当行为,因此她有理由进行未经授权披露的结论。最终的结果将是,无论总统决定做什么都不可能继续保密。

有人可能会反对,强有力的吹哨人保护措施无法阻止总统惩戒其下属。相反,它只会使总统对下属的惩戒权取决于法官是否认为下属认定总统行为不当是不合理的。现在进行此类审查很可能有些好处。上级很有可能会等到公众的注意力逐渐淡去之后才会报复吹哨人。在这种情况下,外部审查人员的存在可以为吹哨人提供一定程度的安全,防备复仇的同事。尽管如此,我们至少有两个原因可以解释为什么应该降低对外部审查的预期。请记住公共权力的真正合法界限究竟是什么,往往没有客观的答案。例如,假设一位主管向《纽约时报》透露,总统已经秘密拘留了一名恐怖主义组织头目。法官是否认同主管总统的行为构成不当行为,在很大程度上取决

秘密与泄密 [美国国家保密的困境]
Secrets and Leaks: The Dilemma of State Secrecy

于他是否认同总统对美国宪法的解释。因此，无论总统是否被允许继续惩戒主管，都不一定要依赖某种客观或可预见的标准。相反，法官对美国宪法的解释可能会影响结果。现在如果法官负责决定哪些国家安全信息可以由政府雇员合法披露，那么总统和国会将开始对相关职位的任命特别感兴趣。由总统提名并经参议院批准的地区法院法官的观点，与由总统提名并经参议院批准的现任监察长的观点，会有明显不同吗？

假设我们没有被上述反对意见说服。也许我们应该相信地区法院实际上被迫保护国家安全吹哨人免受其雇主的报复（尽管他们一直厌恶涉猎国家秘密的案件），或者相信即使对行政自由裁量权进行有限的司法审查也总比没有强。引入外部审查是否能终结报复问题？我认为由于报复手段的普遍性和多样性，上述声援团体提出的改革措施的作用仍然值得怀疑。任何组织的日常生活中，都可能会对个人施加广泛的行政和社交惩戒。这些惩戒可以是日常的（例如，在餐厅排斥她）、微妙的（例如，给她分配导致职业生涯停滞的任务）或是狡猾的（例如，给她分配复杂的任务，然后在失败时惩罚她的无能）。[60] 事实证明局外人很难发现并反制这种报复行动。

这一点可以参考约瑟夫·达比（Joseph Darby）的案例，这名军队预备役人员是因"阿布格莱布监狱虐囚丑闻"而出名的吹哨人。达比于2003年10月被分配到阿布格莱布监狱。在抵达监狱后不久，他偶然发现了军事警察同僚虐待伊拉克囚犯的照片证据。他深受困扰，于2004年1月向军队的刑事侦查部门提出匿名投诉。随后的军事调查导致了对虐囚士兵的起诉和定罪，并揭露出国防部长唐纳德·拉姆斯菲尔德曾对阿布格莱布监狱的行为予以赦免。[61] 虽然调查人员曾承诺对达比的身份保密以免其遭到其他士兵的报复，但拉姆斯菲尔德部长在电视新闻发布会上以赞扬他的名义公开了他在这次事件中的角色。[62] 随后达比不得不"被捆绑着运出伊拉克"，并接受"武装保护"。[63] 随后几个月，他获得民间社会团体的奖励和表彰，但也收到了死亡威胁，房产亦遭到破坏。有些人认为他"将美国士兵送进监狱，而不是伊拉克人"。[64] 正如达比家乡的一名退伍军人对《华盛顿邮

第五章 我们应该依靠吹哨人吗？——违抗与报复问题

报》所说："他们想怎么称呼他就怎么称呼他，我叫他老鼠。"[65]最终达比及其妻子不得不去做"除了改变身份以外的任何事情"，包括搬到新城镇和更换新工作。[66]

同样的案例还有前联邦调查局官员科琳·罗利（Coleen Rowley），她于2002年突然成为热点，因为国会议员向媒体披露了一份她写给联邦调查局局长罗伯特·穆勒的备忘录，其中概述了联邦调查局华盛顿总部的官员如何阻止她在明尼阿波利斯办事处调查"基地"组织的萨卡里亚斯·穆萨维（Zacarias Moussaoui），而此次调查有可能避免"9·11"事件的发生。罗利的备忘录得到国会议员和记者的赞扬，他们认为她公正的分析对联邦调查局的管理层提出了"前所未有的指控"。[67]由备忘录引发的公众批评给联邦调查局蒙上一层阴影，迫使局长穆勒对机构的不足之处展开调查。[68]没过多久，罗利就不得不付出代价。尽管在2002年6月她乐观地向国会宣称，她已被保证不会因自己的行为而受到报复，但随后的事情很快"侵蚀了她的信任"。[69]2002年12月，罗利被《时代》杂志评为"年度人物"，在此不久前她承认受到现任和退休的联邦调查局特工的"强烈反对"。报复行动包括即将面临刑事指控的传言，公开批评她的"不忠"，以及非正式的辞职压力。[70]不到两年，罗利就从联邦调查局退休了。

达比和罗利的案例得出的结论是，即使我们实施了GAP和POGO等声援团体提出的改革，也无法保护国家安全吹哨人免受巨大的痛苦和困难。当涉及阻止非正式的报复时，法律所能发挥的作用非常有限。事实上研究过普通吹哨人境遇的学者得出大致相同的结论。这一点最先是罗伯特·沃恩（Robert Vaughn）在三十年前警告《公务员改革法案》的通过时提出的。他说我们在加强用法律手段保护吹哨人这件事上，面临的最大困难是"官僚机构内部很难提供这种保护，因为针对吹哨人的报复要么避开了法律，要么极难证明"。[71]此后马克·博文斯（Mark Bovens）重申了这一观点。他认为，美国保护吹哨人的经验显示，对于局外人来说"彻底理清等级组织中存在的权力差异是多么困难"[72]。他写道，改革家的努力"受到了法

秘密与泄密 [美国国家保密的困境]
Secrets and Leaks: The Dilemma of State Secrecy

律的限制"[73]。

如果学者们对利用法律保护普通吹哨人免受非正式报复这件事持悲观态度，那么在秘密情报机构内部工作的国家安全吹哨人就几乎更没什么希望了。诚然，我们很难知道国家安全吹哨人受到非正式报复的频次。然而在一项针对普通吹哨人的调查中，66%的受访者声称经历过非正式报复；而另一项研究显示，经历过正式报复的普通吹哨人中，87%的人也经历过非正式报复。[74]我们似乎可以公正假设，这种报复行为在国家安全领域的发生率可能更高，因为吹哨人的同事和上司可能会因为知道他们的行为将被保密而变得更加肆无忌惮。[75]

鼓起勇气还是保持匿名？

我们现在已经确定保护吹哨人不受报复是多么困难，特别是非正式的报复。这一发现意味着，尽管在某些条件下未经授权披露涉密信息的行为**可以**是合法的，但官员们缺乏动力去满足必要的条件，尤其是要求主动透露身份这一条件。当然官员们并不总是有义务表明自己的身份。如果未经授权披露揭示了严重的不当行为，就无需披露吹哨人的身份。然而由于之前讨论过的原因，国家安全吹哨人更有可能揭露可疑的不当行为。因此我们必须知道其身份，以便能够仔细审查其动机。但如果官员们没有动机披露自己的身份，那么潜在的国家安全吹哨人很可能要么"忍气吞声"，要么匿名披露。现实是这样吗？我们有理由相信**尽管存在**被报复的风险，官员们还是会愿意以规定的方式进行未经授权披露吗？

我们理应怀揣希望。我们看到尽管有被报复的威胁，但至少有一小部分官员**愿意**主动吹哨。如果我们能够找出促使官员们采取这种做法的原因并加以支持，随着时间的推移，当公务员遇到不当行为时，或许就能够提高他们在任何时候都愿意公开发出警报的比例。为此，麦伦·格雷泽（Myron

第五章 我们应该依靠吹哨人吗？——违抗与报复问题

Glazer）、佩尼娜·格雷泽（Penina Glazer）、菲利普·乔斯（Philip Jos）和彼得·罗宾逊（Peter Robinson）等学者强调，培养"支持和保护"吹哨人的"社会环境"很重要，特别是需要更多、资金更充足的专业支持团体可以为揭露不当行为而危害自身职业生涯的个人，提供建议、募捐资金以及团结公众的支持。[76]

但是这些措施究竟会在多大程度上提高愿意主动吹哨官员的比例呢？尽管这些措施可能会减轻官员们在吹哨**后**所经历的痛苦，但我们很难相信这些措施会对官员们在吹哨**前**产生重大影响。毕竟这种权衡确实相当困难。一位正在考虑吹哨的官员必须设想到她内心的平静可能换来一种不确定且渺茫的可能性，即在政策上取得预期效果，并获得相应的认可。在这种情况下，承担法律成本并不会给天平添加什么砝码。一个人所积累的专业知识、人际关系和社会地位的丧失，才是无法弥补的。特别是在国家安全领域工作的个人不太可能在私人企业轻易找到同样的工作。大多数旨在支持吹哨的提议都隐含着这样一种假设：普通吹哨人的行为是理性成本效益分析的产物。毫无疑问，为吹哨人提供财政激励或报酬的做法可以（勉强地）鼓励官员进行举报。但如果想更广泛地支持吹哨行动，那么我们似乎需要理解并构建个人有能力挑战高级官员的心理过程，即使这实际上对于她而言是不合理的。

这个心理过程可能是什么？有一种观点相当有道理——既然吹哨行为让"一个相对弱小、孤立的个人与一家强大的公司或组织对立"，那么个人是否愿意吹哨必须取决于她的勇气。[77] 正如杰弗里·斯卡雷（Geoffrey Scarre）观察到，吹哨"总是需要道德上的勇气，冒着被排斥不受同事、老板和其他上级欢迎的风险，为自己设立一个无形的职业天花板"[78]。我们能培养公务员的勇气吗？当我们对促使吹哨人冒险的心理动机进行认真思考研究时，面临的挑战是显而易见的。我们提出了两种动机。第一种动机是吹哨人恪守特定宗教或道德价值观的承诺。这一说法在一项针对前吹哨人的大型调查中得到了证实，58%的受访者"不仅表达了对普遍道德准

秘密与泄密 [美国国家保密的困境]
Secrets and Leaks: The Dilemma of State Secrecy

则的支持,而且回应称这些准则应该毫无例外地适用"。[79]另一种动机是吹哨人最终是受到"道德自恋"的驱使。这是弗雷德·奥尔福德(Fred Alford)提出的观点,他认为仅凭同理心或利他主义并不能真正解释吹哨人"为了他人而将自己的生命或生计置于危险境地"的意愿。[80]他的案例研究表明正是"道德自恋"——吹哨人坚信其行为体现了道德——"为人们提供了一种相当自私的动机牺牲表面的客观的自我利益"[81]。

如果吹哨人的动机确实是出于道德信念或道德自恋,然而讽刺的是提高具有这两种特征之一的政府雇员的比例是不明智的。因为倾心于抽象的道德观念,或认为自己的选择是体现道德的人会容易"选择性失明"——他们不太可能理解在政治中(特别是在国际领域中)促进道德事业所需的妥协和让步。这些人可能只是拒绝放弃"按照规定"操作。[82]或者当与应遵守的规则不一致时,他们可能很容易地认为自己对规则的解释更好。这一指控针对的是我们之前讨论过的吹哨人之一罗利。据罗利回忆,她曾向国会投诉,她向高级官员申请过入屋搜查令搜查"9·11"事件嫌疑人的财产,但高级官员拒绝采取行动。然而批评者们却指责她没有意识到法律的复杂性。他们认为联邦调查局的律师拒绝签发她要求的搜查令,是因为她提供的证据不符合美国宪法第四修正案"合理根据"(probable cause)的标准。[83]

这并不是说具有这种强烈道德信念的人不受欢迎。可以说这些"难处的人"(他们有时被这样称呼)构成了国家安全机构内部的重要后盾,因为他们最有可能拒绝容忍那些更"灵活"的同事和领导(比如,野心家与利己主义者)犯下的严重错误,后者可能很容易掩盖某事。然而,目前尚不清楚我们是否要大幅增加国家安全机构里这种"难处的人"的存在,因为这个领域所要求的不仅是代表公众冒险的勇气和个人良心的安宁,还要谨慎地确保这份勇气是智慧的,而不是教条的。此外,即使我们想增加这种人的数量也不清楚是否能做到。如果吹哨行为最终是由道德信念或道德自恋驱动的,那我们将很难系统地培养这两种性格,因为早在个人进入公共服务行业之前这种品格**就**已经形成。因此吹哨人似乎真的是"天生的,

第五章 我们应该依靠吹哨人吗？——违抗与报复问题

而不是后天培养出来的"。[84]

如果不能依靠勇气——也就是说如果我们不能指望官员们公开宣称他们对可能错误的秘密政策和活动的担忧，将自己置于被惩罚的边缘——那又能怎么办？我们必须得出这样的结论：未经授权披露将像现在一样主要是匿名的，因此是可疑的？或者我们能否指出，报复行为的普遍性，以及我们有权、有能力培养勇气的局限性，是我们放松对官员主动透露身份这一要求的理由？也就是说我们能证明泄密行为是正当的吗？如果是这样，那我们面临的挑战是如何防止自私自利或过分执念的官员利用匿名。我们还需要解释为什么相信正直的官员能够在不被发现的情况下披露涉密信息。这些是我接下来要考察的问题。如果能肯定地回答这些问题，我们就解决了第一章所提出的困境，因为这样我们不仅能够指望官员们发出警报；还将能够区分出真假警报。

〖注释〗

[1] 正如弗雷德里克·埃利斯顿指出，《美国政府服务道德准则》规定，政府雇员应"将对最高道德原则的忠诚和对国家的忠诚置于对个人、政党或政府部门的忠诚之上"。参见 Elliston, "Civil Disobedience and Whistleblowing," 25。还请注意，保密系统的规则指示，信息不能因"掩盖违法、低效或行政错误"或"防止对个人、组织或机构造成尴尬"而保密。参见 President Barack H. Obama, "Executive Order 13526, Classified National Security Information," *Federal Register*, vol. 75 (January 5, 2010), 707。

[2] Bickel, *Morality of Consent*, 115. 另见 Gutmann and Tompson, *Ethics and Politics*, 93。

[3] Applbaum, "The Remains of the Role," 554. 另见 Applbaum, *Ethics for Adversaries*, 228-29。Bovens, The Quest for Responsibility, 169。

[4] Stone, "Government Secrecy vs. Freedom of the Press," 195-96. 另见 Bruce Ackerman, "Protect, Don't Prosecute, Patriotic Leakers," *New York Times*, June 12, 2012。

[5] 基于第三章讨论的原因，总统如果认为一个变节的议员可能不顾总统和同事的意愿，披露这些信息，那么总统没有义务让所有议员意识到这些情况。

[6] De George, "Whistleblowing," 137-38.

[7] Applbaum, *Ethics for Adversaries*, 238.

[8] Schoenfeld, *Necessary Secrets*, 262-63. 另见 Bevier, "The Journalist's Privilege," 483。

[9] Johnson, *Whistleblowing*, 107. 另见 Morse, "Honor or Betrayal?" 449。

[10] James, "In Defense of Whistleblowing," 318.

[11] Tompson, *Political Ethics*, 30; Morse, "Honor or Betrayal?" 446.

[12] James, "In Defense of Whistleblowing," 318. 另见 Elliston, "Anonymous Whistleblowing," 50。

[13] Bok, "Whistleblowing and Professional Responsibilities," 336.

[14] Bok, "Whistleblowing and Professional Responsibilities," 336. 另见 McConnel, "Whistleblowing," 572-73。

[15] Bok, "Whistleblowing and Professional Responsibilities," 336. Scharf, "On Terrorism and Whistleblowing," 579-80.

[16] Elliston, "Anonymous Whistleblowing," 52; James, "In Defense of Whistleblowing," 318.

[17] James, "In Defense of Whistleblowing," 319. 另见 Elliston, "Anonymous Whistleblowing," 50; Callahan, Dworkin, and Lewis, "Whistleblowing," 907。

第五章　我们应该依靠吹哨人吗？——违抗与报复问题

[18] Rawls, *A Theory of Justice*, 366; Walzer, *Obligations*, 20-21; Gutmann and Thompson, *Ethics and Politics*, 93. Greenawalt, *Conflicts of Law and Morality*, 238-40.

[19] Bovens, *The Quest for Responsibility*, 195.

[20] Martin, *Meaningful Work*, 141. 另见 Bok, *Secrets*, 212-13。

[21] Martin, *Meaningful Work*, 144.

[22] De George, "Whistleblowing," 139-40; McConnell, "Whistleblowing," 578. 正如后者总结，"牺牲越大，吹哨的可能性就越大"。

[23] Glazer and Glazer, *The Whistleblowers*, 11-12. 法律文本，参见 Moberly, "Whistleblowers and the Obama Presidency," 89-111。

[24] Begg, "Whistleblower Law and Ethics," 192-93.

[25] 5 U.S.C. § 2302(a)(2)(c)(ii). 另见 Sasser, "Silenced Citizens," 780-81。

[26] 5 U.S.C. § 2302(a)(2)(c)(ii). 另见 Vaughn, "Statutory Protection of Whistleblowers," 630-31。

[27] 5 App. U.s.c § 7(a).

[28] 5 App. U.s.c § 7(c). 50 U.S.C. § 403(q) 将类似的保护扩大到中央情报局雇员中。另见 Fisher, National Security Whistleblowers, 9-12。

[29] 5 App. U.s.c § 8H(h)(c).

[30] Vladeck, "The Espionage Act and National Security Whistleblowing after Garcetti," 1546. 另见 Bowman, "Whistle-Blowing in the Public Service," 273-75。

[31] Johnson, *Whistleblowing*, 100. 诸多相关事例，参见 Foerstel, *Free Expre-ssion and Censorship in America*, 232-36。

[32] Levy and Scott-Clark, *Deception*, 160-63; Seymour M. Hersh, "On the Nuclear Edge," *New Yorker*, March 29, 1993.

[33] Levy and Scott-Clark, *Deception*, 202-3.

[34] Levy and Scott-Clark, *Deception*, 202-3.

[35] Adrian Levy and Cathy Scott-Clark, "The Man Who Knew too Much," Guardian, October 13, 2007; Fisher, *In the Name of National Security*, 246-48.

[36] Lyndsey Layton, "Whistleblower's Fight for Pension Drags on," *Washington Post*, July 7, 2007.

[37] 相似案例，参见"National Security Whistleblowers in the Post–September 11th Era: Lost in a Labyrinth and Facing Subtle Retaliation," *Hearing Before the Subcommittee on National Security, Emerging Threats, and International Relations of the House Committee on Government Reform*, 109th Cong., 2nd sess., February 14, 2006。

[38] David Rose, "An inconvenient Patriot," *Vanity Fair*, August 15, 2005; David

Kohn, "Lost in Translation," *CBS News*, September 10, 2009, online at http://tinyurl.com/d2etd6z.

[39] "A Review of the FBI's Actions in Connection with Allegations Raised by Contract Linguist Sibel Edmonds," *Report of the Department of Justice Inspector General* (Washington, DC: Department of Justice, July 1, 2004), 31.

[40] *Edmonds v. Department of Justice*, 323 F. Supp. 2d 65 (D.D.C. 2004).

[41] James v. Grimaldi, "2 FBi Whistle-Blowers Allege Lax Security, Possible Espionage," *Washington Post*, June 19, 2002; Chris Gourlay, Jonathan Calvert, and Joe Lauria, "For Sale: West's Deadly Nuclear Secrets," *Sunday Times*, January 6, 2008.

[42] "A Review of the FBi's Actions," 31. 另见 Eric Lichtblau, "Inspector General Rebukes F.B.I. over Espionage Case and Firing of Whistle-Blower, *New York Times*, January 15, 2004。

[43] "A Review of the FBI's Actions," 31.

[44] *Edmonds v. Department of Justice*, 546 U.S. 1031 (2005).

[45] 鉴于这些案件中的证据属于秘密，我们无法确定"巴洛案"或是"埃德蒙兹案"确实发现了滥用职权的情况。例如，"巴洛案"可能没有充分权衡里根政府所面临的战略限制，即安抚巴基斯坦的需要。同样，在"埃德蒙兹案"中，可以想象联邦调查局允许可疑的土耳其间谍活动继续进行，是为充分确定组织的性质和范围。在没有证据的情况下，假定有罪或无罪是不明智的。

[46] Miceli, Near, and Dworkin, *Whistleblowing in Organizations*, 23-24, 28; U.S. Merit Systems Protection Board, *The Federal Workforce for the 21st Century*, 35.

[47] Near and Miceli, "Organizational Dissidence," 13.

[48] Near and Miceli, "Organizational Dissidence," 13.

[49] Near and Miceli, "Organizational Dissidence," 8.

[50] Near and Miceli, "Organizational Dissidence," 6. 另见 Bovens, *The Quest for Responsibility*, 198, 206。

[51] "S. 372, The Whistleblower Protection Enhancement Act of 2009," 83(Statement of Thomas Devine).

[52] Jos, Tompkins, and Hays, "In Praise of Difficult People," 557; Miceli, Near, and Dworkin, *Whistleblowing in Organizations*, 22.

[53] Government Accountability Project, *The Art of Anonymous Activism*, 20; Truelson, "Whistleblowers and Their Protection," 294.

[54] Project on Government Oversight, *Homeland and National Security Whistleblower Protections*, 8.

第五章 我们应该依靠吹哨人吗？——违抗与报复问题

[55] Fisher, *National Security Whistleblowers*, 21; Project on Government Oversight, *Homeland and National Security Whistleblower Protections*, 25; Truelson, "Whistleblowers and Their Protection," 295–97.

[56] Fisher, *National Security Whistleblowers*, 21.

[57] "S. 372, The Whistleblower Protection Enhancement Act of 2009," 86–87 (Statement of Thomas Devine).

[58] *Department of the Navy v. Egan*, 484 U.S. 527 (1988).

[59] Project on Government Oversight, *Homeland and National Security Whistleblower Protections*, 26; "National Security Whistleblower," 240-41（Statement of Mark Zaid）。奥巴马总统最近发布了一项禁止报复的指令，该指令允许国家安全吹哨人要求多家机构监察长小组审查撤销其安全许可的情况。(Barack Obama, Protecting Whistleblowers with Access to Classified Information," *Presidential Policy Directive/PPD-19*,Washington, DC: The White House, October 10, 2012, online at http://tinyurl.com/awl8tz9)。批评者指出，该指令并未得到热烈欢迎，因为外部审查取决于该机构监察长的批准，并且专家组的报告将提交给该机构的负责人，而最初是该负责人撤销了吹哨人的安全许可。参见"National Security Whistleblowers not Effectively Protected by New White House Directive," Washington, D.C : National Whistleblowers Center,October 11, 2012 online at http://tinyurl.com/ae9cz7p。

[60] Truelson, "Whistleblowers and Their Protection," 285–86; Ellsberg, "Secrecy and National security Whistleblowing," 781.

[61] Hersh, *Chain of Command*, chap. 2; Daniel Schorn, "Exposing the Truth of Abu Ghraib," *CBS News*, December 10, 2006, online at http://tinyurl.com/ aexrhqd; cockburn, Rumsfeld, 193–95.

[62] Dawn Bryan, Abu Ghraib Whistleblower's Ordeal," *BBC News*, August 5, 2007, online at http://tinyurl.com/c76h984; Joe Darby, "Why I Had to Tell the World What They'd Done," *Sunday Times*, August 5, 2007.

[63] Bryan, "Abu Ghraib Whistleblower's o rdeal"; Randi Kaye, "Abu Ghraib Whistleblower: 'I Lived in Fear,'" *CNN*, August 15, 2006, online at http://tinyurl.com/d7om58c.

[64] Bryan, "Abu Ghraib Whistleblower's Ordeal".

[65] Hanna Rosin, "When Joseph Comes Marching Home," *Washington Post*, May 17, 2004.

[66] Dawn Bryan, "Abu Ghraib Whistleblower's Ordeal."

[67] William Safie, "The Crowley Memo," *New York Times*, May 27, 2002.

[68] James Risen and David Johnston, "Agent Complaints Lead F.B.I. Director to Ask for Inquiry," *New York Times*, May 24, 2002.

[69] Amanda Ripley and Maggie Sieger, "Coleen Rowley: The Special Agent," Time, December 30, 2002, 40; Michael Kilian, "Ashcroft: Whistle-Blower's Job is Safe," *Chicago Tribune*, June 3, 2002. 另见 Coleen Rowley, "The Wrong side of 'US vs. Them,'" *Minneapolis Star Tribune*, October 12, 2003。

[70] Ripley and Sieger, "Coleen Rowley," 37.

[71] Vaughn, "Statutory Protection of Whistleblowers," 663.

[72] Bovens, *The Quest for Responsibility*, 213.

[73] Bovens, *The Quest for Responsibility*, 213.

[74] Miceli, Near, and Dworkin, *Whistleblowing in Organizations*, 15.

[75] Brookner, *Piercing the Veil*. 另见 Peter Carlson, "Counter Intelligence," *Washington Post*, March 10, 2004。

[76] Glazer and Glazer, *The Whistleblowers*, 255. 另见 Robinson, *Deceit, Delu-sion, and Detection*, 284-87; Jos,Tompkins, and Hays, "In Praise of Difficult People," 554。

[77] Scarre, *On Courage*, 146.

[78] Scarre, *On Courage*, 146.

[79] Jos, Tompkins, and Hays, "In Praise of Difficult People," 556. 另见 Dozier and Miceli, "Potential Predictors of Whistle-Blowing," 828–29。

[80] Alford, *Whistleblowers*, 95.

[81] Alford, *Whistleblowers*, 93.

[82] Beth Hawkins, "The Purity of Coleen Rowley," *Mother Jones*, March 1, 2006)。

[83] Tompson, *Restoring Responsibility*, 255; "H.R. 1507, The Whis-tleblower Protection Enhancement Act of 2009," *Hearing Before the House Committee on Oversight and Government Reform*, 111th Cong., 1st Sess., May 14, 2009, 24–25(Statement of Robert F. Turner).

[84] Jos, Tompkins, and Hays, "In Praise of Difficult People," 557.

[第六章]

我们应该相信泄密者吗?
——匿名线人与监管问题

在第五章中,我提到虽然官员在目睹国家保密滥用的情况下进行未经授权披露是合理的,但如果披露会使她遭受重大报复,她就没有义务进行这样的披露;即便有义务披露,她仍需很大的勇气来表达对潜在报复的担忧。这意味着我们应该预测到官员通过泄密而非吹哨来继续发出警报。这种事态令人十分不安——因为官员可以利用匿名作出有利于部门或党派利益的选择性披露。因此我们需要考察泄密是否合理,如果合理,要如何防范其被滥用。但首先我们必须调查,泄密者是否真的有可能避开审查。

为什么泄密持续存在?

考虑到报复威胁,想要披露涉密信息的官员往往会被建议泄露相关信息,而不是提出正式投诉。著名的操作指南《匿名行动主义的艺术》(*The Art of Anonymous Activism*)指出,匿名披露提供了一种"服务于公众的同时又在公众服务中幸存"的方式。[1] 但是为什么匿名披露涉密信息的官员应该更有信心自己可以免于报复呢?有人可能会合理地推测,总统可以利用法律赋予的权力禁止未经授权披露,追捕并惩罚披露令人尴尬的信息的线人,因此匿名只能为官员提供暂时的掩护。但证据与这一推测不符,

秘密与泄密 [美国国家保密的困境]
Secrets and Leaks: The Dilemma of State Secrecy

因为只有少数官员曾因泄露涉密信息而被起诉。为什么连续几届政府都允许泄露涉密信息的人逍遥法外,却对像理查德·巴洛、西贝尔·埃德蒙兹和科琳·罗利这样的吹哨人(我们在第五章中提到过)严加处罚?

起诉泄密案件的罕见,通常是因为没有全面的法律规定禁止未经授权披露[比如英国《官方保密法案》(Official Secrets Act)]。[2]《间谍法》要求检方表明,"故意"向"无权获得国防信息"的人披露"国防相关信息"的官员"有理由相信"这些信息会"损害美国利益或使某外国从中获益"[3]。人们普遍认为《间谍法》的这种恶意理念对被告更有利,因为检察官往往很难确定一名官员"有理由相信"她匿名披露的信息可能"损害美国的利益"。[4]当未经授权披露揭发了表面的不当行为时,这种说法尤为正确。在这类案件中,检察官面临着一种非常现实的可能性,即陪审团可能会拒绝给一名官员定罪——因为她声称这种不当行为让其"有理由相信"信息披露符合公众利益。

检察官们还受到《间谍法》中那段众所周知的不精确措辞的阻碍。例如,"故意"交流信息是什么意思?当定密体系没有"授权"任何人时,我们如何确定谁是"无权接收"国防相关信息的人?以及那些不能轻易归入"国防信息"范畴的外交和情报秘密呢?[5]虽然法院试图确定这些短语的含义(或者至少缩小可能的解释范围),由于没有准确的指导方针,检察官只能谨慎行事以免不利的解释或决定削弱《间谍法》的威慑作用。

面对自身对涉密信息的权威受到的挑战,行政机构并没有袖手旁观。相反总统定期敦促国会修改《间谍法》,重新讨论《涉密信息程序法》(Classified Information Procedures Act),这一法案旨在防止被告的"敲诈"行为(graymail,即以需要信息进行辩护的理由请求获取涉密信息)。[6]然而这些敦促收效甚微,因为长期以来议员们在是否以及如何处理泄密行为的问题上存在分歧。这些分歧可以追溯到议员们对加强总统对国家安全机构的控制是否明智存在不同的看法。因此至少在可预见的未来,受到刑事起诉的威胁可能仍然——以未经授权披露涉密信息跨部门小

第六章 我们应该相信泄密者吗？——匿名线人与监管问题

组（Interdepartmental Group on Unauthorized Disclosures of Classified Information）的报告（通常称为《威拉德报告》）中广泛引用的话来说——"是如此虚幻以至于对潜在泄密者没有真正威慑作用"。[7]

此外，即使总统能够说服国会修改《间谍法》，单凭这一步也不太可能扭转局势。考虑到历届政府都未能执行《美国法典》第18篇第798条（a）款法规——该法规明确禁止披露与通信情报有关的涉密信息。[8] 值得注意的是，迄今为止美国根据该法规只定过一次罪。在那起案件中，联邦调查局翻译夏迈·莱博维茨（Shamai Leibowitz）曾向一名互联网博主披露了一段反情报窃听记录。作为认罪协议的一部分，他承认了自己的罪行。[9] 这一案例表明除《间谍法》的缺陷外，还有其他因素也导致了起诉泄密案件的罕见。

这些因素可能是什么？政治限制是其中之一。起诉公职人员尤其是国会议员往往会令人感到尴尬或引发不和。例如在2004年，联邦调查局确定参议员理查德·谢尔比向媒体透露国家安全局在2001年9月11日前夕拦截了两条阿拉伯语消息："比赛即将开始"和"明天就是发动进攻的时刻"。[10] 但是参议员谢尔比从未因为第798条（a）款法规受到指控，尽管他的披露被布什总统描述为"特别令人担忧的具体"信息。[11]

令人矛盾的是，起诉泄密案件罕见的另一个重要因素是对国家安全的顾虑。政府在许多情况下选择不起诉泄露涉密信息的官员，因为担心此种举动会被视为承认泄密内容的真实性，甚至可能泄露其他敏感信息。最近的一个案例与中央情报局官员玛丽·麦卡锡（Mary McCarthy）相关，据报道她向《华盛顿邮报》披露了高度涉密信息——中央情报局在反恐战争期间使用了所谓的黑狱（black sites，即秘密监狱）。据称中央情报局通过测谎追溯泄密线人，麦卡锡因未能通过测试而被发现是泄密者，但他们并没有提出刑事指控而是选择解雇了她，因为审判可能导致在反恐战争中处理被拘留者的"敏感信息以及政策异见的传播"。[12]

当然，总统不必只依靠刑法来惩罚不服从的雇员。《威拉德报告》指出行政制裁是"更好的方法",因为"对于大多数政府雇员而言,因泄露涉密信息而被降级或处罚的现实后果将起到威慑作用"[13]。这些处分不能被轻视,因为总统**已经**表现出意愿使用它们——如麦卡锡案件所示。尽管如此,《纽约时报》和《华盛顿邮报》的头版仍然出现泄密的事实表明,相当多的官员不再惧怕行政制裁,也无惧刑事指控威胁。这一结果可归因于两个因素。首先是纯粹的反抗。决定泄露涉密信息的官员有时会被其发现的不当行为困扰,以至于他们觉得必须与公众分享这些信息——即使冒着被发现并受到惩罚的风险。[14] 当相关官员已经处于退休边缘或有其他职业选择时,这种反抗最有可能出现(麦卡锡就是这种情况,她在退休前几天被发现并被解雇,尔后作为公益律师开始新的职业生涯)。

行政制裁的有限威慑作用的另一种更深层次的解释是,事实上调查人员经常无法确定匿名披露的线人。《威拉德报告》公开承认了这一困难,该报告于1982年观察到,迄今为止联邦调查局"很难确定此类披露的线人"[15]。尽管该报告敦促总统"更努力地识别泄密者",但在几十年间似乎并没有什么变化。美国关于大规模杀伤性武器情报能力委员会(The Commission on the Intelligence Capabilities of the United States Regarding Weapons of Mass Destruction)在2005年得出结论:总统在惩罚泄密方面面临的"最大障碍"仍然在于"识别泄密者"。[16]

是什么原因持续导致我们无法追捕泄露涉密信息的官员呢?某种程度上是因为国家安全官僚机构的规模和复杂性,即使是绝密的信息也经常被数十个,有时甚至是数百个人掌握。[17] 这使得联邦调查局为确定泄密者而反复进行详细调查是不切实际的。实际上,我们现在认为这个障碍严重到可以得出这样的结论:"试图发现泄密者的调查通常毫无结果。"[18] 现有的统计数据肯定支持这一结论。例如,在2005年至2009年期间,近200起泄密案件提交至联邦调查局,但"调查人员只调查了26起案件,确定了14名嫌犯,并且没有起诉他们"[19]。

虽然这些统计数字说明了司法部在识别泄露涉密信息的官员时所面临

第六章　我们应该相信泄密者吗？——匿名线人与监管问题

的障碍，但我们不应该认为这些障碍是完全无法克服的。重要的是我们要记住，司法部在追查泄密者方面的不良记录主要归咎于内部指导方针，即检察官避免强迫记者透露他们的线人。如果未来的政府放弃这些指导方针，检察官肯定会有机会。但是，记者的合作对检察官来说也并非必不可少。据报道，布什政府和奥巴马政府在调查一些著名的泄密事件方面取得了广泛的成功，包括麦卡锡、莱博维茨、托马斯·塔姆、杰弗里·斯特林、托马斯·德雷克（Thomas Drake）、布拉德利·曼宁、斯蒂芬·金和约翰·基里亚库（John Kiriakou）。我们应该清楚地认识到即使没有记者的合作，有决心的调查人员找到泄密来源并非不可能。[20] 而且正如司法部在 2002 年向国会报告，信息技术的发展，特别是在电子内容管理和取证领域，将进一步提高联邦调查局追查泄密官员的力度。[21]

尽管存在这些可能性，但我们没有理由认为未来的政府能够全面防范泄密。有证据表明，固执和精明在很大程度上限制了政府对其雇员的监管力度。例如，《华盛顿邮报》记者达娜·普里斯特（Dana Priest）的一篇报道引发的后果——该报道指出中央情报局秘密监狱的位置和运作，暴露了中央情报局内部对使用极端审讯方法的合法性和道德性的不同意见。[22] 普里斯特的报告引起时任中央情报局局长波特·戈斯（亦为最后一任中央情报总监）强烈的批评。当时他在国会作证称，这"严重"损害了该局与曾帮助建立这些监狱的外国情报机构的关系。[23] 然而尽管戈斯作出保证，但中央情报局追查普里斯特线人的努力只取得有限的成功。虽然中央情报局能够确定麦卡锡与普里斯特曾进行过"未经授权的谈话"，但麦卡锡和中央情报局都声称，她与普里斯特的联系与《华盛顿邮报》刊登的新闻无关。[24] 与此同时，普里斯特将她的报告归结于"三大洲多位现任和前任情报官员"，这一说法表明即使麦卡锡实际上是线人之一，也只是众者之一，其他大部分人显然无迹可寻。[25]

秘密与泄密 [美国国家保密的困境]
Secrets and Leaks: The Dilemma of State Secrecy

匿名的不确定运用

我们现在已经确定想要进行未经授权披露的官员可以通过匿名的方式避免报复。但是,我们不应立即庆祝这一事实,因为匿名也可以作出进一步为部门利益或党派利益服务的披露。滥用匿名的威胁有多现实呢?官员为了将自己的价值观或信仰强加给公众而冒险泄露涉密信息,这种风险真的存在吗?许多评论员并不同意。他们认为泄密者总是受到更高原则的驱使。例如,布鲁斯·阿克曼将泄密者描述为"爱国主义者",因为他们的披露"不会危害我们的国家安全,他们通过维护宪法完整性来促进国家安全"。[26]然而事实表明这种热情放置错了地方,许多案例可以证实官员也会出于与政策优点无关的原因披露涉密信息。可以参考以下两个案例。

第一个案例是恐怖分子监听计划(Terrorist Surveillance Program,TSP)的披露。这是布什政府的一项计划,允许国家安全局在没有获得外国情报监视法庭授权的情况下窃听电子通信。2005年12月,《纽约时报》的詹姆斯·莱森(James Risen)和埃里克·利希特布劳(Eric Lichtblau)公布了计划的存在。莱森和利希特布劳在报告中称,"近12名现任和前任官员""因为担心行动的合法性和监督性",而与他们讨论了这个计划。[27]尽管记者们从未指认过他们的线人,但随后的事态发展使我们得以对其中两位有所了解。

莱森和利希特布劳所依赖的线人之一是前司法部雇员托马斯·塔姆(Thomas Tamm)。塔姆于1998年加入司法部,最初被分配到一个评估死刑案件的部门。据报道,当约翰·阿什克罗夫特(John Ashcroft)于2001年接任司法部长时,塔姆开始变得"愤愤不平",因为与前任部长珍妮特·雷诺(Janet Reno)不同,阿什克罗夫特开始鼓励检察官在"尽可能多的案件"中判处死刑。[28]2003年,塔姆要求调任负责窃听授权的情报政策与审查办公室(Office of Intelligence Policy and Review)。[29]正是在这里塔姆"偶然发现"了这样一个事实:某些窃听请求是由司法部长阿

第六章　我们应该相信泄密者吗？——匿名线人与监管问题

什克罗夫特直接发送给外国情报监视法庭首席法官科琳·科尔拉-科特利（Colleen Kolla-Kotelly）的。[30] 虽然塔姆没有参与这个过程，因而没有注意到细节，包括各种到位的（尽管是非常规的）保障措施。但是他根据二手资料确定整件事有些"不对劲"，因此联系了利希特布劳，从而使《纽约时报》启动了对国家安全局计划的调查。[31] 需要指出的是莱森和利希特布劳的报告中没有涵盖这些背景细节，尤其是塔姆的部分动机是出于对与此计划无关的布什政府政策的"愤怒"。[32] 直到塔姆被联邦调查局宣布成为此次泄密事件的目标之后，这些细节才为公众所知，这反过来又促使他与《新闻周刊》讨论他的案件，以捍卫他的善意行为。[33]

莱森和利希特布劳的另一个线人是前国家安全局雇员拉塞尔·泰斯（Russell Tice），《纽约时报》的报道发表不久后，他在美国广播公司（ABC）的新闻节目中透露他曾参与其中。[34] 泰斯告诉美国广播公司新闻节目，他对美国国家安全局监管不力感到担忧，并暗示存在比《纽约时报》报道描述的更为广泛的监控计划。但当记者随后就这些指控联系国会情报委员会时，国会工作人员反应谨慎，声称泰斯"背负着包袱"。[35] 泰斯于2006年2月在国会作证后，这句话的意思变得更加清楚。他的证词显示他曾于2005年5月因指控一名同事可能从事间谍活动，并因此与上司发生争执，后被国家安全局解雇。[36] 尽管内部调查结果驳回了泰斯的指控，但他显然建议对这位同事重新调查，这反过来又导致上司要求对他进行精神评估。[37] 泰斯被评估得出患有妄想症后，他的安全许可被撤销被调任至一个级别较低的职位。后来泰斯写信给132名国会议员抱怨自己受到虐待，因此美国国家安全局解雇了他。[38] 现在假设泰斯对美国国家安全局的指控没有受到上级对他态度的影响。泰斯表示他在2005年之前就对美国国家安全局"涉嫌的非法活动"表示过担忧，美国国家安全局为了除掉他，将他诊断为偏执狂。[39] 由于案件的秘密性使人们难以确定诸事件的实际顺序，因此这项指控当然值得怀疑。然而值得注意的是《纽约时报》的报道没有提供任何有关这一背景的蛛丝马迹。如果泰斯没有主动站出来，我们可能永远没有机会将他的复杂情况纳入对莱森和利希特布劳的叙述的评估中。

第二个案例涉及"梅林行动"（Operation Merlin）的泄露，这是中央情报局的一项秘密行动，目的是将有缺陷的核技术转移到伊朗。据报道，在一位俄罗斯中间人良心难安向伊朗人通风报信后，该行动出现了失误，从而可能让伊朗人充分利用核技术。2006年，詹姆斯·莱森的《战争状态》（*State of War*）出版后，公众开始了解到这一行动。这本书将"梅林行动"作为更广泛故事的一部分加以讨论，故事的重点是中央情报局在伊朗的行动管理不善。[40] 现在看来莱森的线人应是前中央情报局雇员杰弗里·斯特林。斯特林于1993年加入中央情报局，在完成波斯语培训后，1995年被派往德国招募能够在伊朗从事情报活动的间谍。据报道，斯特林于1997年从上司那里得知，他没有得到重用是因为对为中央情报局工作的伊朗特工而言，一个说波斯语的"高大的黑人男子"会"吸引太多的注意力"。[41] 1999年，斯特林被调往中央情报局纽约分局。[42] 然而在与领导就他的表现出现"几次分歧"后，斯特林最终于2002年被解雇，随后他对中央情报局提起了种族歧视诉讼，但在2005年联邦第四巡回上诉法院接受了中央情报局援引国家秘密特权后，此案被驳回。[43] 与此同时，中央情报局还拒绝批准斯特林出版回忆录，理由是其中包含涉密信息。据政府声称，他对这些挫折感到沮丧因此决定报复中央情报局，向莱森透露了他所知的"梅林行动"。[44] 应该注意的是，如果司法部没有因斯特林泄露涉密信息给莱森而提起诉讼，那斯特林的故事细节就不会为公众所知。

为什么我们应该为塔姆、泰斯和斯特林等人的泄密难安呢？原因至少有两个。首先，旨在让决策者难堪的信息披露很可能是有选择性的。在目前的情况下，偏见尤其成问题。因为事实证明决策者很难纠正公开记录，因为他们通常不愿意透露已被披露行动的其他信息。公众最终可能会对当选官员的动机和公共机构的效力产生错误的印象。[45] 这可能发生在目前讨论的案件中。随着对司法部内部运作更详细的描述，显然司法部长阿什克罗夫特及其下属实际上从布什总统对国家安全局计划的修订中提取了他们

第六章 我们应该相信泄密者吗？——匿名线人与监管问题

认为有必要确保其合法性的内容。[46] 与此同时，中央情报局声称斯特林对"梅林行动"的"某些事实和情况进行了虚假描述"，但前者拒绝在公开场合作进一步说明。[47]

这些泄密令人不安，因为与之伴随而来的匿名使公民和议员很难防范被误导的可能。如果公民和议员意识到未经授权披露的线人可能是一名心怀不满的员工，即使决策者无法为自己辩护，那他们也能以适当的谨慎态度对待披露。当然，如果记者和出版商能就线人的动机和情况向读者提供一些引导，这个问题就能得到缓解。但在实际中这种坦率很是罕见。有人可能反对，认为提供线人的动机和情况的细节可能会使调查人员更容易查明并惩罚对此负责的官员。这是一种合理的担忧，但并不是**每一条**关于线人动机和情况的信息都会暴露她的身份。值得注意的是，记者、编辑和出版商不仅对他们的线人负有责任，对公民和议员也负有义务，他们不应该被误导。当记者把公众知情权作为发布涉密信息的理由时，这一点就更加正确了，因为他们不够坦率，实际上会**阻止**公众了解这份报告其实只提供了部分观点这一事实。[48] 上述案例似乎就是这样。在案例中，相关记者似乎没有努力在对线人和公众的义务之间取得平衡。例如在《纽约时报》发表了国家安全局的报道后（塔姆接受《新闻周刊》采访之前），利希特布劳声称尽管线人可能"别有用心"，但这篇报道的来源"从各方面来看都是可信的"，他的"焦虑似乎很真诚"。[49] 然而，我们现在从塔姆那里得知其行为的部分原因出于对布什政府的政策感到愤怒，这些政策与国家安全局的监控计划毫无关系。

在这一点上，斯特林的案例更令人不安。有人可能会想，莱森对斯特林的动机保持沉默，他希望达到什么目的？毕竟他的沉默很难不让调查人员有所察觉。考虑一下当时的情况：据报道只有斯特林能够接触到莱森提到的一些细节；斯特林提交给中央情报局出版物审查委员会的回忆录中公然包含了对"梅林行动"的描述；以及莱森之前在《纽约时报》上记录了斯特林的就业困境。[50] 看来因莱森的沉默受到最大影响的并非联邦调查局调查人员，而是公民和议员。莱森声称他想告诉公民和议员布什政府的"鲁莽"，但他否认有机会评估斯特林的说辞。[51]

我们可以证明匿名合理吗？

我们已经看到，尽管泄密行为让官员们能够在不容易被查到的情况下发出警报，但它也可能阻碍公民和议员防范误导性披露的能力。这种复杂性带来了一个问题：我们是否有可能对泄密行为进行监管——也就是说，我们能否阻止官员们为了暗中推进部门或个人的利益而披露涉密信息？如果我们不能规范这种泄密行为，那么我们就理应担心泄密实际上会**增加**（而非减少）官员滥用特权获取国家秘密的能力。

为了规范泄密行为，我们需要概述官员进行匿名披露的正当条件，然后确定能够确认特定披露是否满足这些条件的手段。前者的挑战不那么大。为了使某官员有理由泄露涉密信息，这种披露必须：一是涉及滥用公共权力；二是有清晰和令人信服的证据；三是对公共安全不造成不成比例的威胁；四是尽可能地限制范围和规模。这个表述应该听起来很熟悉。由于披露涉密信息的官员和吹哨的官员所做的事情几乎相同——他们都违反了禁止未经授权披露的法律——那么证明这些行为正当的条件应该大致相同。关键的区别在于，与国家安全吹哨人不同，有理由泄露涉密信息的某官员不需要公开自己的身份。这种差异为何是合理的？

原因主要有两方面。正如第五章指出，一名官员在揭露明显不当行为时有理由作出匿名揭露，她的动机和身份变得不重要。例如，这就解释了为什么某官员向西摩·赫什透露阿布格莱布监狱虐囚事件的军事调查细节后，我们不应该对不知道披露官员的身份而感到不安。[52] 这一披露揭露了如此腐化的违规行为，以至于政府的回应不是质疑线人的动机或披露合理性，而是采取纠正措施——终止违规的计划并惩罚应为此负责的官员。

第六章　我们应该相信泄密者吗？——匿名线人与监管问题

然而请回忆一下，未经授权披露通常暴露的是可疑的不当行为，而非严重的不当行为：这种违反法律的行为，其成本和收益在某种程度上是接近的。鉴于公共权力的合法界限存在分歧，这种披露通常被证明是有争议的。例如，美国国家安全局无证监听计划和中央情报局秘密监狱系统的披露遭到了议员的强烈批评，但并没有引起正式道歉或者纠正行为，相反在前一案例中，国会通过在没有授权的情况下提高总统实施窃听的权力来回应披露；在后一案例中，国会颁布法规允许中央情报局扣发因泄密而被解雇雇员的退休金。当披露信息被正式以这种方式谴责时，泄密者无法声称自己揭露了严重不当行为。面对法律的批评，她应该服从法律，因为她将自身价值观强加给不情愿的公众，将不得不利用另一不同的理由来维持自身的匿名性，这样的理由可以从她的意图而非披露的实质中得出。

正如第五章所讨论的，围绕公共权力合法界限的冲突总是导致分歧，表面的不当行为实际上是否等于滥用权力。不幸的是，官员可能利用这些分歧为未经授权披露提供体面的表象，而实际上却是为了促进狭隘的或个人的利益。例如，某官员可以援引公众知情权作为动机，披露因军械中使用贫铀造成污染的秘密研究，而她真正的目的是让总统难堪，迫使其从另一家供应商购买军械。我在第五章中指出，为了防范这种自私的或操控性的披露，负责披露可疑不当行为证据的官员必须愿意表明自己的身份，以便我们能够调查他们的动机。

然而，这种自我披露身份的要求有一个很大的缺点。对于某官员来说，要事先知道公民和议员是否认同她发现的违法行为实际上构成了权力滥用是很困难的。例如，假设某官员披露了违法信息，她认为这些信息将被视为不当行为，而她的披露最终却受到了国会的谴责，国会认为总统的行为是正确的（正如秘密监狱的案例）。显然这位官员误判了公民和议员眼中的不当行为。她确实认为总统已经越权，但事实证明她的怀疑毫无根据。因为公民和议员要么支持总统，要么至少不会正式谴责总统的行为。根据第五章提出的标准，这位官员现在有义务放弃匿名。这个要求一开始看起

秘密与泄密 [美国国家保密的困境]
Secrets and Leaks: The Dilemma of State Secrecy

来并不那么麻烦。我们可能会问，一位行事诚实的官员为什么害怕公开身份？答案当然是**非正式**的报复。正如我们在第五章中讨论，即使一位披露涉密信息的官员被陪审团赦免，她也必须与那些可能不那么宽容的同事和领导进行斗争。有人认为更加合理的说法是，如果官员是出于善意采取行动——揭露了她无私地认为构成不当行为的活动，那么她就不应该站出来表明自己的身份，因为这样做会使她受到各种形式和不同程度的报复，并且法律无力阻止，特别是与她的行为不相称的骚扰和侮辱。[53]

总而言之，要求一名对政府表面的违法行为作出未经授权披露的官员表明自身身份是有问题的——这可能会导致官员因误判不当行为的严重性而受到惩罚。这一结果是不可取的，因为我们不希望禁止官员披露看似滥用权力的不当行为，特别是我们不能依靠议员或法官提供监督或审查（原因在第二、三章中讨论过）。请记住，我们要求透露身份只是因为想知道信息披露的来源是否公正。但由于透露身份的要求，可能会同时阻止恶意披露和善意披露，因此消除威胁更合理的方法是设计一种更精确的方式，我们通过这种方式可以**过滤掉**恶意披露。

在澄清了官员进行匿名披露的正当条件之后，我们需要确认满足这些条件的方法。要确定某官员在披露严重不当行为时的动机是否正当并不是件难事。如果匿名披露所揭示的活动受到了议员或法官的正式谴责，那我们可以得出结论，负责披露的官员没有义务透露她的身份。这就是为什么"水门事件"的传奇线人，鲍勃·伍德沃德（Bob Woodward）和卡尔·伯恩斯坦（Carl Bernstein）的消息来源——"深喉"（Deep Throat）可以对自己的身份保密。但是，当对其身份一无所知因此对其动机缺乏最重要的线索时，我们如何确定线人是否可能面临非正式的报复？允许官员在自己的案件中担任法官显然是不明智的，但幸运的是这不是唯一的选择。由于涉密信息的泄露通常是通过记者、编辑和出版商进行的，我们可能会要求这些中间人提供帮助，因为他们最有可能知道匿名线人的身份，因此最适合确定她的动机。但是，记者、编辑和出版商是否**愿意**并**能够**承担起担

第六章　我们应该相信泄密者吗？——匿名线人与监管问题

任公共利益过滤器的责任？

在这方面有两个原因值得担忧。首先，他们并不总是知道线人的身份，这些线人可能是匿名"情报贩子"。尽管到目前为止，官员们没有必要充当匿名"情报贩子"，但如果记者经常被迫披露线人的身份，这种披露涉密信息的方式肯定会变得更加普遍。由于技术进步，匿名向记者提供消息的做法似乎也会变得更加普遍。想想维基解密网站的泛滥，比如《华尔街日报》的"安全屋"（safe house）和半岛电视台的"透明版块"（transparency unit）这两个网站都允许官员匿名上传不当行为的证据。

尽管这些发展令人不安，但它们并不排除这样一种可能性：记者至少可以通过尽职的调查了解某匿名线人的一些动机。例如，记者在调查伊拉克试图从尼日尔购买铀时发现了洛克·马蒂诺（Rocco Martino），这位向记者提供证实伊拉克和尼日尔之间达成销售协议的神秘人实际上为一个或多个情报机构服务，其提供的文件也是伪造的。[54] 我们有理由认为在其他涉及匿名线人的案件中，记者也能作出类似的调查。当然这并不意味着记者总是能够确定匿名消息的出处。但在这种情况下，他们的职责很明确：如果他们重视公众的知情权，那他们就有义务隐瞒相关信息；如果信息可以独立验证并且令人不安，足以超过对线人动机的担忧，那么他们应该在发布信息的同时说明担心线人动机的原因。

质疑记者、编辑和出版商是否有能力作为公共利益过滤器的第二个原因借鉴了第四章的讨论。我指出，那些无法了解全局的记者不能轻易声称知道某条涉密信息的披露会在多大程度上损害国家安全。即使能够核实线人的行为是出于善意，他们最终仍可能会发布对国家安全极其有害的信息。这一挑战也并不是无法克服。记者、编辑和出版商无法了解全局，这一事实应被视为迫使他们在出版前接触行政机构，以便让总统有机会提出反对披露涉密信息的理由。[55] 此外，我们似乎有理由认为以报道国家安全事务为职业的记者有一个可靠的联系人网络，他们可以利用这些联系人来审查打算披露信息的敏感性。这些联系人也可以帮助他们评估总统提供的警示建议。当然也存在这样的风险，即"老手"（old hands）将通过官员的视角来看待世界，而这些官员本应受到严格审查。我们必须对这种危险保持警惕。但这种危险的存在并不妨碍记者利用高级官员的专业知识充当公众利益过滤器。

因此，记者、编辑和出版商可以作为公共利益的过滤器，但他们**愿意**承担这一责任吗？挑战在于人们普遍认为"媒体的责任是出版，而不是保卫安全或关注线人的道德"。[56] 这一观念源于亚历山大·比克尔在《同意的道德性》（*Morality of Consent*）一书中的观察——美国宪法第一修正案的存在使媒体与政府之间有效形成"竞争"关系，因为美国宪法第一修正案赋予新闻界的自由意味着尽管允许政府"大力防范"泄密，但"如果泄密真的发生，也不得不承担这一损失"。[57] 在"五角大楼文件"泄密案发生后，比克尔赞扬了这种"竞争"关系，他认为这是公民能够了解总统掌控的庞大的国家安全机构的唯一途径。因此毫不奇怪，他认为"媒体的首要责任是在这场竞争中发挥自己的作用"：出版一切可以拿到手的"有新闻价值的东西"[58]。比克尔认为满足这一"首要责任"又意味着，新闻媒体应该——也应该被允许——作为"道德中立者，甚至不关心到手有新闻价值材料的出处"。[59]

需要明确的是，比克尔并不认为媒体除了发表文章外没有其他责任。相反他警告道："并非一切东西都适合印刷。"[60] 他写道，我们应该适当考虑"可能事实的准确性，对无辜生命造成的威胁，对人格尊严的影响，甚至是从无党派角度考虑国家利益"[61]。然而最关键的是，比克尔认为这些规范的执行必须依赖"自律和自我克制，以及公众舆论，而不是法律"[62]。他不喜欢用法律来规范行政机构与新闻界之间这种"不守规矩的竞争"，原因很简单："如果我们让政府审查并隐瞒信息，那将赋予他们太多危险的权力。"[63] 在谈到匿名线人的使用时，比克尔认为同样适用，因为任何"迫使记者透露秘密的法律规定都会阻碍信息向新闻界流动，使其无法向公众传播最有价值的信息"[64]。

第六章 我们应该相信泄密者吗？——匿名线人与监管问题

比克尔的观点得到媒体机构的广泛支持，这一事实意味着该行业的标准制定者愿意接受他们应该作为公共利益过滤器的说法。例如，当《纽约时报》因揭露财政部"恐怖主义融资追踪计划"的存在而受到严厉批评时，美国一些主要新闻学院的院长发表了一份名为"如有疑问，请发布"（When in Doubt, Publish）的声明，用"揭露秘密是新闻媒体的主责主业"这一理由捍卫《纽约时报》。[65]但同样的声明谴责了《华盛顿邮报》，其允许罗伯特·诺瓦克披露瓦莱丽·普拉姆的身份而受到指责，并警告说"公众希望媒体保持敏锐的观察力，但希望工作能够负责任地进行"[66]。《纽约时报》和《洛杉矶时报》的前编辑比尔·凯勒（Bill Keller）和迪恩·巴奎分别表达了类似的观点。他们认为尽管是否公布涉密信息的决定"不能向政府让步"，但这也是"我们不能掉以轻心的责任"。[67]

比克尔等人的需要尊重"自律的限制"的主张，也扩展到匿名线人的使用。例如，在一系列涉及滥用匿名线人的丑闻之后，《纽约时报》于2004年发布了修订后的《秘密新闻来源保障办法》（Confidential News Sources Policy），警告其记者"当使用此类线人时，我们的义务不仅仅是说服读者了解他们的可靠性，同时也要传达我们了解到的动机；我们有自己的衡量标准，能够避开那些用匿名披露发展自己的事业或党派利益的人"[68]。《华盛顿邮报》也向读者提供了类似的政策，编辑伦纳德·唐尼（Leonard Downie）在2004年承诺，记者们已经意识到《华盛顿邮报》的报道指南中包含这样的告诫："我们必须尽可能地告诉读者，为什么我们的匿名线人值得我们信任。"[69]

尽管这些声明可能令人振奋，但效果似乎并不明显。如果之前列举的令人不安的案例还不足以证明这一点，那么考虑《纽约时报》和《华盛顿邮报》的公共编辑和调查员在这方面对其雇主发表的强烈批评。自2004年以来，《纽约时报》的公共编辑丹尼尔·奥克伦特（Daniel Okrent）、拜伦·卡拉姆（Byron Calame）和克拉克·霍伊特（Clark Hoyt）总共撰写了近12篇文章，讨论该报使用匿名线人所引发的"诚信问题"。[70]例如，

秘密与泄密 [美国国家保密的困境]
Secrets and Leaks: The Dilemma of State Secrecy

霍伊特曾指出2004年《纽约时报》修订《秘密新闻来源保障办法》之后，使用匿名线人来"传播意见，而非事实"的问题实际上有所增加，尽管"此政策不鼓励这样做"。他补充到，近80%的匿名线人"没有向读者充分描述"。[71] 在这方面《华盛顿邮报》不甘落后。《华盛顿邮报》的调查员安德鲁·亚历山大（Andrew Alexander）在唐尼作出上述承诺五年多后，于2009年撰文指出该报在使用匿名线人方面设立的"高标准经常被忽视"。"《华盛顿邮报》的消息来源规则很好，"他补充说，"关键问题在于服从。"[72]

为什么《纽约时报》和《华盛顿邮报》没有遵守自己公开认可的标准？如果公共编辑和调查员值得信任，那么匿名线人滥用的问题应归咎于思想意识的松懈。例如，《华盛顿邮报》的调查员亚历山大写道："编辑们必须毫不留情地从高层开始解决问题。"[73] 同样，《纽约时报》的公共编辑卡拉姆建议"致力于高层监督，给予足够的谨慎"。[74] 但是，尽管《纽约时报》和《华盛顿邮报》的编辑们已经起草和分发了所有的政策和备忘录，滥用匿名线人的现象在很大程度上仍然有增无减。例如，《纽约时报》的编辑们自己也承认在使用匿名线人方面继续"偏离自己的指导方针"。[75]《华盛顿邮报》同样无能为力。亚历山大承认包括自己在内的调查员，"几十年来"一直抱怨《华盛顿邮报》在使用匿名线人方面"不愿遵循自己设定的标准"，但收效都甚微[76]。

《纽约时报》和《华盛顿邮报》一直无法遵守自己公布的标准，这表明它们的公共编辑和调查员作出的诊断存在根本错误。或许这种诊断建立在一个错误的假设上——我们只需要求编辑更好地监督记者，就可以防止滥用匿名线人。这种观点认为编辑本身（以及雇用他们的出版商）没有动机允许滥用匿名线人。这种假设可以直接追溯到比克尔的观点，但它显然是错误的。比克尔认为记者的利益**必然**与公众利益保持一致，因为前者通过报道新闻来获利的愿望服务于满足后者求知欲的愿望。他声称，"记者的职业利益是公共权力的哨兵"。[77] 比克尔认为，我们没有理由担心匿名线人使用。他写道，"记者的权限**就是**公众的权限"。[78] 但是，如果记者（以

第六章 我们应该相信泄密者吗？——匿名线人与监管问题

及监督他们的编辑和雇用他们的出版商）不是以"道德中立"或"无顾虑"的态度对待匿名线人，而是利用自身对线人的特权来发展自己的职业生涯或偏袒自己喜欢的事业，结果会怎样呢？不难想象记者、编辑和出版商的狭隘利益（对获奖、晋升和读者的渴望）以及政治联盟最终会如何影响他们在这方面的决定，尤其是当他们使用的匿名线人不接受公众监督时。[79]

事实上，如果不是因为记者、编辑和出版商的狭隘利益，谁又能解释过去十年来一些最耸人听闻的披露呢？例如，回顾一下《纽约时报》决定披露国家安全局的无证监听计划。众所周知，在布什总统警告莱森和利希特布劳的报道可能危及国家安全后，《纽约时报》最初同意不刊登该报告。是什么促使《纽约时报》的编辑和出版商改变了主意？莱森和利希特布劳的报道中提到了"对该行动的合法性和监督性"的"担忧"，但这种说法无异于打自己的脸——因为该计划显然既不违法（外国情报监视法庭主法官基于美国宪法第二条同意合作），也受到了监督（布什政府已告知国会领导人）。这些安全措施虽然非常规，但这使三个政府机构的官员都能够在他们认为该计划是完全违宪时发出警报。那为什么《纽约时报》会在2005年末突然觉得有必要优先考虑泰斯和塔姆等官员的担忧呢？利希特布劳指出《纽约时报》的编辑重新审视了搁置该报道的决定，他们意识到莱森可能会"抢先报道"，因为他对《纽约时报》推迟刊发的意愿感到沮丧，于是决定在即将出版的《战争状态》一书中发布该报告。[80]

当《纽约时报》决定披露财政部监控国际货币交易的计划时，遭到了一众官员的反对，其中包括两名民主党人："9·11事件独立调查委员会"的联合主席李·汉密尔顿和常常激烈批评布什政府的议员约翰·穆尔塔（John Murtha）。这份报告的公开遭到了激烈的批评。批评者包括《纽约时报》自己的公共编辑卡拉姆，他认为鉴于"该计划在美国具有明显的合法性，以及没有任何证据证明私人数据实际上被滥用"，所以这一披露是不正当的。《纽约时报》的编辑凯勒回应了批评者，称其"具有新闻价值"，因为"参与这些计划的某些官员已经向《纽约时报》表达了"他们对政府行为的合法性和监督适当性的不安"。[81] 这些官员是谁，他们的动机又是什么？凯勒并没有提到。尽管他保持沉默，但很难判断披露的官员的动机是公正无私的。正如《华尔街日报》当时所称："自从财政部的故事曝光以来……没有人，或者只有非常少的人反对这项计划，更不用称它是非法的。"[82] 人们很难忽视《华尔街日报》的质疑，因为《纽约时报》决定刊登这篇报道，与其说是出于对"新闻价值"的考虑，不如说是想要恢复其"监察者"（watchdog）的名誉——在伊拉克战争之前，这种名誉因屈服于白宫已经丧失殆尽。

需要说明的是，上述案例不是在暗示记者、编辑和出版商一定会草率使用匿名线人。令人高兴的是，媒体有时在披露涉密信息方面表现出令人钦佩的自我克制。[83] 据报道，新闻界成员在很多情况下拒绝对动机可疑的线人承诺匿名（尽管公众不知道，因为他们无法目睹新闻编辑室内的谈话，更别提记者与其线人之间的对话）。但上述情况确实表明，假定记者、编辑和出版商**总是**能过滤掉轻率或恶意的披露是不明智的；相反，总是存在其狭隘利益有可能扭曲自身判断的危险。

泄密可以受到监管吗？

如果记者、编辑和出版商的利益与公众利益并不总是一致，那么我们是否应该无视比克尔的观点，转而诉诸法律，寄希望于记者会因惧怕惩罚而过滤轻率或恶意的披露。这种法律应该是什么样的？正如我们看到，匿名线人滥用可能发生的情况或是记者、编辑和出版商**忽视**调查有争议的线人是否出于善意，或是他们**未能**披露有争议披露的线人其实是缺乏公正动机的。法律可以通过建立程序测试或标准来追踪前一类不当行为，比如记者、编辑和出版商在发布涉密信息前必须要做"尽职调查"（due diligence）。[84] 例如，法律可以要求他们从线人处获得任何潜在的利益冲

第六章 我们应该相信泄密者吗？——匿名线人与监管问题

突明确声明，如果线人误导了记者，那记者就没有义务再保护线人的身份。该法律还可要求记者、编辑和出版商签署一份声明，确认他们已经确定线人不存在利益冲突（这一步将有助于确定个人和企业的责任，从而先发制人避免忽视或转移不良影响）。

法律可以通过对记者、编辑和出版商进行"恶意测试"（bad faith test）来追踪后一种不当行为。该测试用于审查未能披露线人的利益冲突是否可以合理地归因于鲁莽、恶意或私利。很难在事先详尽地指出可能表明存在恶意的行为，但法律有兴趣确定，例如，媒体成员是否作出合理努力来描述线人的利益冲突；或者，是否为了减少冲突提高特定新闻报道的可信度，错误表达或甚至歪曲了线人的利益。

最后，如果上述两种情况中有任何一种情况被证明存在不当行为，法律可能会判定该媒体成员违法，并要求在适当情况下公布更正。前一种处罚可以延伸到没收利润，使不负责任的行为付出代价；而后一种处罚将纠正公共记录。我要强调的是，基于这样的法律，媒体成员**只有**在其披露受到国会正式谴责或成为刑事调查对象的情况下，才有义务**只向**法官披露线人的身份。这意味着拟议法律永远不可能强制执行禁令（因为必须先公开披露才能证明有争议）。

鉴于我们对滥用匿名的担忧，这样的法律似乎很有吸引力。但其可行吗？主要障碍之一是源于美国宪法第一修正案的一系列法律挑战。最直接的挑战就是第一修正案对言论的保护。根据现行第一修正案原则，在"针对言论内容的规制中"限制"高价值言论""被认为是违宪的"。[85]最高法院已经明确指出，与政治问题相关的"不受约束、强有力、畅所欲言的"辩论，特别是"对官方行为的批评"，构成了最高价值言论；因此，任何试图规范披露官员犯下的所谓不当行为的法律都可能违反第一修正案。[86]

然而，我们可能还有一条迂回路线。最高法院已经接受了这样的观点，即"如果法律只服务于高于一切的国家利益"，即使给"政治言论"带来了负担，也予以支持。[87]拟议法律满足这两项要求。它的适用性很窄，因为它只针对未公开利益冲突的官员泄密。此外，这一法律服务于重大利益，因为它使官员们难以模糊其操纵公众舆论的行为。这一利益之所以重大，是因为美国宪法第一修正案想要保护的利益——积极的公众讨论——在目前的情况下不太可能实现。法官勒恩德·汉德（Judge Learned Hand）说道："美国宪法第一修正案认为，正确的结论更有可能从众人口中获得，而不是任何权威的选择。"[88]但是，如果由于没有同等途径获取涉密信息，众人因此变得沉默或不可信，那又如何能得出"正确的结论"呢？当几乎没有（如果有的话）相互竞争的声音能够警告听众不要上当受骗时，"思想的市场"怎么能"检验真理"呢？[89]一些人可能会回答说，美国宪法第一修正案呼吁宽容，因为当相反的证据强行进入公众视野时将会出现一场"不受约束、强有力、畅所欲言的"公开辩论。但话又说回来，我们是否想把第一修正案所提供的保护范围扩大到未公开利益冲突的官员所作的匿名披露，希望随后的披露（可能是迟来的）能够证实他们的主张和动机是谨慎和深思熟虑的？

不幸的是，很少有先例可以帮助我们评估最高法院对这种论点的反应。可以肯定的是匿名政治言论已有强有力的辩护，尤其是在1995年的"麦金太尔诉俄亥俄州选举委员会案"（*McIntyre v. Ohio Elections Commission*，后称"麦金太尔案"）中，法院谈到了"在倡导政治事业时尊重匿名的传统"，推翻了俄亥俄州一项禁止在选举期间分发匿名传单的法规，因为"有意向选民提供其他相关信息的好处，并不能证明该州要求撰稿人发表声明或披露她本应省略的信息是正当的"[90]。但是，法院在"麦金太尔案"中面临的情况与此处拟议法律设想的情况明显不同。"麦金太尔案"中，俄亥俄州法规仔细审查了预先制止发表的内容，并未区分误导性的和有价值的匿名言论，而且要求提前公开演讲者的身份。然而此处拟议法律并不阻止发表，仅针对具有误导性的匿名言论并且仅要求披露利益冲突。此外，"麦金太尔案"还涉及作者（而不是线人）使用匿名的情况，作者是私人公民（而不是官员），其主张也没有引起误解。因此不足为奇，法院在"麦金

第六章 我们应该相信泄密者吗？——匿名线人与监管问题

太尔案"得出结论："知道作者的姓名和地址（将）几乎不能提高读者评估文档信息的能力。"[91]

面对美国宪法第一修正案的挑战，最高法院维持了对匿名政治言论的限制，以下这些案件同样没有结论。例如，在1976年"巴克利诉法雷奥案"（*Buckley v. Valeo*，后称"巴克利案"）和2003年的"麦康奈尔诉联邦选举委员会案"（*McConnell v. Federal Election Commission*，后称"麦康奈尔案"）中，法院接受了这样一种主张，即法律要求竞选捐助者公开身份以帮助"选民评估那些寻求联邦职务的人"；法院提醒那些以美国宪法第一修正案为由反对此种披露要求的人，不能忽视"个体公民第一修正案的竞争性利益，他们试图在政治市场上作出明智选择"。[92] 但是法院在这里也强调，如果公开身份的人因此容易遭到报复，这种披露要求可能构成"违宪的负担"。[93] 这一条件造成了不确定性，即受"巴克利案"和"麦康奈尔案"影响的法院是否会支持拟议法律，因为披露线人的利益冲突**可能**会导致她暴露身份，从而面临报复。法院最终的决定可能会转向它是否认为美国宪法第一修正案允许特定类别政治言论的威胁，即由未公开利益冲突的匿名官员泄密。

有个案例让我们有理由对此保持乐观：1991年的"科恩诉考尔斯媒体公司案"（*Cohen v. Cowles*，后称"科恩案"）。这起案例的起因是，州长竞选团队的成员丹·科恩（Dan Cohen）向明尼波利斯《明星论坛报》（*Star Tribune*）和圣保罗《先锋报》（*Pioneer Press*）的记者提供了一份关于竞争对手候选人的法庭记录。尽管记者们承诺科恩不透露其姓名，但编辑们最终还是决定披露他的身份。此举导致科恩失去了工作，促使他以违反保密规定为由起诉这些报纸。这些报纸对科恩的诉讼作出回应，称允许他提起损害赔偿诉讼会加重言论负担，"因为新闻机构有法律动机不披露秘密线人的身份，即使此人的身份本身具有新闻价值"。[94] 然而，法院不认同这种逻辑。由怀特大法官领导的五人多数派认为美国宪法第一修正案的利益没有受到任何威胁，因为出版责任是"自我强加的"：记者们自愿提供并承诺保密。[95] 但四人少数派回答,这种观点是基于"美国宪法第一修正案权利的概念仅与发言人有关,其价值可以在不考虑信息对公众话语重要性的情况下进行衡量。"[96] 苏特大法官认为,如果我们把**观众**而不是**发言者**视为美国宪法第一修正案权利的持有者,那么我们就会得出结论——总体来说,科恩的损害赔偿要求应该被否定,因为"了解科恩的身份会扩大明尼苏达州选民所面临选择的相关信息范围,揭示了选择他作为顾问的候选人性格"。[97] 尽管多数派不认同这一观点,但在涉密信息泄露的案件中,法院是否可能会对这一观点表示认同仍有待观察,其中线人动机的公共利益及其面临的报复威胁都是不容小觑的。

拟议法律的第二个挑战来自美国宪法第一修正案对新闻界的保护。特别需要指出的是,修正案条款要求新闻机构纠正公共记录的规定似乎与1974年"《迈阿密先驱报》诉托尼罗案"(*Miami Herald Publishing Company v. Tornillo*,后称"托尼罗案")中法院的立场相冲突,法院的立场是强迫编辑或出版商"发表那些告诉他们为什么不应该发表的'原因'"是违宪的。[98] 很难想象我们如何能克服这个挑战。如果有答案的话,那应该就是强调法院在"托尼罗案"的言论是针对公职候选人,其寻求权利回应《迈阿密先驱报》发表的批评言论,而拟议法律旨在纠正误导性的新闻报道。这个推理过程的成功与否取决于法院能否相信,带有误导性的内容与虚假内容一样令人不安(根据现行的美国宪法第一修正案原则,媒体**可以**被命令收回这些内容)。拟议法律设想误导性的内容令人深感不安,因为人们无法通过仔细阅读和公开辩论轻易发现或纠正其缺陷。但法院可能会回应称,读者在消化匿名披露时仍需保持适当谨慎。[99] 如法院在"托尼罗案"中所述,"一个负责任的新闻机构无疑是可取的,但是新闻机构的责任不是宪法规定的,像许多其他美德一样,无法靠立法获得"。[100] 如果这一观点成立,它表明即使最高法院在其他方面认可拟议法律,也只会支持一个比较温和的版本,即不要求新闻机构纠正公共记录。

拟议法律面临的另一个挑战是所谓的记者特权,即赋予记者拒绝披露

第六章 我们应该相信泄密者吗？——匿名线人与监管问题

涉密信息秘密线人的法律特权。拟议法律可能与记者特权发生冲突，因为它要求媒体成员在法庭上披露与其秘密线人有利益冲突的信息。这一冲突似乎没有引起任何重大的宪法问题，因为（如我们在第四章中所见）法院在1972年"布莱兹伯格诉海耶斯案"中称，记者特权不能阻挠司法行政。不过请注意，受理"布莱兹伯格案"的法院认为处理该案件的"唯一的问题"是：在"新闻线人本身涉及犯罪或有与刑事调查有关"的情况下，记者是否可以被迫作证。[101] 法院强调："与出版内容有关的民事或刑事处罚在此不存在争议，"并补充说，"新闻机构使用秘密线人不受禁止或限制……任何人不能要求媒体公布其资料来源或不加区别地予以披露。"[102] 这一免责声明留下了一个问题，即拟议法律是否符合美国宪法第一修正案对新闻自由的保障。[103]

尽管很少有先例能清楚地说明这个问题，但可以说明的是拟议法律不会损害美国宪法第一修正案所认定的记者特权的价值。记者特权建立在这一概念——虽然美国宪法第一修正案"保证新闻自由，主要是因为它可以作为公共信息的重要来源发挥重要作用，但当记者无法保证秘密来源时，媒体的新闻采访和报道活动就会受到压制"[104]。现在，拟议法律真的挑战了这一推理过程吗？不言而喻，要求媒体成员向法院提供其秘密线人的详细信息，这将很难获得愿意采取真诚行动的线人的合作，即官员毫无偏见地认为构成不当行为而自愿泄密。由于法院没有理由强迫记者、编辑或出版商公开披露任何可能使线人遭受报复的其他细节，因此这类线人的秘密性得以保留。目前尚不清楚的是立法工作会给**有价值**的新闻采集利益带来什么风险，因为记者特权**依赖**记者、编辑和出版商自愿忠实地调查，而立法使这一特权和披露有关的利益相冲突。

这一论点可能与先前提出的观点相矛盾。事实证明，官员很难衡量涉密信息泄密如何被接收，这可能意味着仅仅是**表面上**有利益冲突的线人可能不会提供有价值的信息。这些线人很可能担心他们的披露引发的争议足以导致一场泄密刑事调查，法院可能会进一步要求他们披露其利益的更多相关信息，这样可能会暴露他们身份从而招致报复，即便他们实际上并不是出于自身利益而决定泄密。

诚然，这种危险确实存在。但目前还不清楚这能否在实践中轻易实现。根据拟议法律，将由法官决定是否需要以及如何纠正公共记录是正当的，并且据推测这种纠正可以防止报复。法官可能在平衡了相关利益之后仍要求作出纠正，倾向于揭露线人的身份。因此，对于在披露导致刑事调查的情况下不愿披露其利益冲突的线人来说，始终存在着风险。但目前尚不清楚这种风险因素会在多大程度上影响线人与记者合作的意愿，几乎没有实验性证据表明存在因果关系。因此，莉莲·贝维尔指出，我们并"不清楚，认可或不认可记者特权实际上会产生什么影响"。[105]

但是，如果可以证明身份暴露的风险会导致上述线人保持沉默呢？在那种情况下，法院将需要考虑当拒绝披露潜在或明显的利益冲突的线人拒绝与记者合作时，美国宪法第一修正案所保护的新闻采集工作是好还是坏。根据本章之前所讨论的案例，排除这种线人很可能实际上会**增加**新闻界进一步推进亚历山大·梅克尔约翰（Alexander Meiklejohn）和文森特·布拉西各自所描述的美国宪法第一修正案的自我管理和审查价值的可能性。[106]

到目前为止，我们一直在讨论拟议法律的合宪性所面临的挑战。现在让我们考虑拟议法律是否可以被公平适用于司法挑战。回想一下，拟议法律将使用两种不同的审查方法来确定是否存在滥用匿名线人的情况。第一种是审查媒体成员是否遵守既定的尽职调查标准，而第二种则是审查是否有证据表明涉事记者、编辑或出版商有恶意行为。前者不应该引起对公平性的严重担忧，因为标准将是客观的（例如，记者是否就即将披露的信息向政府官员发出警报，并让他们有机会解释或至少减轻可能的危害）。然而，后一种却并非如此。这里我们理应担心公平的问题，因为这种主观评价的标准不会对外公开以供审查。要求媒体成员在公开法庭上披露证明自己没有恶意的细节，这几乎肯定会暴露其线人的身份。结果将破坏审判的目的，即确定线人的动机（更不用说身份）是否应披露。因此，负责实施拟议法

第六章 我们应该相信泄密者吗?——匿名线人与监管问题

律的法官将不得不在内部的、单方面的听证会上使用该法律;他们还必须发表经过编辑或删减的意见。这些安排要求他们在不借助对抗性诉讼程序的情况下作出法律要求的实质性评估,同时这也会妨碍公众理解其决定背后的理由。在这种情况下,司法自由裁量权将有很大的空间,而且很难确定法律能否得到一致的使用,也就是说类似的案件能否得到同样的裁决。

尽管上述挑战可能令人不安,但它并非没有应对之策。虽然我们不能改变必须内部诉讼的事实,但我们可以通过提高确立不当行为所需的证明标准,来减少这种诉讼导致不公平判决的可能性。当然,提高证明标准是要付出代价的——只有最严重滥用匿名线人的行为才有可能受到惩罚。但几乎没有其他选择;官员、记者、编辑和出版商的活动有时不只是表面上看到的那样,让远离喧嚣政治的法官去解读他们的动机,小心谨慎是有道理的。

我们已经看到,一项旨在惩罚滥用匿名线人的法律面临着重大的法律挑战,为克服这些挑战而作出的让步很可能会削弱这项法律的效力和影响,从而削弱其效用。现在让我们考虑最后一个令人关切的原因:执行这样一项法律面临的实际挑战。正如我们在第四章中看到,即使违反了《美国法典》第798条法令(明确禁止出版与通信情报相关的涉密信息),记者、编辑或出版商也从来没有因发布涉密信息而被起诉。如果总统没有动力去执行第798条法令,就很难理解他们为什么会有动力去执行我们在这里讨论的法律。在上一个问题中讨论的难以执行该法律的环境因素,也同样适用于这个问题。正如我们所看到的,其中一个因素是担心审判会引起人们对未经授权披露所泄露涉密信息的关注(甚至可能要求披露更多的涉密信息)。另一个因素是总统们有强烈的动机避免与记者和出版商发生冲突,后者很容易通过公开总统及其幕僚的政治和个人弱点进行报复。有句谚语说,永远不要和一个用桶买墨水的人打架,这在华盛顿众所周知。

这种分析可能引发这样的反应:如果启动和裁决案件的权力掌握在想要抵制新闻界政治权力的机构或委员会,且该机构或委员会秘密地、单方

秘密与泄密 ［美国国家保密的困境］
Secrets and Leaks: The Dilemma of State Secrecy

面进行运作，那么执法业务变得相对容易。这种举措也可以解决其逆向问题——也就是说，这也会减少拟议法律被用来骚扰记者、编辑和出版商的可能性，特别是如果这个机构或委员会是由来自民间的杰出人士组成，包括媒体机构的退休成员。但即使假设这样的安排是可行的，也无法克服执法上的另一个障碍——记者、编辑和出版商可以轻易规避执法机构。

当然，长期以来也有可能通过跨国界行为来规避公布涉密信息的法律限制。例如，美国中央情报局前官员菲利普·阿吉（Philip Agee）于 1975 年在英国出版的《公司内幕》（*Inside the Company*）。这本书公开了中央情报局特工的身份，避免了美国法律的诉讼。同样参考 1987 年由英国前特勤局（British Secret Service）成员彼得·赖特（Peter Wright）撰写的《间谍捕手》（*Spycatcher*），其中揭露了许多秘密。他绕过了法院的禁令，在苏格兰和澳大利亚出版了本书（据报道，该书大量走私到英国）。当然，新媒体的出现，特别是基于互联网的传播渠道极大地降低了记者、编辑和出版商规避与涉密信息发布相关的法律或法规的难度。我们生活在这样一个世界：泄露的涉密信息可以即刻传送到"信息交换中心"（比如维基解密和公开解密这两个网站），并在世界各地的网站上刊登。因此，我们想知道制定这里讨论的法律是否具有任何意义也不无道理。

重要的是不要夸大挑战。维基解密和公开解密等网站的存在不应让我们忽视这样的事实：由于用户基础、编辑独立性和专业标准，美国传媒机构将继续发挥着巨大的影响力。的确，最近外交电报的披露可以看作是重申美国传媒机构的重要性，因为如果《纽约时报》没有"策划"披露事件，吸引读者注意特定事实，提供背景信息，并委托支持社论，维基解密的"数据转储"就不可能产生公共影响。[107] 同样，我们也绝不能忽视这样的事实，即与美国有关的绝大多数的泄密资料将继续由美国的新闻机构发表。原因很简单。到目前为止，美国宪法第一修正案为新闻界提供的保护使官员们没有必要求助于海外的记者、编辑和出版商。因此，目前在互联网上公开的泄密信息很可能——或许也应该——被这样怀疑：人们一定想知道，披

第六章　我们应该相信泄密者吗？——匿名线人与监管问题

露这些信息的官员为何找不到一家愿意报道其故事的美国媒体。

正在进行的媒体革命未能削弱美国新闻机构在引导涉密信息泄露方面的作用，这一事实可能会让人得出这样的结论：制定一项规范匿名线人使用的法律还为时不晚。只要《纽约时报》和《华盛顿邮报》继续充当泄露涉密信息的主要渠道，实施这样的法律会有多难？然而，这个理念忽略了一个重要的问题。如果法律真的开始要求《纽约时报》和《华盛顿邮报》证明其使用匿名线人是合理的，于是官员害怕被随后的调查"揭穿"身份，这会给官员们一个强烈的动机——通过互联网披露秘密（如前所述，不仅仅只有那些动机不良的官员害怕被调查揭穿）。这一进展自然会导致美国公众开始更加信任通过互联网进行的匿名披露。简而言之，维基解密和公开解密等网站的出现给执法部门带来的问题，并不是因为这些网站作为公开泄露涉密信息的主要渠道**已经**取代（或即将取代）美国传媒机构；而是如果美国传媒机构受到更严格的审查，它们**确实**可以成为主要渠道。[108]

尽力而为

因此，我们似乎不太可能依靠法律来迫使记者、编辑和出版商代表公众过滤这些匿名披露的信息。即便拟议法律能够克服上文讨论的美国宪法第一修正案带来的挑战，行政机构也不太可能在互联网时代执行这个规定。因此我们别无选择，只能依靠记者、编辑和出版商的善意——或许还有读者的质疑。这并不是直接发出警报的原因，因为确实有一些案例表明记者、编辑和出版商选择负责任地行事。但这方面的证据并不是十分充分。因此，我们必须学会在这样一个政治世界中前进——涉密信息的泄露不仅将继续被用来发出警报，而且还将被用于进一步发展部门利益和党派斗争。现在让我们思考能做些什么来充分应对这一困难局面。

〖注释〗

[1] Government Accountability Project, *The Art of Anonymous Activism*, 2. 另见 Svara, *The Ethics Primer for Public Administrators*, 118-19。

[2] Interdepartmental Group on Unauthorized Disclosures of Classified Information, *Report*, 2; Bruce, "How Leaks of Classified Intelligence Help U.S. Adversaries," 406–7.

[3] 18 U.S.C. § 793(d).

[4] 18 U.S.C. § 793(d).

[5] Ballou and Mcslarrow, "Plugging the Leak," 805–11.

[6] 案例参见 "The Espionage Statutes: A Look Back and a Look Forward," *Hearing Before the Subcommittee on Terrorism and Homeland Security of the Senate Committee on the Judiciary*, 111th Cong., 2nd Sess., May 12, 2010 (Statement of Kenneth L. Wainstein)。

[7] Interdepartmental Group on Unauthorized Disclosures of Classified Information, *Report*, 20.

[8] Bazan, *Intelligence Identities Protection Act*, 5; Croner, "A Snake in the Grass?" 773–74.

[9] *United States v. Leibowitz*, No: AW-09-0632 (D. Md. 2009).

[10] Allan Lengel and Dana Priest, "Investigators Conclude Shelby Leaked Message," *Washington Post*, August 5, 2004. 另见 White, "The Need for Govern-mental Secrecy," 1080。

[11] "Justice May Probe Leaked Pre-9/11 Intercepts," *CNN*, June 20, 2002, online at http://tinyurl.com/cjjcero.

[12] David Johnston and Scott Shane, "C.I.A. Fires Senior Office over Leaks, *New York Times*, April 22, 2006; R. Jeffrey Smith and Dafna Linzer, "CIA Office's Job Made Any Leaks More Delicate," *Washington Post*, April 23, 2006; Dan Eggen, Smith and Dafna Linzer, "Little is Clear in Law on Leaks," *Washington Post*, April 28, 2006.

[13] Interdepartmental Group on Unauthorized Disclosures of Classified Information, *Report*, 20.

[14] 请注意，即使是《官方保密法》也未能阻止英国秘密信息不断泄露，最近的案例是迄今为止仍保持匿名的"唐宁街备忘录"披露。参见"Downing Street Memo", *Sunday Times*, May 1, 2005。其他案例参见 Maer and Nonagon Gay, *Official Secrecy*, 11-19; Article 19 and Liberty, *Secrets, Spies, and Whistleblowers* (London: Guardian, 2000)。

[15] Interdepartmental Group on Unauthorized Disclosures of Classified Information, *Report*, 16. 另见 Dulles, *Craft of Intelligence*, 244-45。

[16] Commission on the Intelligence Capabilities of the United States Regarding Weapons of Mass Destruction, *Report*, 383; Interdepartmental Group on Unauthorized Disclosures of Classified Information, *Report*, 20.

[17] Dulles, *Craft of Intelligence*, 244-45.

[18] Edwards and Wayne, *Presidential Leadership*, 158.

[19] Shane Harris, "Plugging the Leaks," *Washingtonian*, August 2010, 36. 另见 Hurt, "Leaking National Security Secrets," 20。

[20] Josh Gerstein, "Justice Dept. Cracks Down on Leaks," *Politico*, May 25, 2010, online at http://tinyurl.com/23olzaq; Moberly, "Whistleblowers and the Obama Presidency," 75–80.

[21] Letter from Attorney General John Ashcroft to Representative J. Dennis Hastert, October 15, 2002, 4, online at http://tinyurl.com/9l9zax2. 另见 Adam Liptak, "A High Tech War on Leaks," *New York Times*, February 11, 2012。

[22] Dana Priest, "CIA Holds Terror Suspects in Secret Prisons," *Washington Post*, November 2, 2005.

[23] "Current and Projected National Security Threats to the United States, *Hearing Before the Senate Select Committee on Intelligence*, United States Senate, 109th Cong., 2nd Sess., February 2, 2006, 51-52.

[24] R. Jeffrey Smith and Dafna Linzer, "Dismissed CIA Office Denies Leak Role," *Washington Post*, April 25, 2006.

[25] R. Jeffrey Smith, "Fired Office Believed CIA Lied to Congress," *Washington Post*, May 14, 2006; Robert G. Kaiser, "Public Secrets," *Washington Post*, June 11, 2006. 另一案例，参见 Feldstein, *Poisoning the Press*, 147-48。

[26] Ackerman, "Protect, Don't Prosecute, Patriotic Leakers.

[27] James Risen and Eric Lichtblau, "Bush Lets U.S. Spy on Callers without Courts," *New York Times*, December 16, 2005.

[28] Michael Isikoff, "The Fed Who Blew the Whistle," *Newsweek*, December 12, 2008.

[29] Michael Isikoff, "The Fed Who Blew the Whistle," *Newsweek*, December 12, 2008.

[30] Michael Isikoff, "The Fed Who Blew the Whistle," *Newsweek*, December 12, 2008.

[31] Lichtblau, *Bush's Law*, 188-89.

[32] Isikoff, "The Fed Who Blew the Whistle."

[33] Michael Isikoff, "Looking for a Leaker," *Newsweek*, August 12, 2007.

[34] Brian Ross, "NSA Whistleblower Alleges Illegal Spying," *ABC News*, January 10, 2006, online at http://tinyurl.com/c6jy5h3.

[35] Chris Strohm, "Ex-NSA Official Seeks Avenue for Sharing New Allegations," *Government Executive*, January 19, 2006.

[36] "National Security Whistleblowers," 109th Cong., 2nd Sess., February 14, 2006, 169–70 (Statement of Russell D. Tice).

[37] "National Security Whistleblowers," 109th Cong., 2nd Sess., February 14, 2006, 173.

[38] "National Security Whistleblowers," 109th Cong., 2nd Sess., February 14, 2006, 174.

[39] Chris Strohm, "Former NSA Office Alleges Illegal Activities under Hayden," *Government Executive*, May 12, 2006.

[40] Risen, *State of War*, chap. 9.

[41] James Risen, "Fired by the CIA, He Says Agency Practiced Bias," *New York Times*, March 2, 2002.

[42] Todd C. Frankel, "Life Away from CIA Still Tangled, Lonely for Indicted Ex-Spy," *St. Louis Post-Dispatch*, January 23, 2011.

[43] *Sterling v. Tenet*, 416 F.3d 338 (4th Cir. August 3, 2005).

[44] *United States v. Sterling*, No. 1:10cr485 (E.D. Va. 2010) [Indictment, 7-14].

[45] Carlson, "Whither Anonymity?"; Boeynik, "Anonymous Sources," 238, 240. Smith, *Ethics in Journalism*, 176–77; Sanders, *Ethics and Journalism*, 114; Flynn, "Covert Disclosures," 261.

[46] Goldsmith, *The Terror Presidency*, 38-48.

[47] *United States v. Sterling*, No. 1:10cr485 (E.D. Va. 2010) [Indictment, 13].

[48] Carlson, "Whither Anonymity?" 42–43; Boeynik, "Anonymous Sources," 242–44; Jacquette, *Journalistic Ethics*, 169; Wasserman, "A Critique of Source Confidentiality," 563.

[49] Lichtblau, *Bush's Law*, 187.

[50] *United States v. Sterling*, No. 1:10-cr485 (E.D. Va. 2011) [Indictment, 7-18].

[51] Risen, *State of War*, chap. 9.

[52] Seymour M. Hersh, "Torture at Abu Ghraib," *New Yorker*, May 10, 2004.

[53] Bovens, *The Quest for Responsibility*, 209; Elliston, "Anonymous Whistleblowing," 47.

第六章 我们应该相信泄密者吗？——匿名线人与监管问题

[54] Sophie Arie, "Crude Niger Forgeries Surface in Italian Paper," *Guardian*, July 17, 2003; Seymour M. Hersh, "The Stovepipe," *New Yorker*, October 27, 2003; Unger, *American Armageddon*, chap. 14; Hoyle, *Going to War*, chap. 9.

[55] 参见"Media Incentives and National Security Secrets"。这篇文章建议通过法律来执行程序性保障措施，但它几乎没有解释为什么相信这样的法律能够经受住美国宪法第一修正案的挑战，更不用说对外国媒体机构，包括网络出版物。可以说，更合理的策略是依靠媒体批评，正如本书结语中讨论的那样，媒体批评可以引导公众关注和谴责未能遵守推荐的程序性保障措施的出版物。

[56] Bickel, *Morality of Consent*, 81.

[57] Bickel, *Morality of Consent*, 80.

[58] Bickel, *Morality of Consent*, 81. *New York Times Co. v. United States*, 717.

[59] Bickel, *Morality of Consent*, 81.

[60] Bickel, *Morality of Consent*, 81.

[61] Bickel, *Morality of Consent*, 81.

[62] Bickel, *Morality of Consent*, 81.

[63] Bickel, *Morality of Consent*, 80.

[64] Bickel, *Morality of Consent*, 84.

[65] "When in Doubt, Publish," *Washington Post*, July 9, 2006. 另见 Bill Keller and Dean Baquet, "When Do We Publish a Secret?" *New York Times*, July 1, 2006; "An Alert Press," *Washington Post*, June 29, 2006。

[66] "When in Doubt, Publish."

[67] Keller and Baquet, "When Do We Publish a secret?"

[68] "Confidential News Sources Policy" (New York Times Company, March 1, 2004), online at http://www.nytco.com/company/business_units/sources.html.

[69] Leonard Downie Jr., "The Guidelines We Use to Report the News," *Washington Post*, March 7, 2004; Andrew Alexander, "Ignoring the Rules on Anonymous Sources," *Washington Post*, August 16, 2009. 更广泛的调查，参见 Son, "Leaks"。宋恩指出，目前的道德准则很少讨论恶意披露的问题。这个缺点得以解决，参见 Duffy and Freeman, "Unnamed Sources," 310–11. 不幸的是，达菲和弗里曼并没有讨论他们提出的道德准则应该如何执行，特别是泄密是通过维基解密网站进行的情况。同样的缺点，另见 Kielbowicz, "The Role of News Leaks," 489。

[70] Daniel Okrent, "An Electrician from the Ukrainian Town of Lutsk," *New York Times*, June 13, 2004; Daniel Okrent, "Briefers and Leakers and the Newspapers Who Enable Them," *New York Times*, May 8, 2005; Byron Calame, "Anonymity: Who Deserves it?" *New York Times*, November 20, 2005; Byron Calame, "More

Flexibility and Reality in Explaining Anonymity," *New York Times*, June 30, 2006; Clark Hoyt, "Culling the Anonymous Sources," *New York Times*, June 8, 2008; Clark Hoyt, "Those Persistent Anonymous Sources," *New York Times*, March 21, 2009; Clark Hoyt, "No Comment. But You Didn't Hear it From Me," *New York Times*, March 28, 2009; Clark Hoyt, "Cloaked Identities, Even with Names," *New York Times*, August 15, 2009; Clark Hoyt, "Squandered Trust," *New York Times*, April 17, 2010; Clark Hoyt, "Anonymous Sources Postscript," *New York Times*, April 17, 2010.

[71] Hoyt, "Culling the Anonymous Sources."

[72] Andrew Alexander, "Ignoring the Rules on Anonymous Sources," *Washington Post*, August 16, 2009.

[73] Andrew Alexander, "For The Post, Anonymous Sources Remain a Problem," *Washington Post*, June 13, 2010.

[74] Calame, "Anonymity: Who Deserves it?"

[75] Phil Corbett, "A Reminder on Anonymous Sources," *New York Times*, August 31, 2010. 另见 Bill Keller, "Assuring Our Credibility," *New York Times*, June 23, 2005, 4–6; Calame, "More Flexibility and Reality in Explaining Anonymity"。

[76] Alexander, "Ignoring the Rules on Anonymous Sources." 其他证据，参见 Glenn Greenwald, "The Casual, Corrupting Use of Anonymity for Political Officials," *Slate*, March 6, 2009, online at http://tinyurl.com/bfczjku; Glenn Greenwald, "The Ongoing Journalistic Scandal at the New York Times," *Slate*, July 9, 2007, online at http://tinyurl.com/8zurd8h。在过去十年中，编辑和出版商在多大程度上能够控制匿名线人的使用，存在一些争议。参见 Duffy and Williams, "Use of Unnamed Sources Drops"; Martin-Kratzer and Torson, "Use of Anonymous Sources Declines"。但是，请注意，这些数据没有按主题领域分类。因此，我们不知道国家安全报道是否真的减少了匿名线人的使用。早前的研究，参见 Hallin, Manoff, and Weddle, "Sourcing Patterns of National Security Reporters"。还要注意的是，我们这里关心的是防止匿名线人的滥用——而不是完全消除其使用。因此，在我们看来，匿名披露的总体数量并不重要。重要的是匿名披露的质量，而不是数量。

[77] Bickel, *Morality of Consent*, 83.

[78] Bickel, *Morality of Consent*, 85.

[79] Levi, "Dangerous Liaisons," 690–706. 另一案例，参见 Carlson, On Condi-tion of Anonymity, chap. 1。

[80] Lichtblau, *Bush's Law*, 202. 另见 Goldsmith, "Secrecy and Safety"; Schoenfeld, *Necessary Secrets*, 47–48。

第六章　我们应该相信泄密者吗？——匿名线人与监管问题

[81] Byron Calame, "Can 'Magazines' of The Times Subsidize News Coverage?" *New York Times*, October 22, 2006; Byron Calame, "Bill Keller Responds to Column on Swift Mea Culpa," *New York Times*, November 6, 2006; "Letter from Bill Keller on The Times's Banking Records Report," *New York Times*, June 25, 2006.

[82] "Fit and Unfit to Print," *Wall Street Journal*, June 30, 2006.

[83] Scott Shane, "A History of Publishing, and not Publishing, Secrets," *New York Times*, July 2, 2006; Smolkin, "Judgment Calls"; Keller, "The Boy Who Kicked the Hornet's Nest," 8, 13.

[84] 戴维·阿布拉莫维奇（David Abramowicz）指出，这些程序性规范可以效仿新闻行业制定的各种道德规范，参见"Calculating the Public Interest in Protecting Journalists' Confidential Sources," 1971-74. 但是，他没有讨论与执行这些规范相关的宪法挑战和实际挑战，正如我们看到，这些挑战是非常严峻的。同样的问题参见 Carlson，*On Condition of Anonymity*, 154-61。

[85] Strauss, "Freedom of Speech and the Common-Law Constitution," 38.

[86] *New York Times Co. v. Sullivan*, 376 U.S. 254, 270-71 (1964).

[87] *McIntyre v. Ohio Elections Commission*, 514 U.S. 334, 347 (1995).

[88] *United States v. Associated Press*, 52 F. Supp. 362, 372 (S.D.N.Y. 1943).

[89] *Abrams v. United States*, 250 U.S. 616, 630 (1919).

[90] *McIntyre v. Ohio Elections Commission*, 348-49, and fn. 11.

[91] *McIntyre v. Ohio Elections Commission*, 349-51.

[92] *Buckley v. Valeo*, 424 U.S. 1, 67 (1976); *McConnell v. Federal Election Commission*, 540 U.S.93, 197 (2003). 另见 *First National Bank of Boston v. Bellotti*, 435 U.S. 765, fn. 32 (1978), 法院援引此类披露的"预防作用"。

[93] *Buckley v. Valeo*, 68; *McConnell v. Federal Election Commission*, 198.

[94] *Cohen v. Cowles Media Co.*, 501 U.S. 663, 671-72 (1991).

[95] *Cohen v. Cowles Media Co.*, 501 U.S. 663, 671.

[96] *Cohen v. Cowles Media Co.*, 501 U.S. 677-78.

[97] *Cohen v. Cowles Media Co.*, 501 U.S. 678.

[98] *Miami Herald Publishing Co. v. Tornillo*, 418 US 241, 256-58 (1974). *Associated Press v. United States*, 326 U.S. 1 (1945), fn. 18.

[99] *McIntyre v. Ohio Elections Commission*, fn. 11.

[100] *Miami Herald Publishing Co. v. Tornillo*, 256.

[101] *Branzburg v. Hayes*, 682, 691.

[102] *Branzburg v. Hayes*, 682, 691.

[103] *Zerilli v. Smith*, 656 F.2d 705, 714 (D.C. Cir. 1981).

[104] *Zerilli v. Smith*，711; *McKevitt v. Pallasch*, 339 F. 3d 530, 532 (7th Cir. 2003)。为了更广泛地捍卫记者特权，参见 Blasi,"The Checking Value," 602–7; Emerson,"Legal Foundations of the Right to Know," 19–20; Stone, "Why We Need a Federal Reporter's Privilege"; Werhan, "Rethinking Freedom of the Press after 9/11," 1603–5。遗憾的是，这些学者都没有对未经授权披露本身可能被滥用的前景给予持续的关注。有一个例外，参见 Fargo, "The Year of Leaking Dangerously," 1008-10, 1119。

[105] Bevier, "The Journalist's Privilege," 475. 一些支持记者特权的人认为，即使是接到政府传票也会给新闻机构带来巨大的法律和行政负担，限制了它们行使美国宪法第一修正案赋予的权利。参见 Dalglish, Agents of Discovery, 4, 12; Jones, "Avalanche or Undue Alarm?" 651。

[106] Blasi, "The Checking Value," 538, 607; Meiklejohn, *Free Speech*, 88-89.

[107] Keller, "The Boy Who Kicked the Hornet's Nest," 14, 21.

[108] 前美国国家安全局雇员爱德华·斯诺登最近通过英国《卫报》进行了未经授权披露。据报道，斯诺登选择了这条路，因为他不相信《华盛顿邮报》(因为它想要获得政府对发布披露可能造成危害的意见)或《纽约时报》(它曾同意布什总统请求暂时停止报道与莱森、利希特布劳非法窃听案有关的新闻)。参见 Howard Kurtz, "Leakers Seek out Advocacy Journalists," *CNN*, June 12, 2013, online at http://tinyurl.com/lnmovx7。

[结 语]
一剂苦药

我们的调查研究现已接近尾声。在得出一些结论性意见之前,我简要重述一下本书的脉络结构。我首先提请人们注意到当前普遍存在于国家保密讨论中的极度焦虑感。据我观察,这种焦虑在原则层面较少,而在实践层面较多。它并非源于公众对国家保密与民主相悖的担忧,而是源于人们对政府可能利用国家保密来掩盖不当行为的担忧。人们为何对已建立的监管国家保密的机构缺乏信心?

第一章将信心的缺乏归结为一种困境。负责管理国家保密使用的机构,即国会和法院,由于信息和专业知识不足,一直难以发现不当行为。与此同时,那些依靠吹哨和泄密的手段来成功揭露不当行为的机构,也因为违反了禁止未经授权披露涉密信息的法律法规而受到了批评和惩罚。我认为,这一困境意味着如果我们希望解决人们对国家保密挥之不去的焦虑,要么加强司法审查和立法监督的有效性,要么捍卫吹哨和泄密的合法性。

第二章和第三章指出,为了使司法审查和立法监督更加有效,我们需要将涉密信息的最终决定权移交给具备专业知识,并有自由裁量权的法院或委员会。但我认为该措施回避了这样一个问题:为什么我们应该相信法院或委员会成员会比总统更负责?毕竟对于哪些信息应该公开的问题,很少有客观的答案。鉴于此,该如何防范法院或委员会的成员公布或隐瞒最符合其自身狭隘党派利益的信息?尤其是当他们知道外界无法审查他们的决策。特别是我们可以假设法院或委员会的成员将能够免受当代政治中盛行的利益集团的俘获吗？

第四章至第六章考察了吹哨和泄密是否构成规范国家保密的合法手段。我认为出于两个原因，官员、记者和出版商不应拥有作出未经授权披露的法律权利：首先，他们通常缺乏必要的信息，无法平衡公众在保密和披露方面的利益；其次，他们不能对轻率或恶意的披露承担责任。然而我们认为官员、记者和出版商违抗法律的行为在道德上是正当的，只要他们的披露满足以下五个条件：（1）揭露了公共权力的滥用；（2）有清晰和令人信服的证据；（3）不会对公共安全造成不成比例的威胁；（4）尽可能限制范围和规模；（5）公开身份。然而得出的结论是官员们通常不愿意遵守最后一个条件，因为会使他们面临报复。我认为只有在能够确定未经授权披露是出于善意的情况下，才有理由放宽最后一个条件。不幸的是，事实证明我们无法强迫记者、编辑和出版商始终如一、无私公正地披露信息，因为法律、政治和实践上的限制因素使制定这样一种规范变得十分困难，更不用说管理了。

从这一总结中，我们应该可以清楚地看到对于第一章中提出的困境，找到一个明确答案的希望很是渺茫。仅仅是将定密的最终决定权从行政机构转移到另一个机构解决不了信任问题，因为我们无法判断任命的监管机构是否能够做到尽职尽责。然而，通过允许官员、记者和出版商自行处理问题来分散监管权力也不完全令人满意，因为这可能导致披露太少或太多——前者是因为缺乏勇气，后者是因为过于执着或想要操纵民意。然而，我们未能为目前的困境找到令人满意的答案，并不意味着没有提供任何答案。可以说，我们在两方面已有答案。

在第一章中，我们认识到这样的担忧，如果作出未经授权披露的权利得不到法律的认可，法律行动的威慑就可能会阻止官员进行此类披露。我们现在已经看到总统不可能有望扼杀未经授权披露：如果官员的道德敏感性受到违法行为的严重冒犯，他们会不顾报复威胁而选择吹哨；那些缺乏

结 语 一剂苦药

公开发言勇气的人可能会泄密,他们相信执法机构往往很难确定他们的身份,更不用说起诉了。因此,禁止未经授权披露将阻止官员披露,这种担忧现在看来有些言过其实。事实上,有证据表明决策者在批准某项可能不合法的政策之前已经过再三思考,因为他们不确认自己的决策是否能一直保密。

我还驳斥了未经授权披露**总是**非法的观点。在某些情况下官员进行未经授权披露**将**是正当的。重要的是,我们已经确定并非所有的此类披露都需要公开。当暴露出严重的不当行为时,匿名披露是正当的。只要记者、编辑和出版商能够可靠地核实真相并向公众发出信号,表明披露信息的线人是出于善意,那么当他们披露可疑的不当行为时,也可能是正当的。重要的是,这些条件并非是不现实的。我们已经考察了满足这些条件的匿名披露——例如,披露阿布格莱布监狱使用不人道审讯手段,以及中央情报局秘密监狱的存在。

总而言之,我们已经确立了有效、可信和合法地向公民和议员发出不当行为警报的方法。尽管如此,我们必须保持低调,因为这些监管手段可能会失灵:过分执着的官员会可能没有正当理由就吹哨,记者、编辑和出版商可能无法避免操纵民意或自私自利的泄密。这种失控可能会导致两个不良后果。第一个不良后果主要涉及行政权力的使用。第一章将总统办公室描述为对国际政治本质进行严肃思考的产物。立宪者特别强调"活力"的必要性,因为速度和保密对掌控国际政治至关重要。不难看出,如果没有什么可以阻止心怀不满或过于执着的下属披露总统有权完全保密的精妙计划时,那活力就会受到威胁。这种失控行为的长期影响尤其令人担忧。总统的秘密行动或情报行动在不合时宜时受到破坏的情况变得越普遍,那么总统采取行动的决定就越可能不是基于其决定是否将获得追溯批准,而是基于一旦相关信息可以与公众共享,其决定是否可以随时向公众公开。

第二个不良后果主要涉及公共审议的质量。正如我们所见,公众很难辨别作出未经授权披露的官员是否出于善意。很多情况下,记者、编辑和出版商都避免在各种场合公开作出轻率或操纵性披露,这种担忧因此被抵消。有人认为这些案例表明许多记者确实是值得信赖的中间人。但这种回应没有抓住重点。在记者、编辑和出版商无法可靠保证过滤掉党派或操纵性披露的情况下,公众常常会怀疑——实际上**应该**怀疑——那些已经进入公共领域的信息披露是否值得相信。因此,当依靠未经授权披露来打击滥用国家保密的行为时,公共审议的质量不可避免地会降低,因为公众永远无法完全确定哪些披露是可靠的。最终的结果是阴谋诡计,甚至是偏执,因为我们看到公众舆论是通过泄密和反泄密之间的斗争而形成的。

这些后果令人不安,但是现在我们应该很清楚为什么必须学会与之共存。因为即使未经授权披露能够以某种方式被取缔,这也**不是**我们应该做的事情,因为这种披露是公民和议员对隐瞒不当行为保持警觉的主要手段。当然,如果我们能确保只有"有价值的"泄密才会被公开,那就更好了。但是,我们已经看到这种程度的控制超出了我们的能力。结果是一个痛苦的悖论。通过依赖未经授权披露来阻止总统做坏事,这让他很难做好事,而且公众更难分辨两者的区别。这确实是一剂苦药!但是我们别无选择,只能遵循这一制度,因为事实已经使我们意识到,自进入 20 世纪以来,国家保密范围和规模的稳步增长,无法轻易地改变法官和议员挑战总统对涉密信息的控制的有限作用,以及监管未经授权披露的困难。

然而,这并不是绝望的忠告。当然这里的分析意味着,正如第一修正案的许多学者认为官员、记者、编辑和出版商将始终出于公众利益行事是错误的。但这并不意味着我们必须默默忍受这些监管机制的失控。现在我们明白为什么必须容忍吹哨和泄密,因为它们可以提供一个有效的、可信的和合法的手段来打击国家保密的滥用。我们应该专注于打磨规范和实践,这将有助于减少这些监管机制被不恰当使用的概率。现在讨论可以采取的一些方法。篇幅原因我不能进行详细的分析,以下将重点讨论进一步研究该主题的方向。

结　语　一剂苦药

可信的行政机构

在第五章和第六章中,我提到只有在暴露出存在滥用职权的情况下,官员才有理由披露涉密信息。然而由于对公共权力的合法界限会存在分歧,官员无法确定表面的违法行为是否确实构成权力滥用。现在理想的情况是,一名官员如果遭遇了可疑的不当行为,他应该与掌握重要信息的高层人员接触,以便评估是否确实发生滥用职权的行为。然而在实践中,对报复的恐惧可能会阻止他迈出这一步。那总统如何才能让这位官员(以及她接触的记者和出版商)相信,他违反法律的秘密决策是值得尊重的呢?总统不能援引法律,因为其权力的合法界限本身就存有争议。他也不能分享涉密信息,尽管这些涉密信息可能会让官员、记者和出版商相信他的政策是合理的。那么,总统如何才能说服官员、记者、编辑和出版商相信他的判断呢?答案是:赢得**信任**。[1] 总统必须向观察者们传达:他的决策是有充分根据的,是公正无私的。以下三种方法可以做到这一点:

第一种方法是通过发出信号来表明他的私人利益与公共利益保持一致。例如,总统可能会说:"请相信我只会做对国家最有利的事情,因为这也是我的祖国。"或者他可能会说:"请放心,我一定会做到最好,因为我无比珍惜我的声誉。"这样的说法有着很深的历史渊源。1782年,国会建议各州对进口产品征收5%关税,以挽救美国的财政状况——这一建议遭到了民众的抵制。托马斯·潘恩(Thomas Paine)在《宾夕法尼亚公报》(*Pennsylvania Gazette*)中写道,美国人没有理由怀疑其代表的意图,因为"代表们的位置使他们能够了解一些更秘密的情况,并且这样或那样的收入对于选民的安全和防御是有必要的;与他们所代表的选民一样,他们的庄园和财产也是征税的目标"[2]。

不过这种方法有一个明显的弱点。在某些情况下,总统的利益与公众的利益毫无疑问密切相连。例如,总统将没有动机让国家在一场核战争中被摧毁。但在不那么极端的情况下,总统的利益可能是模糊的,并且容易发生变化,这使得观察者很难确定一个秘密政策(即建立在涉密信息基础上的政策)是否会像影响公众利益一样影响总统的利益。例如,某总统授权采取可能引发战争的秘密行动,他既没有孩子需要服兵役,经济利益也不可能因随之而来的税收飙升而有所损害。事实上如果有从军事冲突中能获利的公司愿意支持他,进行一场战争很可能符合他的利益。这是制宪会议中相当认真对待的一个问题。有人认为制定条约的权力只属于总统,因为"他的处境会让其比任何美国人都更能制定一份优秀的条约"。但这一观点在查尔斯·科特斯沃斯·平克尼的报告中遭到驳斥,因为总统可能"对他心仪的国家表现出不恰当的偏袒"。[3] 平克尼称,对腐败或偏袒的担忧是这次大会将制定条约的权力划拨给总统和参议院的关键原因。

似乎一旦我们承认当选官员的利益可能与公众的利益相背离,那么提高秘密决策可信度的唯一方法就是:扩大决策过程中利益代表的数量和种类。这种"数量安全"(safety in numbers)的方法是一些反联邦主义者认为众议院也应该被纳入条约制定过程所支持的手段,以免总统和三分之二的参议院法定人数暗中背叛这个国家。[4] 由于立宪者不愿意让众议院参与到条约制定过程中,他们转而寻求通过恢复潘恩早些时候引用的论点来加强对总统和参议院的信任。约翰·杰伊在《联邦党人文集》第64篇中指出,总统和参议院"没有任何与国家不同的利益",因为他们无权"制定那种可以使他们及其家人和财产免受同等约束和影响的条约"。毫无疑问这种说法有一定的吸引力,杰伊中肯地补充到美国宪法条款将确保只有公正无私的人才能填补公职。因为美国宪法"非常谨慎"地确保总统和参议员"应该是德才兼备之人",他写道,"我们有理由相信,他们所制定的条约将在所有情况下都具有优势"。[5]

我们可以设计确保自己选择的是有道德的代表,在本质上是值得信任的公共机构——这种想法绝不能被轻视。然而,我们可以依赖哪些机构来产生这种结果?选举政治被立宪者视为选择"天生的贵族"的首要机制,但目前尚不清楚它是否一定会选择道德高尚的人。[6] 众所周知,金钱、谎

结　语　一剂苦药

言和特殊利益的影响是无法详细阐述的。我们有充分的理由担心，领导者追求的不是共同利益，而是推动其上台的利益集团的利益。需要澄清的是，问题并不在于总统们已经或**无疑将被**特殊利益集团所腐化。相反，正是他们对自由裁量权的需要才使他们难以证明自身**没有**被腐化，这反过来又让怀疑论者更容易对他们的"德才兼备"产生怀疑（试想针对切尼副总统的诽谤，仅仅因为他与从伊拉克战争中获利的公司有过联系）。[7]

因此，如果总统们要能够表明他们没有受到腐化影响，就必须改革选举方式，特别是必须有可能使他们能够在无需地方利益集团协助的情况下当选，因为只有通过尽量减少明显的利益冲突，才能尽量减少引发未经授权披露的怀疑。但这无疑是一个艰难的挑战。即使能在这方面取得一些进展，我们也不清楚即便是一位洁身自好的总统能否有永久的信誉，因为除物质腐败以外，建立在品格基础上的信任也容易受其他腐败形式的怀疑。可以说当观察者无法确定他们是否利用保密悄悄地将自己的价值观强加于毫无戒心的公民时，立宪者低估了即使是"德才兼备"的个人也可能受到怀疑的程度。对于这种现象，还有比《杰伊条约》引发的骚动更令人心酸的案例吗？1795年3月，众议员麦迪逊在给詹姆斯·门罗（James Monroe）的信中写道，鉴于"观察到最难以理解的秘密"，"它的内容是什么，只有行政官员知道"。尽管如此，麦迪逊肯定同情法国的观察人士的怀疑已经被压制住了，"因为他们相信，有足够的理由采取预防措施"。[8]不过，这种信心不会持续太久。一旦联邦党人主导的参议院决定秘密批准该条约，民主共和党人的恐惧就会爆发。由此产生的政治动荡被证明是如此之大，以至于参议员史蒂文斯·梅森觉得有理由向《费城曙光报》的挑衅者披露他的条约副本。现在，如果民主共和党人都不能信任华盛顿总统秘密达成的协议，那我们又有什么希望来相信正直的品德能够平息这个时代意识形态冲突所引发的猜疑呢？

总统表达可信度的第二种方式是培养"克制和守法的声誉"。[9]很少有人比杰克·古德史密斯（Jack Goldsmith）更强调这一点，他写道，为

秘密与泄密 [美国国家保密的困境]
Secrets and Leaks: The Dilemma of State Secrecy

了提高可信度，一个政府"应该尽可能开放，当真正需要保密时，即使在危险的时刻，它也必须以一种无可非议的方式组织和行事"。[10]这究竟意味着什么？在行为层面意味着总统必须齐心协力，以温和的言辞安抚公众的紧张情绪。古德史密斯提供的一个案例是，奥巴马政府在行使国家秘密特权时使用的几乎都是"道歉"的用语。[11]这也意味着总统和他的高级顾问们必须避免进行自私自利的披露，以免树立坏榜样。古德史密斯认为："高层对保密制度的公然蔑视和操纵，表明了对保密缺乏严肃认真的态度，这必然会损害基层官员在与记者讨论时对保密工作的尊重。"[12]

古德史密斯还建议总统在组织层面（organizational level）上采取决策程序，向观察者传达出政策和决定考虑了重要的反对意见和相关利益。他认为尤其重要的一步是让政策受到行政机构律师的严格审查，让他们负责确保政府行为符合法律。古德史密斯认为一个建立并遵守这种内部制衡机制的总统，将比一个依赖少数精心挑选的律师和顾问的总统（这些律师和顾问以支持有利于总统事业的立场而闻名）更让观察者放心。[13]奥巴马总统为授权秘密无人机袭击计划而制定的决策过程，似乎遵循了这一标准。最近的披露无疑是为了强调总统在"克制和守法"方面的声誉，强调了在选择目标之前的"有争议的讨论"，决策过程中参与者"道德正直"，以及为减少附带伤害而采取的程序性保障措施，其中最值得注意的是总统必须"亲自"批准每次袭击。[14]

很少有人否认古德史密斯的建议是有价值的。"克制和守法"的声誉很可能会让过于执着的下属踌躇不前，从而至少能阻止一些错误的披露。然而，我们必须对这个建议所能实现的目标持保留态度。我们有两个理由相信"以无可指责的方式"管理和组织一个政府，不太可能阻止许多令人不安的披露。首先，总统的良好声誉无法防止在政治上反对他的下属作出恶意披露，以损害他的政治地位。古德史密斯可能低估了政治生活的严酷现实，斯蒂芬·赫斯（Stephen Hess）的观察更能说明这一点。他说道："最有可能去华盛顿管理政府的人都会拥有很高的才能以及对阴谋的宽容"。[15]

结 语 一剂苦药

其次，目前还不清楚总统能否始终如一地以一种"无可指责"的方式行事。作为一名领导者，总统面临的一个核心挑战是道德和政治分歧的普遍性，某一特定行动路线的正确与否可能会在他的下属之间产生不可调和的分歧。当此类争端出现时（它们最有可能出现在需要采取大胆果断行动的危机期间），总统通常不可能让所有人都参与进来。期间可能会有条件和妥协，但当下属最终强烈地向某个方向拉扯时，总统不能总是对半行事。换句话说，有时候总统不得不让一部分下属失望。

现在，当总统知道在道德上和政治上有影响的某个决定将会引起他的一部分下属的反对时，我们不应该惊讶于他会将这些下属排除在决策过程之外（或者无视他们的反对）。[16]正如赫斯指出，那些想要隐瞒重要事务的总统通常会"闭关自守"，他们"只涉及最少数的顾问"，并将信息"区隔化"。[17]古德史密斯当然认识到这种趋势的存在，他（十分恰当地）警告说，从长远来看，收紧而非放松"正常的保密圈子"可能会适得其反，因为这往往会引发怀疑导致未经授权披露。[18]然而，指望总统慷慨地分享信息是不现实的，因为这只会增加他必须在短期内压制或克服的反对声音的数量。如果有什么不同的话，那就是这种环境鼓励他在任命顾问和律师时，将忠诚置于能力之上。

总统能够提高其可信度的第三个方法是通过采取决策安排，向观察家们传达严肃可敬的政治行动者同意他的决定和政策这一信息。埃里克·波斯纳和阿德里安·韦尔默勒在一篇具有开创性的文章中指出，一些机制可以运用于此目的，包括内阁任命中的双边主义和外交政策中的多边主义。[19]前一个提议十分有趣：总统任命的内阁政治重量级人物的利益、倾向和经历与他自己不同。这个提议很有吸引力，因为它创造了"煤矿里的金丝雀"（预警作用）——只要总统能够保持这些重量级人物的支持，观察家们就有理由相信，他的秘密决定和政策得到了经验丰富的人物的赞同。相反，如果这些重量级人物表现出了阿尔伯特·赫希曼（Albert Hirschman）所称的"高调退出"，那么潜在的吹哨人、泄密者、记者和编辑就有更多的理由披露和公布他们所知道的可疑不当行为。[20]

波斯纳和韦尔默勒的提议是对"9·11"事件之后总统决策越来越不透明的回应。事实上这个基本概念和民主本身一样古老。在《历史图书馆》（*Library of History*）一书中，狄奥多罗斯·西库鲁斯（Diodorus Siculus）叙述了5世纪初雅典的主要政治家地米斯托克利（Themistocles）曾想对斯巴达人发起一场秘密行动的故事。为了消除人们对他可能正在策划政变的恐惧，地米斯托克利提出向议会选出的两个人透露他的计划，这两个人可以就是否应该执行这个计划向雅典人民提供建议。根据狄奥多罗斯的说法，雅典人接受了地米斯托克利的建议，任命了阿里斯蒂德斯（Aristides）和塞提普斯（Xanthippus），不仅因为他们是"正直的人"，还因为他们"为了荣誉和领导权"与地米斯托克利"积极竞争"。后来，地米斯托克利将他的计划告诉这两个人，他们（后来还有议会）一致认为这个计划是"有利的"和"可行的"，雅典人最终同意了地米斯托克利的计划。[21]

雅典人的这段插曲既抓住了波斯纳和韦尔默勒提议的可取之处，也体现了令人不安之处。雅典人允许地米斯托克利将他的计划与有权否决该计划但不透露计划内容的对手分享，从而在不危及保密的情况下利用对抗性。然而，雅典人允许阿里斯蒂德斯和塞提普斯有权否决地米斯托克利的计划，也使他们自己面临这样的风险：这些中间人可能会拒绝地米斯托克利的计划，因为如果雅典人知道计划的细节可能会持反对意见。也许这就是实际情况。根据故事的另一个版本，当地米斯托克利与阿里斯蒂德斯分享他的计划时，后者告诉雅典人这个计划"非常有用，但一点也不光彩"，于是普鲁塔克（Plutarch）写道，雅典人"命令地米斯托克利不要再想它了"。[22]

可以肯定的是，波斯纳和韦尔默勒的提议并没有使总统受到阿里斯蒂德斯式的影响——后者认为欺骗永远与荣誉背道而驰。由于被邀请的内阁重量级人物无权否决总统的决定，他们将无法阻止总统行使他认为合适的保密。尽管如此，如果总统想要获得这些重量级人物的支持，他将不得不考虑他们所能承受的极限。因此波斯纳和韦尔默勒承认从总统的角度来看，

结 语 一剂苦药

可信度有时必须"以控制为代价而获得"。[23]并不是每一次这样的代价都令人不安。据报道,2004年包括司法部长约翰·阿什克罗夫特在内的司法部官员威胁要集体辞职,迫使布什总统修改了国家安全局的监控计划,以消除他们对该计划合法性的担忧。[24]在这个案例中,对总统计划的反对意见似乎是经过严格调整和充分了解的。但不难想象内阁的任命者们可能会有更多教条主义的反对意见——例如,参考国务卿威廉·詹宁斯·布莱恩(William Jennings Bryan)在一战前夕的和平主义。[25]

波斯纳和韦尔默勒承认这个问题的存在。他们写道,提议的机制并不"适用于所有时间和地点"。[26]问题却可能比他们承认的还要严重。如果总统采取多边行动或进行双边约定成为一种常态,那么放弃这些安排的决定最终会引起观察家们毫无根据的怀疑。例如,假定某总统在确定美国的盟友缺乏必要的能力后下令进行秘密打击。一个习惯于多边行动的下属可能会错误地将总统的单边主义行动解释为冒险主义的证据。同样,考虑一下内阁中的政治重量级人物在向寻求合作的批评人士发出独立信号时将面临的问题。批评人士希望得到保证:为抵制政府的弄权,这些重量级人物不会出于对同事错位的忠诚或要夸大他们的贡献而保持沉默。[27]他们还希望得到保证,确保这些重量级人物没有屈服于政府的诱惑成为不当行为的同谋。在局外人眼中,这些重量级人物将关注哪些问题来提升自己的声望?总统的高效性要付出什么代价呢?这些未知因素可能会让双边约定在实践中变得相当棘手。

负责的新闻界

因此,总统可以通过表明其决定或政策是有充分根据且公正的而非武断的或自私的,来防范未经授权披露。我们已经看到他可以通过表明这些决定,或会对他自己的利益产生不利影响;或是充分考虑过广泛的共同利益和反对意见的情况下作出的；或得到了严肃尊敬的政治行动者的支持。当然，潜在的吹哨人和泄密者及其所接触的记者、编辑和出版商只有在出于善意时才会关心这些信号。如果目标是诋毁总统，那么他们一点也不会在乎他的可靠度。相反，他们会作出选择性披露，以推进自己的特殊利益。因此，如果希望阻止的不仅是错误的披露而且还有恶意的披露，那我们需要一个负责的新闻界。但是，当不能依靠法律制裁时，我们如何能鼓励新闻界采取负责任的行动呢？

我们似乎有两种选择。首先是说服媒体进行自我审查（self-censorship）。这不是新观点。早在1917年，议员基于美国可以依靠"爱国主义"和"积极的、自我强加的新闻审查"的原因，否决了《间谍法》的审查条款。[28] 在一战和二战期间，美国政府分别通过公共信息委员会（Committee on Public Information）和审查办公室（Office of Censorship），分别系统地给新闻界施加了压力。随后在冷战初期，有人呼吁在和平时期设立与审查办公室类似的机构。例如，1963年，中央情报总监艾伦·杜勒斯（Allen Dulles）注意到英国国防咨询系统（British Defense Advisory Notice System，通常称为DA-Notice系统），英国政府利用该系统为媒体提供了发布国家安全信息的"全面指导"，而媒体可以选择接受或拒绝。[29] 杜勒斯写道，这一系统的成功应该激发美国"当选的政府官员"与"新闻界领导人"之间"平心静气的讨论"，即"在对我们的安全至关重要的保密事项上，建立新闻界秘密告知机制，可以在多大程度上达成共识"。[30] 但杜勒斯的建议在当时并没有得到多少支持，而且在可预见的未来也不太可能有更好的结果。在新闻界看来一战和二战期间建立审查制度是可以容忍的，因为审查人员的任务既限于内容（与战争直接有关的事项），也限于时间（与战争持续的时间）。[31]

然而，美国DA-Notice系统的缺乏并没有阻止官员们**非正式**地向记者、编辑和出版商施压，要求作者不要发布有害或恶意的披露。坊间证据表明，当官员要求记者隐瞒新闻报道中偶然出现的涉密信息时，媒体表现得相当合作。例如，2005年布什政府说服《华盛顿邮报》隐瞒曾帮助过中央情报局建立秘密监狱系统的国家名单。但是，当官员要求记者隐瞒涉及国家秘密的新闻报道时，这些干预措施就显得不那么成功了。[32]例如中央情报总监威廉·科尔比试图将"格洛玛探索者"号计划保密（见第四章）或布什政府要求《纽约时报》隐瞒有关"恐怖主义融资追踪计划"的故事（见第六章）。

因此在后一种披露，即不暴露严重不当行为的情况下，哪些措施可以用来促进自我审查？任何促进责任感的提议必须克服的第一个挑战是来自记者、编辑和出版商的阻力。他们认同比克尔的观点，认为美国宪法第一修正案要求新闻界充当批判者。这一观点被泰德·盖伦·卡彭特（Ted Galen Carpenter）概括为，"当新闻界成为维护政府保密的帮凶时，其角色就会备受质疑"，因为这种行为"能使官员最大化地隐瞒不明智或不光彩行为的信息"。[33]泰德·加普（Ted Gup）也许对新闻界的地位提出了最有力的辩护。他认为避免新闻界与政府的合作，符合两大重要利益。首先是威慑。"对曝光的恐惧，"他写道，"是一种严厉的纠正措施，应总是使政府的审议工作承受重压。"然而加普断言，如果政府觉得它可以呼吁媒体"将发表推迟到更有利的时间"，那么这种纠正措施的效力就会减弱。因此他写道，"只有成为一股可预见的力量，让政府负起责任"，新闻界才能"发挥其最重要的作用"。[34]然而，加普并不赞成盲目的对立主义。"新闻界，"他写道，"仍然完全可以自由接受政府呼吁的特殊考虑，如果那些计划和努力无损于……人们普遍接受的礼节和法律观点。"但他认为在超出这一范围的情况下考虑进行自我审查，会损害新闻界的可信度。例如，他批评《华盛顿邮报》自愿隐瞒帮助中央情报局建立秘密监狱的国家名单，他写道"通融政府对可疑、不道德或不人道行为的呼吁会产生一种不良的伙伴关系"，因为新闻界的沉默可能被公民和议员"误解"为对政府行为的"默认许可"。这种合作还可能会阻止"潜在的冒险者挺身而出"，因为这让他们不确定"新闻界是否有勇气刊登他们的故事"。[35]

秘密与泄密 [美国国家保密的困境]
Secrets and Leaks: The Dilemma of State Secrecy

这些都是有力的论据，但并不完全令人信服。有人声称，一旦记者意识到有违反"普遍接受的礼节和法律观点"的行为发生时，他们会拒绝自我审查——这一说法过于偏激。这个标准排除了几乎所有涉及表面违法行为的未经授权披露的情况。我们希望新闻界在这些情况下考虑自我审查，正是因为我们并不是很清楚政府违反法律的行为是否真的构成权力滥用，更不用说某个线人是否可能为了进一步推进狭隘或党派利益来利用政府的不当行为。此外，有人声称官员只有在相信新闻界永远无法被说服去隐瞒未经授权披露时，才能制止前者的不当行为，这种说法似乎过于悲观。可以说，错误决策信息将向外界披露的可能性应该足以让大多数决策者喊暂停，因为他们不知道披露的接收者可能是谁（以及接收者可能会多么乐意去隐瞒披露）。最后，如果某记者（或其编辑或出版商）应总统请求拒绝公开信息，那一个鼓起勇气进行未经授权披露的官员也并非没有选择。如果这名官员认为这家媒体未能理解其披露的重要性，那没有什么能阻止她去接触其他记者进行披露。

然而，新闻界似乎没有什么令人信服的理由采取顽固的敌对立场刊登**每一个**可疑不当行为的披露。但即使大多数记者、编辑和出版商都认为需要进行明智的自我审查（许多人声称他们正是这样做的），仍然存在一个无法回避的实际问题——我们缺少遏制新闻界害群之马的手段，他们享受轰动并从中受益。[36] 这种悲观的声明并不是对近期事件的下意识反应，比如维基解密网站不加选择地披露美国的外交通信。事实上，很少有官员或议员对自我审查的前景持乐观态度。[37] 柯立芝委员会对这个问题的评论抓住了重点。该委员会在1956年指出："我们遇到过这样的情况，一些具有很高新闻价值的信息被自愿地隐瞒，结果却被不那么谨慎的人'窃取'。"该机构宣称，此类事例表明，"新闻采集中的竞争因素太过强大"，任何自主审查的尝试"都不可能成功"。[38]

鉴于同行压力可能会阻止记者"互挖丑闻"，因此柯立芝委员会得出的结论可能会受到质疑。但正如在维基解密网站出现很久之前，杜勒斯就

结 语 一剂苦药

指出这种策略的问题在于，美国媒体机构的多元化构成限制了同行压力的作用。他写道，与英国不同，美国的特点是"在新闻和宣传方面没有类似的权威中心，在新闻传媒领域更难以找到任何相对有限的一群人，其判断能被全国新闻界接受"[39]。这正是杜勒斯呼吁美国出台类似英国《官方保密法》的原因。他认为这一法案会对新闻界起到威慑作用，让他们更加认真地对待官方对不公开某一文件的要求。然而，这个提议有点转移视线。首先，它建立在一个错误概念之上，因为针对未经授权披露的法律制裁威慑的是出版环节，而非促进自我审查（后者指即使在出版没有法律障碍或后果的情况下仍然决定隐瞒信息）。此外，杜勒斯的方法不太可能符合宪法要求。《官方保密法》规定，对出版物的惩罚不考虑未经授权披露的性质和意图。这种做法肯定会被推翻，因为它严重地违反了美国宪法第一修正案。这种法规也可能纳入官员们拒绝执行的反对未经授权披露的法规之列，因为起诉新闻界只会让人们进一步关注那些最应该被遗忘的信息。

因此，即使我们有理由要求新闻界去审查轻率或恶意的披露，也没有理由认为每一个成员都会合作。因此，换个角度来处理这个问题是有意义的。在发布轰动性披露之前期望每一个成员都表现出应有的谨慎是不现实的，也许我们应该通过批评违法者和破坏他们在公众中的信誉来惩罚（并希望以此来遏制）不负责任的行为。但该由谁来批评呢？

第一种可能性是总统和国会带头批评。例如，他们可以说服公众抵制相关的媒体机构。这就是维基解密网站事件发生的情况，美国能够说服美国公司切断对该网站的支持服务。[40]但是这种强制问责的方法既危险又不可靠。危险是因为总统和国会可能会将公众舆论转向反对媒体机构，而这些媒体机构实际上是出于善意而进行披露。[41]从理论上讲，这些机构应该能够通过进一步的披露来为自己辩护，支持自己的主张。然而实际上，政府主导的压力可能会导致意志薄弱、财务脆弱的出版商倒闭。另一方面，总统和国会可以证明批评人士的不可靠，但是正如在第四章所讨论的，他们通常更愿意忽视未经授权披露，以免延长争议并导致更多信息披露。此外第六章讨论，他们可能选择避免批评有影响力的媒体机构，因为担心这些机构会展开报复，在头版大肆渲染他们（不相关的）错误和愚蠢。

第二种可能性是依靠新闻界的自我批评——审查员。这个想法很有吸引力，因为乍一看审查员似乎有一系列令人满意的激励措施。由于她受雇于自己评估的媒体机构，不太可能像来自政界的批评人士那样抱有偏见。此外，由于审查员往往是经验丰富的记者，因此有理由认为他们对道德准则在实践中可遵循的程度将是现实的。最后，由于审查员通常不受管理部门的直接干预，因此我们有理由相信其判断将是相对独立的。

但是，当审查员表达此种可取动机时，为什么实际上其作用无法发挥出来？正如我们在第六章中所看到的，《纽约时报》和《华盛顿邮报》的审查员公开承认，他们对不加区别使用匿名线人的批评，对其机构没有明显的影响。[42] 一些学者将这一结果归因于审查员职位的设计存在缺陷。例如，有人认为从媒体内部招募审查员的倾向会限制其效率，因为审查员可能不仅缺乏关键证据，而且可能害怕侵犯其同事的利益，影响其在工作单位的事业前景。[43] 当然，这是一个重要的观察结果。但更根本的问题在于他们缺乏执行力。正如我们在第六章中所见，《纽约时报》和《华盛顿邮报》的审查员对匿名线人滥用的情况非常了解，他们在处理这一问题时的公正、敏感和独立令人钦佩。但问题是雇用他们的记者、编辑和出版商要么指责他们，要么干脆无视他们的建议和批评。[44] 不妨考虑《纽约时报》的公共编辑拜伦·卡拉姆。他曾试图弄清楚《纽约时报》决定刊发詹姆斯·莱森和埃里克·利希特布劳关于国家安全局无证监听计划的报道，在多大程度上受到了莱森威胁要在其《战争状态》一书中发表这篇报道的影响。国家安全局的消息发表后不久，卡拉姆指出尽管与《纽约时报》杂志的编辑的声称相反，但莱森的出版商已告知卡拉姆，在国家安全局的报道刊登前两个月，他就与《纽约时报》华盛顿分社社长谈过这本书。"所以在我看来，"卡拉姆说，"报纸很清楚，它面临着被自己记者的书抢先报道的可能性。"卡拉姆总结道，当时的"关键问题"是，"这本书在多大程度上让顶级编

结 语 一剂苦药

辑们摆脱了困扰他们数月之久、无法发表窃听报道的担忧?"他向《纽约时报》管理层寻求这个问题的答案却没有得到回应。他对《纽约时报》读者说:"自从我成为审查员以来,执行主编和出版商第一次拒绝回应我关于新闻决策相关信息的请求。"[45]

卡拉姆的经历证实了一些媒体评论人士的观点,即尽管有着宏大的主张,但媒体机构实际上希望审查员更多地充当处理读者投诉的角色,而不是专业批评的源泉。[46] 由于认识到这一点,一些人要求授权审查员执行新闻机构自己起草的行为守则。[47] 但这似乎是完全错误的做法。如果我们不能指望这些组织自愿遵守自己起草的道德守则,就无法信任强迫它们遵守这些守则的审查员。前提与结论相悖。事实上,要求赋予审查员权力来惩罚不当行为,这使得他们**不太**可能发挥自己现在所扮演的角色,正如《纽约时报》的案例所示,它揭示了记者、编辑和出版商似乎突然失去了对公众知情权的尊重。如果我们对审查员的职位提出更多要求,不可避免只有"安全"的人才会被任命来填补这个职位。因此,如果我们想保留审查员作为批评者的职能,那对媒体机构的不道德行为的惩罚必须来自外部。

我们还能依靠谁来挑战新闻界?另一种可能性是培养一种媒体环境,在这种环境中滥用匿名线人可能会受到竞争对手公开的指责。这一想法并不新奇,它是报刊自由委员会〔Commission on the Freedom of the Press,通常称为哈钦斯委员会(Hutchins Commission)〕在1947年的一份报告中的核心内容。当时该报告引起了广泛讨论。委员会援引证据表明,包括美国报业编辑协会在内的专业协会悄悄地"忽略"其成员的"欺诈和犯罪"行为,建议媒体"积极开展相互批评"。[48] 但是,委员会认为记者、编辑和出版商有什么动机必须从事这种得罪人的工作呢?答案很简单:自我保护。委员会认为新闻界成员必须相互批评,因为只有表现出愿意相互问责的态度,新闻界才能阻止要求进行法律监管的呼声,而这种法律监管将不可避免地伴随着渎职行为。否则"即使是美国宪法第一修正案也不能保护他们的自由",委员会警告说,因为"美国宪法第一修正案将被修改"。[49]

秘密与泄密 [美国国家保密的困境]
Secrets and Leaks: The Dilemma of State Secrecy

到目前为止,哈钦斯委员会的威胁已被证明是无用的。请注意该报告是在二战不久后撰写的,当时正式的新闻审查似乎是一个现实的威胁。在"五角大楼文件"泄密案之后,我们现在知道在没有国会明确授权的情况下,行政当局在审查新闻界方面几乎无能为力。由于国会明智地避免将监管权力赋予行政机构,而且行政机构在出版后不愿起诉新闻界,以免引起对相关披露不必要的关注使负责任的记者成为殉道者。新闻界目前不必担心由于自身未能对匿名线人的使用负责而受到正式监管。

还有什么其他方法可以促进哈钦斯委员会呼吁的媒体机构之间"强有力的相互批评"吗?答案可能是经济动机。20多年来,学者和从业者一直认为利用匿名线人"损害了媒体机构的可信度,因为它让民众……对于记者和线人的动机产生怀疑"。[50]他们强调这种模式会影响媒体机构的底线。"这是一个信任的问题,"职业记者协会(Society of Professional Journalists)的弗雷德·布朗(Fred Brown)说,"如果媒体得不到信任,他们就无法在一个有无数信息来源的环境中保持竞争力。"[51]然而事实证明这一点的相关证据并不完全清楚。当然有些人支持这样的观点,即无论出于何种目的,利用匿名线人都会损害媒体机构的信誉。例如,安纳伯格公共政策中心(Annenberg Public Policy Center)最近的一项调查显示,89%的读者认为"依赖匿名线人的新闻报道的准确性应该受到质疑,而53%的人认为此类报道根本不应该发表"[52]。但这一证据存在争议,而且该证据也不能区分滥用匿名线人和一般利用匿名线人对可信度的影响。[53]

尽管缺乏明确的证据,但媒体机构似乎确信匿名线人的使用削弱了其市场产品的可信度。[54]假设这种想法有一定的基础,我们能希望它促进负责任的行为吗?假定:如果编辑和出版商真的相信,利用匿名线人危害了他们的产品,那么他们应该认为惩罚员工的不良行为(为了防止可信度和市场份额的损失)以及揭露其竞争对手的这种行为(以破坏其竞争对手的信誉和市场份额)符合他们自己的利益。

想想《纽约时报》记者朱迪思·米勒的命运,我们有理由对这一点保持

结　语　一剂苦药

乐观。米勒对在伊拉克战争爆发前发表操纵民意的信息负责。在报道了伊拉克据称有大规模杀伤性武器计划引起争议之后，《纽约时报》于2004年披露，米勒在一些新闻报道中匿名引用的伊拉克叛逃者已被艾哈迈德·沙拉比（Ahmed Chalabi）"招安"，沙拉比是伊拉克国民大会（Iraqi National Congress）创始人——这是一个致力于推翻萨达姆·侯赛因的组织。[55]虽然《纽约时报》没有批评米勒或她的编辑，但是一些媒体批评家，其中最著名的是杰克·谢弗（Jack Shafer）和迈克尔·马辛（Michael Massing）指责米勒未能披露线人背后的利益冲突。《纽约时报》起初为米勒辩护，编辑比尔·凯勒对批评米勒的人不屑一顾，他说"看着她被一些从未冒险进入战区、不切实际的媒体伦理学家批评，有点令人难堪"。[56]但是批评家们还是成功地"放血"——使米勒的信誉受到了损害。因此，当她利用匿名线人的争议又一次出现时——有人透露她曾经试图误导性引用切尼副总统的助手路易斯·利比（Lewis Libby）为"前国会成员"，以模糊他在一场针对布什政府的批评者有组织的诽谤运动中的角色——她的舞台垮了。最后一击是由她的两名同事发起的：公共编辑卡拉姆公开质疑米勒是否应该继续留在《纽约时报》；著名专栏作家莫琳·多德（Maureen Dowd）发表了一篇严厉谴责米勒报道技巧的文章。[57]不久之后，米勒从《纽约时报》辞职。

尽管米勒事件的结果表明充满竞争的媒体环境有助于防范匿名线人的滥用，但事实是所谓的主流媒体的成员通常不愿将火力对准对方。从《纽约时报》对《华盛顿邮报》的态度就可以看出来。后者决定公布一份《纽约时报》内部电子邮件，在邮件中米勒证实沙拉比是她一些报道的线人。当被问及对该报道的评论时，《纽约时报》编辑安德鲁·罗森塔尔（Andrew Rosenthal）对《华盛顿邮报》的媒体批评家霍华德·库尔兹（Howard Kurtz）大加斥责；在罗森塔尔看来，公开记者的私人通信，"揭露他们可能或有或无的任何秘密线人"是"一种相当危险的倾向"。[58]值得注意的是，《纽约时报》没有对此作出回应，也没有后续报道。

我们该如何解释为何媒体没有兴趣调查可疑的线人使用？这里是否存

秘密与泄密 [美国国家保密的困境]
Secrets and Leaks: The Dilemma of State Secrecy

在某种市场失灵？媒体市场的寡头垄断性质使得新进入者难以质疑现有参与者的不道德行为，匿名线人的披露松散又易用，所有人都参与其中，所以没人愿意去挑明这一潜规则？这并不是毫无根据的想法，尤其这些年媒体所有权的日益集中更是抑制了竞争。[59]尽管如此，之前引用的《纽约时报》和《华盛顿邮报》的交流显示，当谈到匿名线人时，媒体之间互相监管的直接障碍是美国媒体机构的团队精神（esprit de corps），从业者很乐意接受大法官雨果·布莱克在"五角大楼文件"泄密案中的说法："媒体应当受到保护，因此它可以揭露政府的秘密，并告知人民。"[60]而我们已经看到这种说法是站不住脚的，它忽视了记者、编辑和出版商都有自己的利益。尽管如此，随着这一说辞被广泛宣传新闻界成员已经开始相信（或者说他们声称），当他们披露涉密信息而不披露线人的动机时，他们实际上是在服务于美国宪法。

我们能指望本书的分析研究会改变新闻业的团队精神吗？形势不容乐观。当公众对争议的兴趣远远超过对得体的兴趣，尤其是涉及秘密情报的神秘世界事务处于危险之中时，媒体机构会采取什么激励措施要求自己或彼此承担责任呢？莱森对"斯特林案"的报道原本打算刊登在《纽约时报》上。当中央情报局得知莱森打算披露"梅林行动"的存在时，用可能会对国家安全造成危害的理由说服了《纽约时报》不刊登这份报告。[61]但随后莱森就直接出版了包含该报告内容的《战争状态》一书。该书很快登上畅销书排行榜，据说他赚到"六位数的版税"。[62]这个案例表明记者不负责任的做法有太多的好处。读者、书评家和普利策奖委员会成员都非常欣然接受并赞扬每一次令人尴尬的披露——而这些披露在没有充分考虑应如何使用匿名线人更广泛原则的情况下就广泛传播。而且只要行为不当的记者发现自己能够得到这种回报，那些来自"不切实际的媒体伦理学家"的批评就不会让他们彻夜难眠。[63]

上述分析表明，如果想要一个更负责任的新闻界，我们最终需要目光更敏锐的消费者。然而我们没有理由相信，美国的消费者会爱好媒体

结 语 一剂苦药

批判。[64] 因此，我们必须求助于公民社会，特别是必须希望那些有进取心的公民能够建立一个独立的、资金充足的组织，致力于专门审查媒体表现。这个组织可能会点名批评滥用匿名线人的记者和编辑，以及宽恕这种行为的出版商。当然，这不是一个新提议。这与哈钦斯委员会于半个多世纪前的说法遥相呼应。[65] 委员会深知新闻界可能缺少智慧去做符合其长期利益的事情，因此建议公民社会授权一个"独立的机构根据媒体的表现……来评价和报道"。[66] 由于这一建议不受新闻界的欢迎，已从公众意识中淡化。现在既然我们已经理解了为什么这一提议如此重要——因为监管新闻界的可行手段如此之少——那么让我们希望它能够恢复活力。

但是，我们必须比哈钦斯委员会更现实地看待这个组织可能面临的挑战。既然新闻界不负责任的行为源于消费者们缺乏洞察力，因此即使是资金充足且独立专门负责监督媒体的机构，也难以影响公众，更别提威胁到不负责任的媒体机构的底线。回顾过去，哈钦斯委员会的乐观态度不可能不让人们感到惊讶。该委员会认为："一系列的教育电台可以把美国最优秀的思想呈现在公众面前，并能使现在许多广播节目看起来十分愚蠢。"[67] 如今这种说法显得幼稚可笑。人们想要的是娱乐，所以前进的道路在于用轰动对抗轰动。[68] 我们也不应忘记永远会有盲目拥护者愿意庇护、赞扬和推进那些为事业服务的记者、编辑和出版商，而不管他们如何利用匿名线人。事实上，这些拥护者将不遗余力地攻击那些揭露其如何从滥用匿名线人中获益的媒体批评家。毫无疑问，这些行为将极大地削弱媒体批评家们的影响力和兴趣。[69] 然而，这并不意味着我们不应该坚韧不拔。毕竟，政治是一份"用力而缓慢地穿透硬木板的工作"。[70]

国家保密的困境

我们已经确认如果采取以下这两项措施，可能会降低草率或恶意披露涉密信息的可能性。一是总统作出承诺，表明其决定和政策的可信度；二是媒体批评家对匿名线人的报道进行批判性审查。但我们已经看到，这些措施的作用是有限的。在需要作出更艰难的决定时，总统无法让所有人都参与其中；即使面临公众谴责的威胁，也不能完全阻止记者们发表轻率或操纵民意的信息披露。但这些结果并不确定。在某些时间和地点，这两项有建设性的举措将更加可行；并非每个政治时期都存在复杂的党派关系。因此学者们应该比我们更深入地研究，在什么条件下这两项措施能够变得更加可行。

尽管如此，行政机构和新闻界之间被比克尔称为"不守规矩的比赛"的竞争仍有希望，这种伴随着所有参赛者缺点的竞争在大部分时候是一种常态。在这种情况下，如何防止这场比赛变得更加难以驾驭，一种重要手段就是让裁判——也就是议员和法官——不要选边站队。这种谨慎是必要的，因为新闻界和行政机构都会偶尔试图敲打对方。如果未经授权披露揭示了可怕的权力滥用行为，国会议员和法官将敦促官员和记者披露更多的涉密信息。相反，如果未经授权披露导致了生命和财产的严重损失，议员和法官则需敦促总统好好管教他的下属和新闻界。这些呼声格外强烈，因为都需要美国宪法予以支持。前者声称只有美国宪法第一修正案才能防止美国从三权分立变成"帝王总统制"，而后者则对那些闯入者表示愤怒，认为他们侵犯了总统在美国宪法第二条的特权，危害了国家。如果屈服于这些要求，我们无法想象接下来会发生什么。我们越不让行政机构保守秘密，总统就越有可能退回到"黑色世界"，沉浸在越来越小的顾问圈子里，期望这样能阻止泄密。同样越不让官员表达他们的不满，他们就越有可能通过外国媒体机构披露信息，这种做法会让不加区别公布这一问题比现在更加严重。

因此，当危机发生时，（行政机构和媒体会施以援手，）议员和法官必须记住只有允许现有的"猫鼠游戏"继续下去，我们才是最安全的。[71]当然这不是要求他们保持中立。议员和法官应该在必要时重新审视规则，

结　语　一剂苦药

允许这场"不守规矩的比赛"继续下去。特别是他们应该确保新闻界和行政机构都不能阻止对方履行各自的核心职能。如果政府开始泄露国家秘密，或者如果我们看到未经授权披露几乎停止——目前看来这种情况不太可能发生——那么议员和法官应该考虑介入。他们绝不能因为认为一方或另一方理应赢得比赛而改写规则。我希望他们现在应该清楚，新闻界和总统之间的"不守规矩的比赛"是历史、制度和政治诸因素的产物。这些因素不容忽视并且目前仍旧存在，我们也没有什么更好的方法来规范国家保密的运用。

国家保密制度给民主带来的困境将会继续存在。需要明确的是，我们现在所面临的困境**并不是**开始时所提到的困境。最初的困境是谁**应该**监管国家保密（议员和法官）和谁实际上**在**监管国家保密（吹哨人和泄密者）之间的错位。为了解决这一困境，我们需要证明议员和法官实际上可以监督行政机构，或证明吹哨人和泄密者有正当理由违抗为确保保密而制定的法律和法规。

我们已经知道这种困境并非无法解决。诚然，让议员或法官拥有最终定密权，并不能说服人们相信国家保密不会被用来掩盖不当行为。因为这些监管者必须在保密的情况下进行监督，因此很难确定他们能否抵御住既得利益者（vested interests）的侵蚀，因为既得利益者有充分的动机对他们进行腐化。但我们已经取得了一些进展，可以证明未经授权披露不一定**总是**非法的。在某些情况下，当他们真正揭露了不当行为的时候，这种披露与民主是相容的。鉴于这类信息披露，特别是无法杜绝的泄密行为，我们完全有理由相信民主国家有一种合法**且**有效的手段来打击滥用国家保密的行为。

国家保密真正的困境也源于此。具有讽刺意味的是我们无法禁止未经授权披露，这也意味着没有简单的方法来区分警报到底是真是假。正因如此，我们必须小心翼翼地对待那些未经授权披露，意识到它们确实会通过各种各样的方式来危害民主：弱化当选总统的权力；打压那些如果我们了

秘密与泄密 ［美国国家保密的困境］
Secrets and Leaks: The Dilemma of State Secrecy

解大局就会支持的政策；用半真半假的诽谤来阻碍公共审议；利用匿名来巧妙逃避民主问责。我们必须依赖一种监管武器，然而这种武器在找到目标时，往往会产生适得其反的结果——**这就是**国家保密对民主造成的困境。

也许有人认为这种困境无需特别担忧。毕竟当代民主国家在很多方面都存在不足，在收入、机会和能力方面都存在不平等的现象。那么，我们何必要特别为信息不对称（asymmetries of information）而感到烦恼呢？的确，秘密与泄密事件确实体现出了信息不对称的特点，且有进一步加剧的趋势。有人认为这种不对称应当被视为另一种不平等，应该尽可能将其最小化，这是改革的重点。但这一立场未能认识到该困境的深度。我在这里提出的分析并不是鼓励民主改革；相反，我揭示的是这种改革的局限性，甚至是徒劳的。因此，我建议民主国家以及民主理论采取更现实的立场。请他们放弃政府"透明"的相关陈词滥调和在"驯服君主"上不切实际的努力，并让他们研究如何更好地确保行政机构和那些监督他们的人——这个秘密共和国的众多君主——能够更负责任地使用他们必须享有的自由裁量权。

结 语 一剂苦药

〖注释〗

[1] 正如波特·斯图尔特大法官在"五角大楼文件"泄密案中警告,"只有在真正维护可信度的情况下,保密才能得到最好的保护"。参见 New York Times Co. v. United States, 729。

[2] Paine, "The Necessity of Taxation," 310. Morris, The Papers of Robert Morris, 328. Paine, "The Rights of Man, Part II," 183, 225, 227. 另见 A Moderate Whig, "A Short Receipt for a Continental Disease," 769。

[3] Elliot, Debates, 4:264-65.

[4] Hampden [William Findley], "A Note Protesting the Treaty-Making Provisions of the Constitution," Pittsburgh Gazette, February 16, 1788; An old Whig, "essay III," 26–27.

[5] The Federalist, 316. 另见 Fatovic, Outside the Law, chap. 6, esp. 210-11。

[6] Manin, The Principles of Representative Government, 115-20.

[7] David E. Rosenbaum, "A Closer Look at Cheney and Halliburton," New York Times, September 28, 2004.

[8] James Madison to James Monroe, March 11, 1795, in Madison, Letters and Other Writings, 2:37.

[9] Goldsmith, Power and Constraint, 42.

[10] Goldsmith, "Secrecy and Safety," 36.

[11] Goldsmith, Power and Constraint, 42. 怀疑主义观点,参见 Herman, Taking Liberties, 8-9。

[12] Goldsmith, Power and Constraint, 71.

[13] 最近关于这些方面的评论,参见 Bruff, Bad Advice。

[14] Jo Becker and Scott Shane, "Secret 'Kill List' Proves a Test of Obama's Principles and Will," New York Times, May 29, 2012.

[15] Hess, The Government/Press Connection, 93.

[16] 这就是在"伊朗门事件"期间发生的事情,当时里根总统否决了国务卿乔治·舒尔茨(George Schultz)提出的反对意见。此处参见 Alterman, When Presidents Lie, 278。

[17] Hess, The Government/Press Connection, 93.

[18] Goldsmith, "Secrecy and Safety," 35–36.

[19] Posner and Vermeule, "The Credible Executive," 897–910.

[20] Hirschman, Exit, Voice, and Loyalty, 117. 我很感谢桑福德·莱文森(Sanford Levinson)在我们的讨论中强调了这一点。

[21] Diodorus Siculus, *Library of History*, 11.42.

[22] Plutarch, "Themistocles"; Cicero, *On Duties*, 118. 根据狄奥多罗斯的说法，地米斯托克利的秘密计划是要加强比雷埃夫斯的力量，而普鲁塔克和西塞罗则描绘成他要密谋焚毁斯巴达海军。

[23] Posner and Vermeule, "The Credible Executive," 911.

[24] Dan Eggen and Paul Kane, "Gonzales Hospital Episode Detailed," *Washington Post*, May 16, 2007; David Stout, "Gonzales Pressed Ailing Ashcroft on Spy Plan, Aide Says," *New York Times*, May 15, 2007. 另见 Goldsmith, *The Terror Presidency*, 38-48。

[25] Kazin, *A Godly Hero*, 232-39.

[26] Posner and Vermeule, "The Credible Executive," 912.

[27] Weisband and Franck, *Resignation in Protest*, 122; Dobel, "Doing Good by Staying In?" 191. 最近案例，参见 Paul Starobin, "A Moral Flip-Flop? Defining a War," *New York Times*, August 6, 2011。

[28] *Congressional Record*, 65th Cong., 1st Sess., 1917, 837.

[29] "The DA-Notice System," online at http://www.dnotice.org.uk/.

[30] Dulles, *Craft of Intelligence*, 245–46. 另见 Carpenter, The Captive Press, 121。

[31] Cater, *The Fourth Branch of Government*, 126–27; *Report to the Secretary of Defense*, 21.

[32] Kaiser, "Public Secrets"; Keller and Baquet, "When Do We Publish A Secret?"; Smolkin, "Judgment Calls"; Shane, "A History of Publishing, and not Publishing, Secrets".

[33] Carpenter, *The Captive Press*, 89. 对合作类似的批评，另见 Olmstead, *Challenging the Secret Government*, 60–62, 73–74, 183–85; Cox, *The Myths of National Security*, 119-29。

[34] Gup, *Nation of Secrets*, 167.

[35] Gup, *Nation of Secrets*, 167-68.

[36] 案例参见 Smolkin, "Judgment Calls"。关于哗众取宠在情报报道中的作用，参见 Omand, "Intellgence Secrets and Media Spotlights," 47–48。

[37] *Congressional Record*, 65th Cong., 1st Sess., 1917, 1606, 1721, 1717, 1810-12.

[38] *Report to the Secretary of Defense*, 21. 另见 Kaiser, "Public Secrets"。

[39] Dulles, *Craft of Intelligence*, 246. 另见 Cater, "News and the Nation's Security," 26。

[40] Paul Sonne, "WikiLeaks Says It Could Close," *Wall Street Journal*, October 25, 2011.

[41] 令人不安的媒体恐吓的相关描述，参见 Smith, *War and Press Freedom*, chaps. 5-6。

结 语　一剂苦药

[42] Nemeth, *News Ombudsman*, 57.

[43] Nemeth, *News Ombudsman*, 50.

[44] Calame, "Bill Keller Responds to Column on Swift Mea Culpa". 对于公共编辑"无关紧要"的更广泛分析，参见 Bunton, "Media Criticism as Self-Regulation", 79。

[45] Byron Calame, "Behind the Eavesdropping Story, a Loud Silence," *New York Times*, January 1, 2006.

[46] Nemeth, *News Ombudsmen*, 143–49. Ettema and Glasser, "Public Accountability or Public Relations?"

[47] Meyers, "Creating an Effective Newspaper Ombudsman Position," 249–52.

[48] The Commission on Freedom of the Press, *A Free and Responsible Press*, 74–75, 94.

[49] The Commission on Freedom of the Press, *A Free and Responsible Press*, 80.

[50] Brown, "Anonymous Sources," 56; Brown, "Anonymity Hurts Reporters and Politicians," 38–39.

[51] Brown, "Anonymous Sources," 56.

[52] Joe Strupp, "Losing Confidence," *Editor and Publisher*, July 1, 2005, 36.

[53] Sternadori and Torson, "Anonymous Sources Harm Credibility of All Stories". 对比 Smith, "Impact of Unnamed Sources on Credibility not Certain"。

[54] Shepard, "Anonymous Sources," 22. Strupp, "Losing Confidence," 34; Jones, "Avalanche or Undue Alarm?" 651.

[55] "The Times and Iraq," *New York Times*, May 26, 2004.

[56] Franklin Foer, "The Source of the Trouble," *New York Magazine*, May 21, 2005. Jack Shafer, "Reassessing Judith Miller," *Slate*, May 29, 2003, online at http://tinyurl.com/chpey2o; Jack Shafer, "The Times Scoops That Melted," *Slate*, July 25, 2003, online at http://tinyurl.com/8yj6pqt; Jack Shafer, "Miller Time (Again)," *Slate*, February 12, 2004, online at http://tinyurl.com/crh723r; Massing, Now They Tell Us. 另见 Carlson, *On Condition of Anonymity*, 34-39。

[57] Byron Calame, "The Miller Mess: Lingering Issues among the Answers," *New York Times*, October 23, 2005; Maureen Dowd, "Woman of Mass Destruction".

[58] Howard Kurtz, "Intra-Times Battle over Iraqi Weapons," *New York Times*, May 26, 2003.

[59] Curran, Media and Power, 219-21, 226-29. 基本文本，参见 Bagdikian, *The New Media Monopoly*。

[60] *New York Times Co. v. United States*, 717. 另见 Thomas, Watchdogs of Democracy?, chap. 6。章节题目为"Hail to the Heroic Leakers and WhistleBlowers—And the Journalists Who Protect Them"。

[61] *United States v. Sterling*, No. 1:10-cr485 (E.D. Va. 2011) [Memorandum opinion, 6-7].

[62] Schoenfeld, *Necessary Secrets*, 50.

[63] 根据一项调查，不到四分之一的编辑认为媒体批评家"很有资格批评日报"。参见 Lambeth, *Committed Journalism*, 119。

[64] Ferré, "A Short History of Media Ethics," 17–18; Norris, A Virtuous Circle, 4–8. Flink, Sentinel under Siege, 11–14; Rosen, What Are Journalists For?, 286, 296; Schultz, Reviving the Fourth Estate, 95–99, 115–16.

[65] *A Free and Responsible Press*, 100–103. 另见 Scheuer, *The Big Picture*, 158–63。

[66] *A Free and Responsible Press*, 100–101. 哈钦斯委员会报告发布后，成立了时间很短的国家新闻理事会，参见 Lambeth, *Committed Journalism*, 109-11。

[67] *A Free and Responsible Press*, 98.

[68] Hayes, Press Critics Are the Fifh Estate, chap. 9.

[69] Bennet, Lawrence, and Livingston, When the Press Fails, chap. 5, 136.

[70] Weber, *Essays in Sociology*, 128.

[71] 正如斯图尔特大法官所说，就美国宪法而言，新闻界"可以自由地与政府中的秘密和欺骗进行斗争"，但它"不能指望美国宪法保证其成功"。"这是因为美国宪法"规定了比赛，而非最终解决方案。对于这一方案，我们必须"依靠美国社会政治力量的牵引力"。参见 Stewart, "Or of the Press," 635–36。

致　谢

撰写一本书像是在美丽的荒野中进行艰难的跋涉。这探险的过程既令人兴奋不已，又叫人痛苦难捱。最后，对于那些曾帮助过我的个人和组织机构，我怀有深深的感激之情。

首先，我要向曾经教导过我的老师们表达最深切的感谢：感谢圣玛丽山学院的维娜·桑迪（Veena Sondhi），她帮助我学会打破常规，勇于创新；感谢阿宾汉姆学校的斯蒂芬·温克利（Stephen Winkley）、马丁·普里斯特利（Martin Priestley）、J. D. 希普顿（J. D. Shipton）和彼得·坎宁（Peter Cannings）；感谢牛津大学的詹姆斯·福德（James Forder）、苏迪·哈扎里辛格（Sudhir Hazareesingh）、戴维·维恩斯（David Vines）、安德鲁·格雷厄姆（Andrew Graham）、南迪尼·古普图（Nandini Gooptu）、斯图尔特·伍德（Stewart Wood）和 W. P. S. 西杜（W.P.S. Sidhu）；最后，我要感谢哈佛大学的丹尼斯·汤普森、理查德·塔克（Richard Tuck）、南希·罗森布卢姆（Nancy Rosenblum）、普拉塔普·巴努·梅塔（Pratap Bhanu Mehta）和德维什·卡普尔（Devesh Kapur），他们给予了我诸多指导。

毫不夸张地说，在理查德和丹尼斯指导下的博士生涯，改变了我的人生轨迹。和许多人一样，我初见理查德时就深深折服于他渊博的知识和文雅的举止。多亏了他，我深深爱上了历史这门学科，并把开卷有益作为一生追求。更直白地说，我非常感谢他对我这本书的指导。在我来哈佛大学之前，我就已经受益于丹尼斯的奖学金了。自那以后我收到的奖学金只增不减。但我最想感谢的，还是他作为一名顾问和导师所体现出的专业精神。和丹尼斯的许多学生一样，我相信自己一定是三生有幸才能与这样一位优秀出色的教师共事。

这本书是我多年思考的沉淀。如果没有以下机构的支持，我将无法进行这项事业。首先，要感谢的是克莱姆基金会（Clemm Foundation），该基金会是迈克·冯·克莱姆（Michael Von Clemm）和路易莎·冯·克莱姆（Lousia Von Clemm）夫妇传奇人生的结晶，正是这个基金会提供了我在哈佛大学学习的奖学金。在哈佛大学，我非常幸运地获得了来自以下机构的奖学金：C. 道格拉斯·狄龙基金（C. Douglas Dillon Fund）、艾德蒙·J. 萨夫拉伦理学中心（Edmond J. Safra Center for the Ethics and Professions）、司法、福利和经济项目中心（Program on Justice, Welfare, and Economics）以及人文研究所（Institute for Humane Studies）。最近，我还得到了普林斯顿大学马姆杜·波斯特中心和平与正义基金会（Mamdouha S. Bobst Center for Peace and Justice）与塔克研究基金（Tuck Research Fund）的支持。受馈于这些机构，我对于美国的慈善精神感到由衷的敬佩。的确，一个愿意给予的社会最终会得到回报。我永远不会忘记自己对美国这个国家的亏欠。

这本书中提到的观点来源多种多样，包括但不限于哈佛大学的政治理论研讨会（Political Theory Workshop）、艾德蒙·J. 萨夫拉伦理学中心、司法、福利和经济项目中心、新加坡国立大学政治科学系、新加坡管理大学社会科学学院、普林斯顿大学政治系、马里兰大学政治与政府系、得克萨斯大学奥斯汀分校法学院以及哥伦比亚大学的政治理论研讨会。在这些地方，我受益于安德鲁·萨波尔（Andrew Sabl）、埃里克·比尔博姆（Eric Beerbohm）、迈克尔·弗雷泽（Michael Frazer）、亚瑟·阿普尔鲍姆（Arthur Applbaum）、弗朗西斯·卡姆（Frances Kamm）、弗拉德·珀朱（Vlad Perju）、简·曼斯布里奇（Jane Mansbridge）、戴维·格雷沃（David Grewal）、丹妮拉·卡麦克（Daniela Cammack）、特里·纳丁（Terry Nardin）、约翰·唐纳森（John Donaldson）、史蒂文·奈伊（Steven Ney）、托比亚斯·雷蒂格（Tobias Rettig）、亚历克斯·扎卡拉斯（Alex Zakaras）、莱夫·韦纳尔（Leif Wenar）、斯蒂芬·埃尔金（Stephen Elkin）、桑福德·莱文森、诺米·拉扎尔（Nomi Lazar）、本杰明·克莱内曼（Benjamin Kleinerman）、埃里克·波斯纳、海蒂·基特罗瑟、罗伯特·切斯尼、克莱门特·法托维奇（Clement Fatovic）、纳迪亚·乌比纳蒂（Nadia Urbinati）、特库勒·伊希克尔（Turkuler Isiksel）、梅丽莎·施瓦茨伯格（Melissa Schwartzberg）、凯文·艾略特（Kevin Elliot）和道格拉斯·查默斯（Douglas Chalmers）所提出的问题。我也很幸运有机会与科里·布雷特·施耐德（Corey Brett Schneider）、杰弗里·图里斯（Jeffrey Tulis）、普拉塔普·班努·梅塔（Pratap Bhanu Mehta）、戴维·莱夫科维茨（David Lefkowitz）、黛安娜·斯奈德（Diane Snyder）、南那尔·基欧汉（Nannerl Keohane）、马修·巴格图（Matthew Baggetta）、索纳里·查克拉巴蒂（Sonali Chakravarti）、多洛塔·莫卡辛斯卡（Dorota Mokrosinska）、苏尼尔·基尔纳尼（Sunil Khilnani）、爱德华·约尔丹（Eduard Jordaan）、杜赞奇（Prasenjit Duara）、坎蒂·巴杰帕伊（Kanti Bajpai）和金姆·莱恩·谢佩勒（Kim Lane Schepple）一起讨论这本书里提到的观点。

为了写好这本书，我做了大量的研究。在这方面，我得到了陈英贤（Chan Ying Xian，音译）、梅丽莎·洛温格（Melissa Loewinger）、里安侬·托马斯（Rhiannon Thomas）、阿比盖尔·韦斯（Abigail Weiss）、乔·哥特夫（Joe Gotoff）、杰西·叶（Jessie Ye）、格丽斯·马（Grace Ma）和雪莉·吴（Shirley Wu）的宝贵帮助。我特别感谢莱迪娜·戈卡伊（Ledina Gocaj）、布莱恩·利普舒茨（Brian Lipshutz）和杰西卡·布莱克（Jessica Blake）。他们校对了无数次的草稿，提供了非常有用的反馈。我也非常感谢普林斯顿大学燧石图书馆的工作人员，他们帮助我找到了许多重要的研究资料。

我深知自己在普林斯顿大学任职是多么的幸运，我的同事们既博闻强识又和蔼可亲：斯蒂芬·马塞多（Stephen Macedo）、查尔斯·贝茨（Charles Beitz）、安娜·斯蒂尔兹（Anna Stilz）、简-沃纳·穆勒（Jan-Werner Mueller）、艾伦·帕滕（Alan Patten）、菲利普·佩蒂特（Philip Pettit）、梅丽莎·莱恩（Melissa Lane）、毛里齐奥·维罗利（Maurizio Viroli）、艾伦·瑞安（Alan Ryan）和乔治·卡特布（George Kateb）。我的同事们都曾以各种各样的方式帮助我能更清楚地思考本书中所讨论的观点，但我还是要特别感谢斯蒂芬、梅丽莎、查尔斯、简和安娜，他们仔细阅读了本书冗长的草稿。此外，我还要感谢海伦·米尔纳（Helen Milner）和诺兰·麦卡蒂（Nolan McCarty），作为系主任，他们给予了我大力支持。

这本书能够由普林斯顿大学出版社出版，我感到十分幸运。感谢查克把我介绍给罗伯·特皮奥（Rob Tempio），也非常感谢罗伯从我们第一次见面开始就大力支持这本书。他一直是一位出色的编辑，既耐心又热情，一路支持着我，并提供了许多合理的意见建议。感谢劳伦·勒普（Lauren Lepow）及时而专业的编辑指导，也感谢匿名评论者们提供的批评建议，十分具有建设性。不用说，如果这本书有任何任何纰漏不足，都是我个人的问题，与他人无关。

我也深深地感谢我的朋友和家人，他们在我写作的这几个月里给我的生活带来了温暖和快乐：马修·巴格图与詹妮弗·布拉斯（Jennifer Brass），安妮·施托尔茨（Annie Stilz）与希勒尔·索费尔（Hillel Soifer），乔·珀金斯（Joe Perkins），普拉米特·乔杜里（Pramit Chaudhuri）与阿耶莱特·卢什科夫（Ayelet Lushkov），卡迪克·穆拉里达兰（Karthik Muralidharan），戴维·格雷沃与丹妮拉·卡麦克，西迪哈斯·莫汉达斯（Siddharth Mohandas），阿鲁纳巴·戈什（Arunabha Ghosh）与梅加纳·纳拉扬（Meghana Narayan），阿布舍克·饶（Abhishek Rao）与德维卡·饶（Devika Rao），阿尔琼·珀卡亚斯塔（Arjun Purkayastha）与安贾利·珀卡亚斯塔（Anjali Purkayastha），卡皮尔·卡普尔（Kapil

Kapoor）与塔曼娜·卡普尔（Tamanna Kapoor），爱德华·约尔丹与玛格丽特·邓恩（Margaret Dunn），约翰·唐纳森（John Donaldson）与李曲（Qu Li，音译），贾纳克·纳巴尔（Janak Nabar）与希林·瓦迪亚（Shirin Wadia），拉胡尔·穆克赫吉（Rahul Mukherji）与安贾莉·穆克赫吉（Anjali Mukherji），萨蒂什·塞尔瓦纳桑（Satish Selvanathan）与安胡拉·塞尔瓦纳桑（Anjhula Selvanathan），什里雅·慕克吉（Shreya Mukherjee），杰克·萨科斯（Jake Sacks）与罗斯尼·萨科斯（Roshni Sacks），尼基尔·塔库尔（Nikhil Thakur），普里扬卡·达斯古普塔（Priyanka Dasgupta）与查德·马歇尔（Chad Marshall），卡纳·巴苏（Karna Basu）与沙南·法鲁基（Shabnam Faruki），尼蒂·奈尔（Neeti Nair），普雷纳·辛格（Prerna Singh）与布瑞格·辛格（Bhrigu Singh），埃米·纳卡穆拉（Emi Nakamura）与乔恩·斯坦森（Jon Steinsson），瑞图·乔普拉（Ritu Chopra）与迪利普·乔普拉（Dilip Chopra），阿达什·夏尔马（Adarsh Dev Sharma）与萨特·戴维·夏尔马（Sat Dev Sharma），赛琳娜·乔普拉（Serena Chopra），鲁德拉吉特·萨巴尼（Rudrajit Sabhaney），维德云·萨巴尼（Vidyun Sabhaney），还有伊莎贝拉·特威福德（Isabella Twyford）。

我亏欠最多的还是我的家人：尤娜（Una）、普雷马（Prema）、乔蒂（Jyoti）、西姆兰（Simran）、凯蒂（Kitty）、兰吉特（Ranjit）、特鲁迪（Trudi）和伊丹（Idan）。他们的爱和支持滋养并提升了我。最重要的是感谢我的父母乔蒂和普雷马，感谢我的妻子尤娜，是她一次又一次的牺牲使我可以安心地学习和写作。任何语言都无法表达家人对我的意义。

拉胡尔·赛加尔

参考文献

Abel, Elie. *Leaking: Who Does It? Who Benefits? At What Cost?* New York: Priority Press, 1987.
Aberbach, Joel. *Keeping a Watchful Eye: The Politics of Congressional Oversight.* Washington, DC: Brookings Institution Press, 1990.
Abramowicz, David. "Calculating the Public Interest in Protecting Journalists' Confidential Sources." *Columbia Law Review* 108 (2008).
Ackerman, Bruce. "The Emergency Constitution." *Yale Law Journal* 113 (2004).
Adams, John. "Thoughts on Government." In *American Political Writing during the Founding Era*, ed. Charles S. Hyneman and Donald Lutz, vol. 1. Indianapolis: Liberty Fund, 1983.
Adams, Samuel. *The Writings of Samuel Adams 1778–1802.* Ed. Harry A. Cushing. New York: G. P. Putnam's Sons, 1908.
Adams, Zabdiel. "Election Sermon." In *American Political Writing during the Founding Era*, ed. Charles S. Hyneman and Donald Lutz, vol. 1. Indianapolis: Liberty Fund, 1983.
Adcock, F. E., and Derek J. Mosley. *Diplomacy in Ancient Greece.* London: Thames and Hudson, 1975.
Adler, Renata. *Canaries in the Mineshaft: Essays on Politics and Media.* New York: St. Martin's Press, 2001.
Aftergood, Steven. "Reducing Government Secrecy: Finding What Works." *Yale Law and Policy Review* 27, no. 2 (2009).
Aid, Matthew M. *The Secret Sentry: The Untold History of the National Security Agency.* New York: Bloomsbury, 2010.
Aldrich, Richard J. "Regulation by Revelation: Intelligence, Media, and Transparency." In *Spinning Intelligence: Why Intelligence Needs the Media, Why the Media Needs Intelligence*, ed. Robert Dover and Michael S. Goodman. New York: Columbia University Press, 2009.
Alexander, Hartley B. *Liberty and Democracy: And Other Essays in War-Time*, Boston: Marshall Jones, 1918.

Alford, Fred C. *Whistleblowers: Broken Lives and Organizational Power*. Ithaca, NY: Cornell University Press, 2001.

Alterman, Eric. *When Presidents Lie: A History of Official Deception and Its Consequences*. New York: Viking, 2004.

A Moderate Whig. "A Short Receipt for a Continental Disease." In *Political Sermons of the Founding Era: 1730–1805*, ed. Ellis Sandoz, vol. 1. Indianapolis: Liberty Fund, 1991.

Andrew, Christopher. *For the President's Eyes Only: Secret Intelligence and the American Presidency from Washington to Bush*. New York: Harper Collins, 1995.

An Old Whig. "Essay III." In *The Complete Anti-Federalist*, ed. Herbert J. Storing and Murray Dry, vol. 1. Chicago: University of Chicago Press, 1981.

Applbaum, Arthur I. *Ethics for Adversaries*. Princeton, NJ: Princeton University Press, 2000.

———. "The Remains of the Role." *Governance* 6, no. 4 (1993).

Archibald, Sam. "The Early Years of the Freedom of Information Act: 1955 to 1974," *PS: Political Science and Politics* 26, no. 4 (1993).

Armstrong, Scott. "The War over Secrecy: Democracy's Most Important Low-Intensity Conflict." In *A Culture of Secrecy*, ed. Robert Dover and Michael S. Goodman. Lawrence: University Press of Kansas, 1998.

Austin, Norman, and Boris Rankov. *Exploratio: Military and Political Intelligence in the Roman World*. Routledge: New York, 1995.

Bagdikian, Ben H. *The New Media Monopoly*. Boston: Beacon Press, 2004.

Ballou, Eric E., and Kyle E. McSlarrow. "Plugging the Leak: A Case for Legislative Resolution of the Conflict between Demands of Secrecy and the Need for an Open Government." *Virginia Law Review* 71, no. 5 (1985).

Banks, William C., and Peter Raven-Hansen. *National Security Law and the Power of the Purse*. New York: Oxford University Press, 1994.

Barrett, David M. "An Early 'Year of Intelligence': The CIA and Congress, 1958." *International Journal of Intelligence and Counterintelligence* 17, no. 3 (2004).

———. *The CIA and Congress: The Untold Story from Truman to Kennedy*. Wichita: University Press of Kansas, 2004.

Elizabeth B. Bazan. *Intelligence Identities Protection Act*. Washington, DC: Congressional Research Service, 2003.

Beale, Robert. "A Treatise of the Office of a Councellor and Principall Secretarie to her Majestie." In Conyers Read, *Mr. Secretary Walsingham and the Policy of Queen Elizabeth*. Cambridge, MA: Harvard University Press, 1925.

Begg, Robert T. "Whistleblower Law and Ethics." In *Ethical Standards in the Public Sector*, ed. Patricia E. Salkin. Chicago: American Bar Association, 2009.

Benjamin, Daniel, and Steven Simon. *The Age of Sacred Terror*. New York: Random House, 2002.

Bennet, W. Lance, Regina G. Lawrence, and Steven Livingston. *When the Press Fails: Political Power and the News Media from Iraq to Katrina*. Chicago: University of Chicago Press, 2007.

Bentham, Jeremy. *Constitutional Code*. Ed. F. Rosen and J. H. Burns. New York:

Oxford University Press, 1983.

———. *Political Tactics*. Ed. Michael James, Cyprian Blamires, and Catherine Pease-Watkin. New York: Oxford University Press, 1999.

———. *The Works of Jeremy Bentham*. Ed. John Bowring. Edinburgh: William Tait, 1843.

Bergen, Peter L. *The Osama Bin Laden I Know*. New York: Free Press, 2006.

Berger, Raoul. *Executive Privilege: A Constitutional Myth*. Cambridge, MA: Harvard University Press, 1974.

Berkowitz, Bruce D., and Allan E. Goodman. *Best Truth: Intelligence in the Information Age*. New Haven, CT: Yale University Press, 2000.

Betts, Richard K. *Enemies of Intelligence: Knowledge and Power in American National Security*. New York: Columbia University Press, 2007.

BeVier, Lillian R. "An Informed Public, an Informing Press: The Search for a Constitutional Principle." *California Law Review* 68 (1980).

———. "The Journalist's Privilege—A Skeptic's View." *Ohio Northern University Law Review* 32, no. 3 (2006).

Bickel, Alexander M. *Morality of Consent*. New Haven, CT: Yale University Press, 1975.

Bishop, Joseph W., Jr. "The Executive's Right to Privacy: An Unresolved Constitutional Question." *Yale Law Journal* 66, no. 4 (1957).

Blasi, Vincent. "The Checking Value in First Amendment Theory." *American Bar Foundation Research Journal* 2, no. 3 (1977).

Blechman, Barry M., and W. Philip Ellis. *The Politics of National Security: Congress and U.S. Defense Policy*. New York: Oxford University Press, 1990.

Block, Lawrence J., and David B. Rivkin. "The Battle to Control the Conduct of Foreign Intelligence and Covert Operations: The Ultra-Whig Counterrevolution Revisited." *Harvard Journal of Law & Public Policy* 12, no. 2 (1989).

Bodin, Jean. *On Sovereignty: Four Chapters from the Six Books of the Commonwealth*. Trans. Julian H. Franklin. New York: Cambridge University Press, 1992.

Boeynik, David E. "Anonymous Sources in News Stories: Justifying Exceptions and Limiting Abuses." *Journal of Mass Media Ethics* 5, no. 4 (1990).

Bok, Sissela. *Secrets: On the Ethics of Concealment and Revelation*. New York: Vintage Books, 1989.

———. "Whistleblowing and Professional Responsibilities." In *Ethical Issues in Professional Life*, ed. Joan C. Callahan. New York: Oxford University Press, 1988.

Borjesson, Kristina. *Feet to the Fire: The Media after 9/11*. New York: Prometheus, 2005.

Botero, Giovanni. *The Reason of State*. Trans. P. J. Waley and D. P. Waley. New Haven, CT: Yale University Press, 1956.

Bovens, Mark. *The Quest for Responsibility: Accountability and Citizenship in Complex Organizations*. Cambridge: Cambridge University Press, 1998.

Bowman, James S. "Whistle-Blowing in the Public Service." In *Classics of Administrative Ethics*, ed. Willa M. Bruce. Boulder, CO: Westview Press, 2001.

Breckenridge, Adam. *The Executive Privilege: Presidential Control over Information*. Lincoln: University of Nebraska Press, 1974.

Brookner, Janine. *Piercing the Veil: Litigation against U.S. Intelligence*. Durham, NC: Carolina Academic Press, 2003.

Brooks, Nathan. *The Protection of Classified Information: The Legal Framework*. Washington, DC: Congressional Research Service, 2004.

Brown, Fred. "Anonymity Hurts Reporters and Politicians." *Quill*, December, 2003.

———. "Anonymous Sources Needed, But Must Be Used With Care," *Quill*, June/July, 2005.

Brownell, Herbert. "Memorandum." Reprinted in *Hearing Before the Subcommittee on Constitutional Rights of the Committee of the Judiciary*, 85th Congress, 2nd Sess., 1958, appendix 13.

Bruce, James B. "How Leaks of Classified Intelligence Help U.S. Adversaries: Implications for Laws and Secrecy." In *Intelligence and the National Security Strategist: Enduring Challenges and Issues*, ed. Roger Z. George and Robert D. Kline. New York: Rowan and Littlefield, 2006.

Bruff, Harold H. *Bad Advice: Bush's Lawyers in the War on Terror*. Lawrence: University of Kansas Press, 2009.

Bruni, Leonardo. *History of the Florentine People*. Trans. James Hankins, Cambridge, MA: Harvard University Press, 2007.

Bryce, James. *The American Commonwealth*. Indianapolis: Liberty Fund, 1995.

———. *Modern Democracies*. New York: Macmillan, 1921.

Bunton, Kristie. "Media Criticism as Self-Regulation." In *Holding the Media Accountable: Citizens, Ethics, and the Law*, ed. David Pritchard. Bloomington: Indiana University Press, 2000.

Byrd, Robert C., Mary Sharon Hall, and Wendy Wolff. *The Senate: 1789–1989*. Washington, DC: GPO, 1988.

Calhoun, George W. "Confidentiality and Executive Privilege." In *The Tethered Presidency*, ed. Thomas Franck. New York: New York University Press, 1981.

Callahan, Elletta S., Terry M. Dworkin, and David Lewis. "Whistleblowing: Australian, U.K., and U.S. Approaches to Disclosure in the Public Interest." *Virginia Journal of International Law* 44, no. 3 (2003).

Carlson, Matt. *On Condition of Anonymity: Unnamed Sources and the Battle for Journalism*. Urbana: University of Illinois Press, 2011.

———. "Whither Anonymity? Journalism and Unnamed Sources in a Changing Media Environment." In *Journalists, Sources, and Credibility*, ed. Bob Franklin and Matt Carlson. New York: Routledge, 2011.

Carpenter, Ted Galen. *The Captive Press: Foreign Policy Crises and the First Amendment*. Washington, DC: Cato Institute, 1995.

Casper, Gerhard. "Government Secrecy and the Constitution." *California Law Review* 74, no. 3 (1986).

Cater, Douglass. *The Fourth Branch of Government*. Boston: Houghton Mifflin, 1959.

———. "News and the Nation's Security." *Reporter*, July 6, 1961.

Chafee, Zechariah, Jr. *Government and Mass Communications*. Chicago: University of Chicago Press, 1947.

Chambers, Simone. "Behind Closed Doors: Publicity, Secrecy and the Quality of Deliberation." *Journal of Political Philosophy*. 12, no. 4 (2004).

Chanley, Virginia A. "Trust in Government in the Aftermath of 9/11: Determinants and Consequences." *Political Psychology* 23, no. 3 (2002).

Cheh, Mary. "Judicial Supervision of Executive Secrecy: Rethinking Freedom of Expression for Government Employees and the Public Right of Access to Government Information." *Cornell Law Review* 69 (1983).

Chesney, Robert M. "National Security Fact Deference." *Virginia Law Review* 95, no. 6 (2009).

——. "State Secrets and the Limits of National Security Litigation." *George Washington Law Review* 75, nos. 5–6 (2007).

Cicero. *On Duties*. Trans., M. T. Griffin and E. M. Atkins. Cambridge: Cambridge University Press, 2003.

Clark, Kathleen. "The Architecture of Accountability: A Case Study of the Warrantless Surveillance Program." *Brigham Young University Law Review* 2010, no. 2 (2010).

——. "Congress's Right to Counsel in Intelligence Oversight." *University of Illinois Law Review* 2011 no. 3 (2011).

——. "'A New Era of Openness?' Disclosing Intelligence to Congress under Obama." *Constitutional Commentary* 26. no. 3 (2010).

Cockburn, Andrew. *Rumsfeld: His Rise, Fall, and Catastrophic Legacy*. New York: Simon & Schuster, 2007.

Colby, William. *Honorable Men: My Life in the CIA*. New York: Simon and Schuster, 1978.

——. "Intelligence Secrecy and Security in a Free Society." *International Security* 1, no. 2 (1976).

Coliver, Sandra. "Commentary on the Johannesburg Principles." In *Secrecy and Liberty: National Security, Freedom of Expression and Access to Information*, ed. Sandra Coliver et al. Cambridge, MA: Kluwer Law, 1999.

Colton, David E. "Speaking Truth to Power: Intelligence Oversight in an Imperfect World." *University of Pennsylvania Law Review* 137, no. 2 (1988).

Commager, Henry Steele. *The Defeat of America: Presidential Power and the National Character*. New York: Simon and Schuster, 1974.

Commission on Freedom of the Press. *A Free and Responsible Press: A General Report on Mass Communication*. Chicago: University of Chicago Press, 1947.

Commission on Government Security. *Report of the Commission on Government Security*. Washington, DC: GPO, 1957.

Commission on Protecting and Reducing Government Secrecy. *Report of the Commission on Protecting and Reducing Government Secrecy*. Washington, DC: GPO, 1997.

Commission on the Intelligence Capabilities of the United States Regarding Weapons of Mass Destruction. *Report of the Commission on the Intelligence*

Capabilities of the United States Regarding Weapons of Mass Destruction. Washington, DC: GPO, 2005.

Commission to Assess the Ballistic Missile Threat to the United States. *Report of the Commission to Assess the Ballistic Missile Threat to the United States.* Washington, DC: GPO, July 15, 1998.

Constant, Benjamin. "Principles of Politics." In *Political Writings*, trans. Biancamaria Fontana. New York: Cambridge University Press, 1988.

Conway, Stephen. "Bentham on Peace and War." *Utilitas* 1, no. l (1989).

Corwin, Edward S. *The President's Control of Foreign Relations.* Princeton, NJ: Princeton University Press, 1917.

Coser, Lewis. "Government by Secrecy." *Dissent* 1 (1954).

Cox, Arthur M. *The Myths of National Security: The Peril of Secret Government.* Boston: Beacon Press, 1975.

Crabb, Cecil V., and Pat M. Holt. *Invitation to Struggle: Congress, the President, and Foreign Policy.* Washington, DC: Congressional Quarterly Press, 1984.

Crockett, David. "Executive Privilege." In *The Constitutional Presidency*, ed. Joseph Bessette and Jeffrey K. Tulis. Baltimore: Johns Hopkins University Press, 2009.

Croner, Andrew. "A Snake in the Grass? Section 798 of the Espionage Act and Its Constitutionality As Applied to the Press." *George Washington Law Review* 77, no. 3 (2009).

Cross, Harold L. *The People's Right to Know: Legal Access to Public Recordings and Proceedings.* New York: Columbia University Press, 1953.

Curran, James. *Media and Power.* London: Routledge, 2002.

Dahl, Robert A. *A Preface to Democratic Theory.* Chicago: University of Chicago Press, 1956.

Dalglish, Lucy, ed. *Agents of Discovery: A Report on the Incidence of Subpoenas Served on the News Media in 2001.* Arlington, VA: The Reporters Committee for Freedom of the Press, 2003.

Dallek, Robert. *Nixon and Kissinger.* New York: Harper Collins, 2007.

Defense Department Committee on Classified Information. *Report to the Secretary of Defense.* Washington, DC: Department of Defense, 1956.

De George, Richard T. "Whistleblowing." In *Applied Ethics: Critical Concepts in Philosophy*, ed. Ruth F. Chadwick and Doris Schroeder, vol. 5. London: Routledge, 2002.

Demophilus. "The Genuine Principles of the Ancient Saxon or English Constitution." In *American Political Writing during the Founding Era*, ed. Charles S. Hyneman and Donald Lutz, vol. 1. Indianapolis: Liberty Fund, 1983.

Dennis, Everette E. "Stolen Treaties and the Press: Two Case Studies." *Journalism History* 2, no. 1 (1975).

Department of Justice. *Guide to the FOIA.* Washington, DC: Department of Justice, 2009.

Devins, Neal. "Congressional-Executive Information Access Disputes: A Modest Proposal—Do Nothing." *Administrative Law Review* 48, no. 1 (1996).

Dewey, John. *Lectures in China, 1919–1920.* Trans. Robert W. Clopton and Tsuin-Chen Ou. Honolulu: University Press of Hawaii, 1973.

Deyling, Robert P. "Judicial Deference and De Novo Review in Litigation over National Security Information under the Freedom of Information Act." *Villanova Law Review* 37 (1992).

Diamond, John M. *The CIA and the Culture of Failure*. Stanford, CA: Stanford University Press, 2008.

Dickinson, G. Lowes. *The Choice before Us*. New York: Dodd, Mead & Co., 1917.

Diodorus Siculus. *Library of History*. Trans. C. H. Oldfather. Cambridge: Loeb Classical Library, 1989.

Dixon, Robert G. "Congress, Shared Administration and Executive Privilege." In *Congress against the President*, ed. Harvey C. Mansfield, Sr. New York: Praeger, 1975.

Dmitrieva, Irina Y. "Stealing Information: Application of a Criminal Anti-Theft Statute to Leaks of Confidential Government Information." *Florida Law Review* 55, no. 4 (2003).

Dobel, J. Patrick. "Doing Good by Staying In?" In *Combating Corruption, Encouraging Ethics: A Sourcebook for Public Service Ethics*, ed. William L. Richter et al. Washington, DC: ASPA, 1990.

Donaldson, Peter S. *Machiavelli and the Mystery of State*. New York: Cambridge University Press, 1988.

Dorsen, Norman, and John H. F. Shattuck, "Executive Privilege, the Congress and the Courts." *Ohio State Law Journal* 35 (1974).

Dozier, Janelle Brinker, and Marcia P. Miceli. "Potential Predictors of Whistle-Blowing: A Prosocial Behavior Perspective." *Academy of Management* 10, no. 4 (1985).

Duffy, Matt J., and Carrie P. Freeman. "Unnamed Sources: A Utilitarian Exploration of Their Justification and Guidelines for Limited Use." *Journal of Mass Media Ethics* 26, no. 4 (2011).

Duffy, Matt J., and Ann E. Williams. "Use of Unnamed Sources Drops from Peaks in 1960s and 1970s." *Newspaper Research Journal* 32, no. 4 (2011).

Dulles, Allen W. *Craft of Intelligence*. New York: Harper & Row, 1963.

Dunn, John. *Democracy: A History*. New York: Grove/Atlantic, 2005.

Edgar, Harold, and Benno C. Schmidt, Jr. "The Espionage Statutes and the Publication of Defense Information." *Columbia Law Review*. 73 (1973).

Edwards, George C., and Stephen J. Wayne. *Presidential Leadership: Politics and Policy-Making*. New York: St. Martin's Press, 1997.

Elliot, Jonathan. *The Debates in Several State Conventions*. Philadelphia: J. B. Lippincott & Co., 1876.

Elliston, Frederick A. "Anonymous Whistleblowing." *Business and Professional Ethics Journal* 1, no. 2 (1982).

———. "Civil Disobedience and Whistleblowing: A Comparative Appraisal of Two Forms of Dissent." *Journal of Business Ethics* 1, no. 1 (1982).

Ellsberg, Daniel. "Secrecy and National Security Whistleblowing." *Social Research* 77, no. 3 (2010).

———. *Secrets: A Memoir of Vietnam and the Pentagon Papers*. New York: Viking, 2002.

Ellsworth, Oliver. "The Landholder, VI." In *Pamphlets on the Constitution of the United States*, ed. Paul L. Ford. New York: Burt Franklin, 1892.

Elster, Jon. "Deliberation and Constitution Making." In *Deliberative Democracy*, ed. Jon Elster. Cambridge: Cambridge University Press, 1998.

Ely, John Hart. *War and Responsibility: Constitutional Lessons of Vietnam and Its Aftermath*. Princeton, NJ: Princeton University Press, 1995.

Emerson, Thomas I. "Legal Foundations of the Right to Know." *Washington University Law Quarterly* 1976, no. 1 (1976).

———. "National Security and Civil Liberties." *Yale Journal of World Public Order* 9 (1982).

Epstein, Robert D. "Balancing National Security and Free-Speech Rights: Why Congress Should Revise the Espionage Act." *CommLaw Conspectus* 15, no. 2 (2007).

Ericson, Timothy L. "Building Our Own 'Iron Curtain': The Emergence of Secrecy in American Government." *American Archivist* 68, no. 1 (2005).

Ettema, James S., and Theodore L. Glasser. "Public Accountability or Public Relations? Newspaper Ombudsmen Define Their Role." *Journalism Quarterly* 64, no. 1 (1987).

Evans, Florence M. G. *The Principal Secretary of State*. London: Longmans Green & Co., 1923.

Fargo, Anthony L. "The Year of Leaking Dangerously: Shadowy Sources, Jailed Journalists, and the Uncertain Future of the Federal Journalist's Privilege." *William and Mary Bill of Rights Journal* 14, no. 4 (2006).

Farrand, Max. *The Records of the Federal Convention of 1787*. New Haven, CT: Yale University Press, 1911.

Fatovic, Clement. *Outside the Law: Emergency and Executive Power*. Baltimore: Johns Hopkins University Press, 2009.

Fein, Bruce E. "Access to Classified Information: Constitutional and Statutory Dimensions." *William and Mary Law Review* 26 (1985).

Feldstein, Mark. *Poisoning the Press*. New York: Farrar, Straus, and Giroux, 2010.

Fenster, Mark. "The Opacity of Transparency." *Iowa Law Review* 91, no. 3 (2006).

Ferré, John P. "A Short History of Media Ethics in the United States." In *The Handbook of Mass Media Ethics*, ed. Lee Wilkins and Clifford G. Christians. New York: Routledge, 2008.

Filmer, Robert. *Patriarcha and Other Writings*. Ed. Johann P. Sommerville. Cambridge: Cambridge University Press, 1991.

Final Report of the National Commission on Terrorist Attacks upon the United States. Washington, DC: GPO, 2004.

Finnegan, Lisa. *No Questions Asked: News Coverage since 9/11*. Westport, CT: Praeger, 2006.

Firth, Charles H. "Thomas Scot's Account of Actions as Intelligencer during the Commonwealth." *English Historical Review* 12 (1897).

———. "Thurloe and the Post Office." *English Historical Review* 13 (1898).

Fisher, Louis. *Congressional Access to Executive Branch Information: Legislative Tools*. Washington, DC: Congressional Research Service, May 17, 2001.

———. *In the Name of National Security: Unchecked Presidential Power and the Reynolds Case*. Lawrence: University Press of Kansas, 2006.

———. *National Security Whistleblowers*. Washington, DC: Congressional Research Service, December 30, 2005.

———. *The Politics of Executive Privilege*. Durham, NC: Carolina Academic Press, 2004.

———. "The State Secrets Privilege: Relying on Reynolds." *Political Science Quarterly* 122, no. 3 (2007).

Flink, Stanley E. *Sentinel under Siege: The Triumphs and Troubles of America's Free Press*. New York: Westview, 1998.

Flynn, Kathryn. "Covert Disclosures: Unauthorized Leaking, Public Officials, and the Public Sphere." *Journalism Studies* 7, no. 2 (2006).

Foerstel, Herbert N. *Free Expression and Censorship in America: An Encyclopedia*. Westport, CT: Greenwood Press, 1997.

Ford, Worthington Chauncey. *Journals of the Continental Congress*. Washington, DC: GPO, 1904.

Franck, Thomas M., and Edward Weisband. *Secrecy and Foreign Policy*. New York: Oxford University Press, 1974.

Frank, Larry J. "The United States v. the *Chicago Tribune*." *Historian* 42, no. 2 (1980).

Friedberg, Aaron L. *A Contest for Supremacy: China, America, and the Struggle for Mastery in Asia*. New York: W. W. Norton & Company, 2011.

Friedrich, Carl J. *Constitutional Government and Politics: Nature and Development*. New York: Harper & Brothers, 1937.

Frost, Amanda. "The State Secrets Privilege and Separation of Powers." *Fordham Law Review* 75, no. 4 (2007).

Fuchs, Meredith. "Judging Secrets: The Role of the Courts in Preventing Unnecessary Secrecy." *Administrative Law Review* 58, no. 1 (2006).

Fuchs, Meredith, and G. Gregg Webb. "Greasing the Wheels of Justice: Independent Experts in National Security Cases." *American Bar Association National Security Law Report* 28, no. 4 (2006).

Galnoor, Itzhak. *Government Secrecy in Democracies*. New York: New York University Press, 1977.

Gerolymatos, André. *Espionage and Treason: A Study of Proxenia in Political and Military Intelligence Gathering in Classical Greece*. Amsterdam: Gieben, 1986.

Gerth, Hans H., and C. Wright Mills, eds. *From Max Weber: Essays in Sociology*. New York: Oxford University Press, 1946.

Glazer, Myron Peretz, and Penina Migdal Glazer. *The Whistleblowers: Exposing Corruption in Government and Industry*. New York: Basic Books, 1989.

Godfrey, John. "Intelligence in the United States." Reprinted in Bradley F. Smith, "Admiral Godfrey's Mission to America." *Intelligence and National Security* 1, no. 3 (1986).

Goldschmidt, Maure L. "Publicity, Privacy, and Secrecy." *Western Political Quarterly* 7, no. 3 (1954).

Goldsmith, Jack L. *Power and Constraint: The Accountable Presidency after 9/11*. New York: W. W. Norton & Co., 2012.

Goldsmith, Jack L. "Secrecy and Safety." *New Republic*, August 13, 2008.

———. *The Terror Presidency: Law and Judgment inside the Bush Administration*. New York: W. W. Norton, 2009.

Government Accountability Project. *The Art of Anonymous Activism*. Washington, DC: Government Accountability Project, 2002.

Graham, Bob, and Jeff Nussbaum. *Intelligence Matters*. Wichita: University of Kansas Press, 2008.

Graham, Bradley. *Hit to Kill: The New Battle over Shielding America from Missile Attack*. Cambridge, MA: Public Affairs, 2001.

Graves, John T. "The Value of a Free Press." In *The Foreign Relations of the United States*, ed. Henry R. Mussey and Stephen P. Duggan. New York: Academy of Political Science, 1917.

Greenawalt, Kent. *Conflicts of Law and Morality*. New York: Oxford University Press, 1987.

Greenstein, Fred I. *The Hidden-Hand Presidency: Eisenhower as Leader*. Baltimore: Johns Hopkins University Press, 1994.

Guicciardini, Francesco. *Dialogue on the Government of Florence*. Trans. Alison Brown. Cambridge: Cambridge University Press, 2002.

———. *The History of Italy*. Trans. Austin Parke Goddard. London: John Towers, 1755.

———. *Maxims and Reflections*. Trans. Mario Domandi. Philadelphia: University of Pennsylvania Press, 1972.

Guizot, François. *General History of Civilization in Europe*. Ed. C. S. Henry. New York: D. Appleton and Company, 1846.

———. *The History of the Origins of Representative Government in Europe*, Trans. Andrew R. Scoble. London: Henry G. Bohn, 1861.

Gup, Ted. *Nation of Secrets: The Threat to Democracy and the American Way of Life*. New York: Doubleday, 2007.

Gutmann, Amy, and Dennis F. Thompson. *Democracy and Disagreement*. Cambridge, MA: Belknap Press of Harvard University Press, 1996.

———. *Ethics and Politics: Cases and Comments*. Chicago: Nelson-Hall, 1990.

Hallin, Daniel C., Robert K. Manoff, and Judy K. Weddle. "Sourcing Patterns of National Security Reporters." *Journalism Quarterly* 70, no. 4 (1993).

Halperin, Morton, and Daniel Hoffman, "Secrecy and the Right to Know." *Law and Contemporary Problems* 40, no. 3 (1976).

———. *Top Secret: National Security and the Right to Know*. Washington, DC: New Republic Books, 1977.

Halstuk, Martin E. "Holding the Spymasters Accountable after 9/11." *Hastings Communications and Entertainment Law Journal* 27 (2004).

Hamilton, Alexander, James Madison, and John Jay, *The Federalist*. Ed. Terence Ball. New York: Cambridge University Press, 2003.

Hamilton, Lee H., and Daniel K. Inouye, eds. *Report of the Congressional Committees Investigating the Iran-Contra Affair*. Washington, DC: GPO, 1987.

Harrington, James. *The Commonwealth of Oceana*. Ed. J.G.A. Pocock. Cambridge: Cambridge University Press, 1992.

Hartung, William D. *Prophets of War: Lockheed Martin and the Making of the Military-Industrial Complex.* New York: Nation Books, 2011.

Hayes, Arthur S. *Press Critics Are the Fifth Estate: Media Watchdogs in America.* Westport, CT: Praeger, 2008.

Haynes, George. *The Senate of the United States: Its History and Practice.* Boston: Houghton Mifflin Co., 1938.

Headley, John H. "Secrets, Free Speech, and Fig Leaves." *Studies in Intelligence* 41, no. 5 (1998).

Helms, Jesse. *Empire for Liberty: A Sovereign America and Her Moral Mission.* Washington, DC: Regnery, 2001.

Henkin, Louis. "The Right to Know and the Duty to Withhold." *University of Pennsylvania Law Review* 120, no. 2 (1971).

Hennings, Thomas C., Jr. "The Executive Privilege and the People's Right to Know." *Federal Bar Journal* 19, no. 1 (1959).

Herman, Susan N. *Taking Liberties: The War on Terror and the Erosion of American Democracy.* New York: Oxford University Press, 2011.

Hersh, Seymour. *Chain of Command: The Road from 9/11 to Abu Ghraib.* New York: HarperCollins, 2005.

Hess, Stephen. *The Government/Press Connection: Press Officers and Their Offices.* Washington, DC: Brookings Institution, 1984.

Hinsley, F. H. *Power and the Pursuit of Peace.* Cambridge: Cambridge University Press, 1963.

Hirschman, Albert O. *Exit, Voice, and Loyalty: Responses to Decline in Firms, Organizations, and States.* Cambridge, MA: Harvard University Press, 1970.

Hoekstra, Pete. *Secrets and Leaks: The Costs and Consequences for National Security.* Washington, DC: Heritage Foundation, September 6, 2005.

Hoffman, Daniel N. *Governmental Secrecy and the Founding Fathers: A Study in Constitutional Controls.* Westport, CT: Greenwood Press, 1981.

Holt, Pat M. *Secret Intelligence and Public Policy: A Dilemma of Democracy.* Washington, DC: CQ Press, 1995.

Howard, Michael E. *War and the Liberal Conscience.* New York: Columbia University Press, 2008.

Hoyle, Russ. *Going to War: How Misinformation, Disinformation, and Arrogance Led America into Iraq.* New York: St. Martin's Press, 2008.

Hughes, Charles. "Nicholas Faunt's Discourse Touching the Office of Principal Secretary of Estate." *English Historical Review* 20, no. 79 (1905).

Hume, David. "Idea of a Perfect Commonwealth." In David Hume, *Political Essays*, ed. Knud Haakonssen. New York: Cambridge University Press, 1994.

Hurt, Michael. "Leaking National Security Secrets." *National Security Studies Quarterly* 7, no. 4 (2001).

Hutcheson, Francis. *A Short Introduction to Moral Philosophy.* Ed. Luigi Turco. Indianapolis: Liberty Fund, 2007.

Hutchinson, Robert. *Elizabeth's Spy Master.* London: Weidenfeld and Nicolson, 2006.

Hyde, Henry J. "Leaks and Congressional Oversight." *George Mason University Law Review* 11, no. 1 (1988).
Interdepartmental Group on Unauthorized Disclosures of Classified Information. *Report of the Interdepartmental Group on Unauthorized Disclosures of Classified Information*. Washington, DC: GPO, March 31, 1982.
Isaacson, Walter. *Kissinger*. New York: Simon and Schuster, 1992.
Isikoff, Michael, and David Corn. *Hubris: The Inside Story of Spin, Scandal, and the Selling of the Iraq War*. New York: Random House, 2007.
Jacquette, Dale. *Journalistic Ethics: Moral Responsibility in the Media*. Upper Saddle River, NJ: Prentice Hall, 2007.
James, Gene G. "In Defense of Whistleblowing." In *Ethical Issues in Professional Life*, ed. Joan C. Callahan. New York: Oxford University Press, 1988.
Jay, John. *The Correspondence and Public Papers of John Jay*. Ed. Henry P. Johnston. New York: G. P. Putnam's Sons, 1890–93.
Johnson, Loch K. "The Church Committee Investigation of 1975 and the Evolution of Modern Intelligence Accountability." *Intelligence and National Security* 23, no. 2 (2008).
———. "The CIA and the Question of Accountability." *Intelligence and National Security* 12, no. 1 (1997).
———. "Congress, the Iraq War, and the Failures of Intelligence Oversight." In *Intelligence and National Security Policymaking on Iraq: British and American Perspectives*, ed. James P. Pfiffner and Mark Pythian. College Station: Texas A&M University Press, 2008.
———. "Intelligence and the Challenge of Collaborative Government." *Intelligence and National Security* 13, no. 2 (1998).
———. *Secret Agencies: U.S. Intelligence in a Hostile World*. New Haven, CT: Yale University Press, 1996.
———. "A Shock Theory of Congressional Accountability for Intelligence." In *Handbook of Intelligence Studies*, ed. Loch K. Johnson. New York: Routledge, 2007.
Johnson, Roberta A. *Whistleblowing: When It Works—And Why*. Boulder, CO: Lynne Reiner, 2003.
Jones, RonNell Andersen. "Avalanche or Undue Alarm? An Empirical Study of Subpoenas Received by the News Media." *Minnesota Law Review* 93, no. 2 (2008).
Jos, Philip, Mark E. Tompkins, and Steven W. Hays. "In Praise of Difficult People: A Portrait of the Committed Whistleblower." *Public Administration Review* 49, no. 6 (1989).
Kaiser, Frederick M. "Congress and the Intelligence Community: Taking the Road Less Travelled." In *The Postreform Congress*, ed. Roger H. Davidson. New York: St. Martin's Press, 1992.
———. *Protection of Classified Information by Congress: Practices and Proposals*. Washington, DC: Congressional Research Service, 2005.
Katyal, Neal K. "The Internal Separation of Powers." *Yale Law Journal* 115, no. 9 (2006).

Katz, Alan M. "Government Information Leaks and the First Amendment." *California Law Review* 64, no. 1 (1976).

Kazin, Michael. *A Godly Hero: The Life of William Jennings Bryan*. New York: Knopf, 2006.

Kean, Thomas H., and Lee H. Hamilton. *Without Precedent: The Inside Story of the 9/11 Commission*. New York: Alfred A. Knopf, 2006.

Keefe, Patrick K. "The Challenge of Global Intelligence Listening." In *Strategic Intelligence*, ed. Loch K. Johnson, vol. 2. Westport, CT: Praeger, 2007.

"Keeping Secrets: Congress, the Courts, and National Security Information." *Harvard Law Review* 103, no. 4 (1990).

Keller, Bill. "The Boy Who Kicked the Hornet's Nest." In *Open Secrets: WikiLeaks, War and American Diplomacy*, ed. Alexander Star. New York: New York Times, 2011.

Kent, James. *Commentaries on American Law*. Ed. John M. Gould. Boston: Little, Brown, & Co., 1896.

Kerr, Clara H. *The Origin and Development of the United States Senate*. Ithaca, NY: Andrus and Church, 1895.

Kielbowicz, Richard B. "The Role of News Leaks in Governance and the Law of Journalists' Confidentiality, 1795–2005." *San Diego Law Review* 43 (2006).

Kitrosser, Heidi. "Classified Information Leaks and Free Speech." *University of Illinois Law Review* 2008, no. 3 (2008).

———. "Congressional Oversight of National Security Activities: Improving Information Funnels." *Cardozo Law Review* 29, no. 3 (2008).

———. "Secrecy and Separated Powers: Executive Privilege Revisited." *Iowa Law Review* 92, no. 2 (2007).

Klaidman, Stephen, and Tom L. Beauchamp. *The Virtuous Journalist*. New York: Oxford University Press, 1987.

Knott, Stephen F. "Executive Power and the Control of American Intelligence." *Intelligence and National Security* 13, no. 2 (1998).

———. *Secret and Sanctioned: Covert Operations and the American Presidency*. New York: Oxford University Press, 1996.

Koh, Harold H. *The National Security Constitution: Sharing Power after the Iran-Contra Affair*. New Haven, CT: Yale University Press, 1990.

Kossuth, Lajos. *Select Speeches of Kossuth*. Ed. Francis Newman. New York: C. S. Francis & Co., 1854.

———. "Speech before the Corporation of London." Reprinted in Daniel Webster, *Sketch of the Life of Louis Kossuth*. New York: Stringer and Townsend, 1851.

Kreimer, Seth F. "The Freedom of Information Act and the Ecology of Transparency." *University of Pennsylvania Journal of Constitutional Law* 10, no. 5 (2008).

———. "Rays of Sunlight in a Shadow War: FOIA, the Abuses of Anti-Terrorism, and the Strategy of Transparency." *Lewis and Clark Law Review* 11, no. 4 (2010).

Kutler, Stanley I. *The Wars of Watergate: The Last Crisis of Richard Nixon*. New York: W. W. Norton, 1992.

Lambeth, Edmund B. *Committed Journalism: An Ethic for the Profession*. Bloomington: Indiana University Press, 1992.

Laski, Harold J. *The American Presidency: An Interpretation*. London: George, Allen & Unwin, 1940.

Lasswell, Harold D. *National Security and Individual Freedom*. New York: McGraw-Hill, 1950.

Lee, William. "Probing Secrets: The Press and Inchoate Liability for Newsgathering Crimes." *American Journal of Criminal Law* 36, no. 2 (2009).

Levi, Lili. "Dangerous Liaisons: Seduction and Betrayal in Confidential Press-Source Relations." *Rutgers Law Review* 43 (1991).

Levinson, Daryl J., and Richard H. Pildes. "Separation of Parties, Not Powers." *Harvard Law Review* 119, no. 8 (2006).

Levinson, Nan. *Outspoken: Free Speech Stories*. Berkeley: University of California Press, 2003.

Levy, Adrian, and Catherine Scott-Clark. *Deception: Pakistan, the United States, and the Secret Trade in Nuclear Weapons*. New York: Walker & Co., 2007.

Lewalski, Barbara K. *The Life of John Milton*. Oxford: Blackwell, 2003.

Lichtblau, Eric. *Bush's Law: The Remaking of American Justice*. New York: Pantheon, 2008.

Lieber, Francis. *On Civil Liberty and Self-Government*. Ed. Theodore Woolsey, Philadelphia: Lippincott, 1888.

Lippmann, Walter. *Liberty and the News*. New York: Harcourt, Brace, and Howe, 1920.

———. *The Political Scene: An Essay on the Victory of 1918*. New York: Henry Holt, 1919.

———. *Public Opinion*. New York: Harcourt, Brace & Co., 1922.

———. *The Stakes of Diplomacy*. New York: Henry Holt, 1915.

Luban, David. "Publicity Principle." In *The Theory of Institutional Design*, ed. Robert E. Goodin. New York: Cambridge University Press, 1996.

Machiavelli, Niccolò. "Confidential Instructions." In *The Historical, Political and Diplomatic Writings of Niccolò Machiavelli*, vol. 4, trans. Christian E. Detmold. Boston: James R. Osgood & Co., 1882.

Madison, James. *Letters and Other Writings*. Philadelphia: J. B. Lippincott & Co., 1865.

———. *The Writings of James Madison*. Ed. Gaillard Hunt. New York: G. P. Putnam's Sons, 1910.

Maer, Lucinda, and Oonagh Gay. *Official Secrecy*. London: House of Commons Library, Standard Note 02023, December 30, 2008.

Maffeo, Steven E. *Most Secret and Confidential: Intelligence in the Age of Nelson*. Annapolis, MD: Naval Institute Press, 2000.

Manin, Bernard. *The Principles of Representative Government*. Cambridge: Cambridge University Press, 1997.

Mansfield, Harvey C. *Taming the Prince: The Ambivalence of Modern Executive Power*. New York: Free Press, 1993.

Marbut, Frederick B. *News from the Capital: The Story of Washington Reporting*. Carbondale: Southern Illinois University Press, 1971.

Marchetti, Victor L., and John D. Marks. *The CIA and the Cult of Intelligence*. New York: Knopf, 1974.
Martin, Frederick R. "A Plea for an Uncensored Press." In *The Foreign Relations of the United States*, ed. Henry Raymond Mussey and Stephen Pierce Duggan. New York: Academy of Political Science, 1917.
Martin, Mike W. *Meaningful Work: Rethinking Professional Ethics*. New York: Oxford University Press, 2000.
Martin-Kratzer, Renee, and Esther Thorson. "Use of Anonymous Sources Declines in U.S. Newspapers." *Newspaper Research Journal* 28, no. 2 (2007).
Massing, Michael. "Now They Tell Us." *New York Review of Books* 51 (2004).
———. *Now They Tell Us: The American Press and Iraq*. New York: New York Review Books, 2004.
Mattingly, Garret. *Renaissance Diplomacy*. New York: Dover Publications, 1988.
Mayer, Kenneth R. *With the Stroke of a Pen: Executive Orders and Presidential Power*. Princeton, NJ: Princeton University Press, 2001.
Mazzini, Giuseppe. "On Publicity in Foreign Affairs." In *A Cosmopolitanism of Nations: Giuseppe Mazzini's Writings on Democracy, National Building, and International Relations*, ed. Stefano Recchia and Nadia Urbinati. Princeton, NJ: Princeton University Press, 2009.
McClendon, R. Earl. "Violations of Secrecy In Re Senate Executive Sessions, 1789–1929." *American Historical Review* 51, no. 1 (1945).
McConnell, Terence. "Whistleblowing." In *A Companion to Applied Ethics*, ed. R. G. Frey and Christopher H. Wellman. Oxford: Blackwell, 2005.
McCubbins, Mathew D., and Thomas Schwartz. "Congressional Oversight Overlooked: Police Patrols versus Fire Alarms." *American Journal of Political Science* 28, no. 1 (1984).
McDonald, Forrest. *The American Presidency: An Intellectual History*. Lawrence: University Press of Kansas, 1995.
McNeil, Phyllis P. "The Evolution of the U.S. Intelligence Community: An Historical Overview." In *Preparing for the 21st Century: An Appraisal of U.S. Intelligence*. Washington, DC: GPO, 1996.
"Media Incentives and National Security Secrets." *Harvard Law Review* 122, no. 8 (2009).
Meiklejohn, Alexander. "The First Amendment Is an Absolute." *Supreme Court Review* 1961 (1961).
———. *Free Speech and Its Relation to Self-Government*. New York: Harper & Brothers, 1948.
Meyers, Christopher. "Creating an Effective Newspaper Ombudsman Position." *Journal of Mass Media Ethics* 15, no. 4 (2000).
Miceli, Marcia P., Janet P. Near, and Terry M. Dworkin. *Whistleblowing in Organizations*. New York: Routledge, 2008.
"The Military and State Secrets Privilege: Protection for the National Security or Immunity for the Executive?" *Yale Law Journal* 91, no. 3 (1982).

Milton, John. "A Defence of the People of England." In John Milton, *Political Writings*, ed. Martin Dzelzainis and Claire Gruzelier. New York: Cambridge University Press, 2000.

———. *The Ready and Easy Way to Establish a Free Commonwealth*. Ed. Evert M. Clark. New Haven, CT: Yale University Press, 1915.

Minnow, Martha. "The Constitution as Black Box during National Emergencies." *Fordham Law Review* 75 (2006).

———. "The Lesser Evil." *Harvard Law Review* 118, no. 7 (2005).

Moberly, Richard. "Whistleblowers and the Obama Presidency: The National Security Dilemma." *Employee Rights and Employment Policy Journal* 16 (2012).

Moore, John Bassett. *The Principles of American Diplomacy*. New York: Harper & Brothers, 1918.

Morris, Robert. *The Papers of Robert Morris*. Ed. James E. Ferguson and John Catanzariti. Pittsburgh: University of Pittsburgh Press, 1978.

Morrissey, David H. *Disclosure and Secrecy: Security Classification Executive Orders*. Iowa City, IA: AEJMC, 1997.

Morse, Mika C. "Honor or Betrayal? The Ethics of Government Lawyer-Whistleblowers." *Georgetown Journal of Legal Ethics* 23 (2010).

Moss, John E. "Introduction: A Legislator's View." *Federal Bar Journal* 19, no. 1 (1959).

Moynihan, Daniel P. *Secrecy: The American Experience*. New Haven, CT: Yale University Press, 1998.

Near, Janet P., and Marcia P. Miceli. "Organizational Dissidence: The Case of Whistle-Blowing." *Journal of Business Ethics* 4, no. 1 (1985).

Nedham, Marchamont. *The Excellencie of a Free State*. London: Thomas Brewster, 1656.

Nelson, Anna K. "Secret Agents and Security Leaks: President Polk and the Mexican War." *Journalism Quarterly* 52, no. 1 (1975).

Nelson, Jack. *U.S. Government Secrecy and the Current Crackdown on Leaks*. Cambridge, MA: Joan Shorenstein Center, 2002.

Nemeth, Neil. *News Ombudsman in North America: Assessing an Experiment in Social Responsibility* Westport, CT: Praeger, 2003.

Newcomb, Thomas. "In from the Cold: The Intelligence Community Whistleblower Protection Act." *Administrative Law Review* 53 (2001).

Norris, Pippa. *A Virtuous Circle: Political Communication in Postindustrial Societies*. New York: Cambridge University Press, 2000.

Olmstead, Kathryn S. *Challenging the Secret Government: Post-Watergate Investigations of the CIA and FBI*. Durham: North Carolina University Press, 1996.

Omand, David. "Intelligence Secrets and Media Spotlights: Balancing Illumination and Media Spotlights." In *Spinning Intelligence: Why Intelligence Needs the Media, Why the Media Needs Intelligence*, ed. Robert Dover and Michael S. Goodman. New York: Columbia University Press, 2009.

Orman, John M. *Presidential Secrecy and Deception: Beyond the Power to Persuade*. Westport, CT: Greenwood Press, 1980.

O'Toole, George J. A. *Honorable Treachery*. New York: Atlantic Monthly, 1991.

Ott, Marvin C. "Partisanship and the Decline of Intelligence Oversight." *International Journal of Intelligence and Counterintelligence* 16, no. 1 (2003).

Overholser, Geneva. "The Seduction of Secrecy: Toward Better Access to Government Information on the Record." *Nieman Reports*, Summer 2005.

Paine, Thomas. "The Necessity of Taxation." *Pennsylvania Gazette*, April 3, 1782. Reprinted in *Collected Writings*. New York: Library of America, 1955.

——. "The Rights of Man, Part II." In *Political Writings*, ed. Bruce Kuklick. Cambridge: Cambridge University Press, 2000.

Paley, William. *The Principles of Moral and Political Philosophy*. In *The Works of William Paley*. London: Thomas Allman, 1851.

Pallitto, Robert M., and William G. Weaver. *Presidential Secrecy and the Law*. Baltimore: Johns Hopkins University Press, 2007.

Parks, Wallace. "Secrecy and the Public Interest in Military Affairs." *George Washington Law Review* 26 (1957).

Parsons, Theophilus. "The Essex Result." In *American Political Writing during the Founding Era*, ed. Charles S. Hyneman and Donald Lutz, vol. 1. Indianapolis: Liberty Fund, 1983.

Patterson, Bradley H. *To Serve the President: Continuity and Innovation in the White House Staff*. Washington, DC: Brookings Institution Press, 2008.

Peacey, Jason. *Politicians and Pamphleteers: Propaganda during the English Civil Wars and Interregnum*. Aldershot: Ashgate, 2004.

Pearlstine, Norman. *Off the Record: The Press, the Government, and the War over Anonymous Sources*. New York: Farrar, Straus and Giroux, 2007.

Pettigrew, Richard F. *The Course of Empire*. New York: Boni & Liveright, 1920.

Pfiffner, James P. *Power Play: The Bush Presidency and the Constitution*, Washington, DC: Brookings Institution Press, 2009.

Plutarch. "Themistocles." In *Lives II*, trans. Bernadotte Perrin. Cambridge, MA: Loeb Classical Library, 1914.

Polishook, Irwin H. *Rhode Island and the Union 1774–1795*. Evanston, IL: Northwestern University Press, 1969.

Poole, DeWitt. *The Conduct of Foreign Relations under Modern Democratic Conditions*. New Haven, CT: Yale University Press, 1924.

Posner, Eric, and Adrian Vermeule. "The Credible Executive." *Chicago Law Review* 74, no. 3 (2007).

Posner, Richard A. *Not a Suicide Pact: The Constitution in a Time of National Emergency*. New York: Oxford University Press, 2006.

——. *Uncertain Shield: The U.S. Intelligence System in the Throes of Reform*. Lanham, MD: Rowman & Littlefield, 2006.

Pozen, David E. "Deep Secrecy." *Stanford Law Review* 62, no. 2 (2010).

——. "The Mosaic Theory, National Security, and the Freedom of Information Act." *Yale Law Review* 115, no. 3 (2005).

Prakash, Saikrishna B. "A Critical Comment on the Constitutionality of the Executive Privilege." *Minnesota Law Review* 83, no. 5 (1999).

Price, Richard. *Political Writings*. Ed. David Oswald Thomas. New York: Cambridge University Press, 1991.

Project on Government Oversight. *Homeland and National Security Whistleblower Protections: The Unfinished Agenda*. Washington, DC: Project on Government Oversight, April 28, 2005.

"Prosecuting the Press: Criminal Liability for the Act of Publishing." *Harvard Law Review* 120, no. 4 (2007).

Ramsay, David. "An Address to the Freemen of South Carolina" (May 1787). In *Pamphlets on the Constitution of the United States: Published during Its Discussion by the People, 1787–1788*, ed. Paul Leicester Ford. Brooklyn, NY, 1888.

———. *The History of the American Revolution*. Trenton, NJ: James Wilson, 1811.

Ramsey, Mary Louise, and Michael Daniels. "Selected Cases in Which Information Has Been Withheld from Congress by the Executive Division." Reprinted in *Hearing Before the Subcommittee on Constitutional Rights of the Committee of the Judiciary*, 85th Congress, 2nd Sess. Washington, DC: GPO, 1958.

Randolph, Edmund. "Letter on the Federal Constitution." In *Pamphlets on the Constitution of the United States: Published during Its Discussion by the People, 1787–1788*, ed. Paul Leicester Ford. Brooklyn, NY, 1888.

Ransom, Harry H. *Central Intelligence and National Security*. Cambridge, MA: Harvard University Press, 1958.

———. "Congress and the Intelligence Agencies." *Proceedings of the Academy of Political Science* 32, no. 1 (1975).

———. "A Half Century of Spy Watching." In *Strategic Intelligence*, ed. Loch K. Johnson, vol. 5. Westport, CT: Praeger, 2007.

Rawle, William. *A View of the Constitution*. Philadelphia: H. C. Carey, 1825.

Rawls, John. *A Theory of Justice*. Cambridge, MA: Harvard University Press, 1991.

Reinsch, Paul S. *Readings on American Federal Government*. New York: Ginn & Co., 1909.

———. *Secret Diplomacy*. New York: Harcourt, Brace & Co., 1922.

Relyea, Harold C. "The Evolution and Organization of the Federal Intelligence Function: A Brief Overview." Reprinted in *Senate Select Committee to Study Governmental Operations with Respect to Intelligence Activities*. Washington, DC: GPO, 1976.

Richardson, James Daniel. *A Compilation of the Messages and Papers of the Presidents*. Washington, DC: Bureau of National Literature and Art, 1897.

Risen, James. *State of War: The Secret History of the CIA and the Bush Administration*. New York: Free Press, 2006.

Ritchie, Donald A. *Press Gallery: Congress and the Washington Correspondents*. Cambridge, MA: Harvard University Press, 1991.

———. *Reporting from Washington: The History of the Washington Press Corps*. New York: Oxford University Press, 2005.

Robarge, David. *Intelligence in the War of Independence*. Washington, DC: Center for the Study of Intelligence, 1997.

Roberts, Alasdair S. *Blacked Out: Government Secrecy in the Information Age*. Cambridge: Cambridge University Press, 2006.

Robinson, W. Peter. *Deceit, Delusion, and Detection*. London: Sage, 1996.

Rogers, William P. "Constitutional Law: The Papers of the Executive Branch." *American Bar Association Journal* 44 (1958).

Root, Elihu. *The Effect of Democracy on International Law*. Washington, DC: Carnegie Endowment for International Peace, 1917.

———. "A Requisite for the Success of Popular Democracy." In *The American Encounter: The United States and the Making of the Modern World*, ed. James F. Hoge, Jr., and Fareed Zakaria. New York: Basic Books, 1997.

Rosen, Jay. *What Are Journalists For?* New Haven, CT: Yale University Press, 2001.

Rosenblum, Nancy L. "Constitutional Reason of State: The Fear Factor." In *Dissent in Dangerous Times*, ed. Austin Sarat. Ann Arbor: University of Michigan Press, 2005.

Rourke, Francis E. *Secrecy and Publicity: Dilemmas of Democracy*. Baltimore: Johns Hopkins University Press, 1961.

———. "Secrecy in American Bureaucracy." *Political Science Quarterly* 72, no. 4 (1957).

Rowat, Donald C., ed. *Administrative Secrecy in Developed Countries*. New York: Columbia University Press, 1979.

Rozell, Mark J. *Executive Privilege: Presidential Power, Secrecy, and Accountability*. Lawrence: University Press of Kansas, 2002.

Russell, Frank Santi. *Information Gathering in Classical Greece*. Ann Arbor: University of Michigan Press, 1999.

Russett, Bruce M. *Controlling the Sword: The Democratic Governance of National Security*. Cambridge, MA: Harvard University Press, 1990.

Sagar, Rahul. "Executive Privilege." In *The Oxford Companion to American Politics*, ed. David Coates et al. New York: Oxford University Press, 2012.

———. "On Combating the Abuse of State Secrecy," *Journal of Political Philosophy* 15, no. 4 (December 2007).

Samaha, Adam. "Government Secrets, Constitutional Law, and Platforms for Judicial Intervention." *UCLA Law Review* 53, no. 4 (2006).

Sanders, Karen. *Ethics and Journalism*. London: Sage, 2003.

Sanger, David E. *Confront and Conceal: Obama's Secret Wars and Surprising Use of American Power*. New York: Crown, 2012.

Sasser, Jamie. "Silenced Citizens: The Post-Garcetti Landscape for Public Sector Employees Working in National Security." *University of Richmond Law Review* 41, no. 3 (2007).

Savage, Charlie. *Takeover: The Return of the Imperial Presidency and the Subversion of American Democracy*. New York: Little, Brown, 2007.

Sayle, Edward F. "Historical Underpinnings of the U.S. Intelligence Community." *International Journal of Intelligence and Counterintelligence* 1, no. 1 (1986).

Scarre, Geoffrey. *On Courage*. New York: Routledge, 2010.

Scharf, Michael. "On Terrorism and Whistleblowing." *Case Western Journal of International Law* 38 (2006).

Schepple, Kim L. *Legal Secrets: Equality and Efficiency in the Common Law*. Chicago: University of Chicago Press, 1990.

Schepple, Kim L. "We Are All Post-9/11 Now." *Fordham Law Review* 75 (2006).
Scheuer, Jeffrey. *The Big Picture: Why Democracies Need Journalistic Excellence*. New York: Routledge, 2007.
Schlesinger, Arthur M. *The Imperial Presidency*. New York: Mariner Books, 2004.
Schmitt, Gary J. "Executive Privilege: Presidential Power to Withhold Information from Congress." In *The Presidency in the Constitutional Order*, ed. Joseph M. Bessette and Jeffrey Tulis. Baton Rouge: Louisiana State University Press, 1981.
Schoenfeld, Gabriel. *Necessary Secrets: National Security, The Media, and The Rule of Law*. New York: Norton, 2010.
Schultz, Julianne. *Reviving the Fourth Estate: Democracy, Accountability, and the Media*. New York: Cambridge University Press, 1998.
Schwartz, Bernard. "A Reply to Mr. Rogers: The Papers of the Executive Branch." *American Bar Association Journal* 45 (1959).
Schwartz, Stephen I. *Atomic Audit: The Costs and Consequences of U.S. Nuclear Weapons*. Washington, DC: Brookings Institution Press, 1998.
Senate Select Committee on Intelligence. *Report of the Select Committee on Intelligence on the U.S. Intelligence Community's Prewar Intelligence Assessments on Iraq*. Washington, DC: GPO, 2004.
Shane, Peter M. *Madison's Nightmare: How Executive Power Threatens American Democracy*. Chicago: University of Chicago Press, 2009.
Sheldon, Rose Mary. *Intelligence Activities in Ancient Rome: Trust in the Gods but Verify*. London: Frank Cass, 2005.
Shepard, Alicia C. "Anonymous Sources." *American Journalism Review*, December 1994.
Shils, Edward. *The Torment of Secrecy: The Background and Consequences of American Security Policies*. Chicago: Ivan R. Dee, 1996.
Sidney, Algernon. *Discourses Concerning Government*. Ed. Thomas G. West, Indianapolis: Liberty Fund, 1996.
Siegel, Leslie. "Trampling on the Fourth Estate: The Need for a Federal Shield Law." *Ohio State Law Journal* 67, no. 2 (2006).
Silbey, Joel H. *Storm over Texas: The Annexation Controversy and the Road to Civil War*. New York: Oxford University Press, 2005.
Smist, Frank J., Jr. *Congress Oversees the United States Intelligence Community 1947–1994*. Knoxville: University of Tennessee Press, 1994.
Smith, Jeffrey A. *War and Press Freedom: The Problem of Prerogative Power*. New York: Oxford University Press, 1999.
Smith, Paul H. *Letters of Delegates to Congress*. Washington, DC: Library of Congress, 2000.
Smith, Ron F. *Ethics in Journalism*. Oxford: Blackwell, 2008.
———. "Impact of Unnamed Sources on Credibility Not Certain." *Newspaper Research Journal* 28, no. 3 (2007).
Smolkin, Rachel. "Judgment Calls." *American Journalism Review*, October/November 2006.
Snepp, Frank W. *Decent Interval: An Insider's Account of Saigon's Indecent End*. New York: Random House, 1977.

Snider, L. Britt. *The Agency and the Hill: CIA's Relationship with Congress*. Washington, DC: Center for the Study of Intelligence, 2008.

———. "Congressional Oversight of Intelligence after September 11." In *Transforming U.S. Intelligence*, ed. Jennifer E. Sims and Burton Gerber. Washington, DC: Georgetown University Press, 2005.

———. *Sharing Secrets with Lawmakers: Congress as a User of Intelligence*. Washington, DC: Center for the Study of Intelligence, 1997.

Sofaer, Abraham D. "Executive Power and the Control of Information: Practice under the Framers." *Duke Law Journal* 1977, no. 1 (1977).

———. "Executive Privilege." *Harvard Law Review* 88 (1971).

Sofaer, Abraham D., and Henry Bartholomew Cox. *War, Foreign Affairs, and Constitutional Power*. 2 vols. Cambridge, MA: Ballinger, 1976.

Son, Taegyu. "Leaks: How Do Codes of Ethics Address Them?" *Journal of Mass Media Ethics* 17, no. 2 (2002).

Starr, Chester G. *Political Intelligence in Classical Greece*. Mnemosyne Supplement 21, Leiden: Brill, 1974.

Sternadori, Miglena Mantcheva, and Esther Thorson. "Anonymous Sources Harm Credibility of All Stories." *Newspaper Research Journal* 30, no. 4 (2009).

Stewart, Potter. "Or of the Press." *Hastings Law Journal* 26 (1975).

Stone, Geoffrey R. "Free Speech and National Security." *Indiana Law Journal* 84 (2009).

———. "Government Secrecy vs. Freedom of the Press." *Harvard Law and Policy Review* 185 (2007).

———. *Top Secret*. New York: Rowman and Littlefield, 2007.

———. *War and Liberty: An American Dilemma*. New York: W. W. Norton, 2007.

———. "Why We Need a Federal Reporter's Privilege." *Hofstra Law Review* 34, no. 39 (2005).

Story, Joseph. *Commentaries on the Constitution*. Vol. 2. Boston: Little, Brown & Co., 1858.

Straus, Oscar S. "Democracy and Open Diplomacy." In *The Foreign Relations of the United States*, ed. Henry R. Mussey and Stephen P. Duggan. New York: Academy of Political Science, 1917.

Strauss, David A. "Freedom of Speech and the Common-Law Constitution." In *Eternally Vigilant: Free Speech in the Modern Era*, ed. Lee C. Bollinger and Geoffrey R. Stone. Chicago: University of Chicago Press, 2003.

Stuart, Douglas T. *Creating the National Security State: A History of the Law That Transformed America*. Princeton, NJ: Princeton University Press, 2008.

Sunstein, Cass. "Government Control of Information." *California Law Review* 74, no. 3 (1986).

Sutherland, George. *Constitutional Power and World Affairs*. New York: Columbia University Press, 1919.

Svara, James H. *The Ethics Primer for Public Administrators in Government and Nonprofit Organization*. Boston: Jones and Bartlett, 2006.

Tarcov, Nathan. "The Federalists and Anti-Federalists on Foreign Affairs." *Teaching Political Science* 14, no. 1 (1986).

Telman, D. A. Jeremy. "Our Very Privileged Executive: Why the Judiciary Can (and Should) Fix the State Secrets Privilege." *Temple Law Review* 80, no. 2 (2007).

Theoharis, Athan G. *A Culture of Secrecy: The Government versus the People's Right to Know*. Lawrence, Kansas: University Press of Kansas, 1998.

Thomas, Helen. *Watchdogs of Democracy? The Waning Washington Press Corps and How It Failed the Public*. New York: Scribner, 2007.

Thompson, Dennis F. "Democratic Secrecy." *Political Science Quarterly* 114, no. 2 (1999).

———. *Political Ethics and Public Office*. Cambridge, MA: Harvard University Press, 1987.

———. *Restoring Responsibility: Ethics in Government, Business, and Healthcare*. New York: Cambridge University Press, 2004.

Tocqueville, Alexis de. *Democracy in America*. Trans. Harvey C. Mansfield and Delba Winthrop. Chicago: University of Chicago Press, 2000.

Treverton, Gregory F. "Intelligence: Welcome to the American Government." In *A Question of Balance: The President, the Congress, and Foreign Policy*, ed. Thomas E. Mann. Washington, DC: Brookings Institution Press, 1990.

Truelson, Judith A. "Whistleblowers and Their Protection." In *Handbook of Administrative Ethics*, ed. Terry L. Cooper. New York: Marcel Dekker, 1994.

Tuck, Richard. "The Dangers of Natural Rights." *Harvard Journal of Law & Public Policy* 20, no. 3 (1997).

Tucker, St. George. *View of the Constitution*. Ed. Clyde N. Wilson. Indianapolis: Liberty Fund, 1999.

Turner, Stansfield. *Secrecy and Democracy: The CIA in Transition*. Boston: Houghton Mifflin, 1985.

Unger, Craig. *American Armageddon*. New York: Scribner, 2007.

U.S. Merit Systems Protection Board Report. *The Federal Workforce for the 21st Century: Results of the Merit Principles Survey 2000*. Washington, DC: MSPB, 2003.

Van Dyke, Henry. *The American Birthright and the Philippine Pottage*. New York: Charles Scribner's Sons, 1898.

———. *Fighting for Peace*. New York: Scribner's Sons, 1917.

Vaughn, Robert. "Statutory Protection of Whistleblowers in the Federal Executive Branch." *University of Illinois Law Review* 1982, no. 3 (1982).

Verax, Theodorus [Clement Walker]. *Relations and Observations*. London, 1648.

Vladeck, Stephen I. "The Espionage Act and National Security Whistleblowing after Garcetti." *American University Law Review* 57, no. 5 (2008).

———. "Inchoate Liability and the Espionage Act: The Statutory Framework and the Freedom of the Press." *Harvard Law and Policy Review* 1, no. 1 (2007).

Von Holst, Hermann. *The Constitutional and Political History of the United States*. Trans. John J. Lalor and Paul Shorey. Chicago: Callaghan & Co., 1881.

Wald, Patricia M. "Two Unsolved Constitutional Problems." *University of Pittsburgh Law Review* 49 (1988).

Walsh, Lawrence. "Secrecy and the Rule of Law." *Oklahoma Law Review* 43 (1990).

Walzer, Michael. *Obligations: Essays on Disobedience, War, and Citizenship*. Cambridge, MA: Harvard University Press, 1970.

Washington, George. *The Writings of George Washington*. Ed. Chauncey Worthington Ford. New York: G. P. Putnam's Sons, 1891.

Wasserman, Edward. "A Critique of Source Confidentiality." *Notre Dame Journal of Law, Ethics, and Public Policy* 19 (2005).

Weaver, William, and Robert Pallitto. "State Secrets and Executive Power." *Political Science Quarterly* 120, no. 1 (2005).

Weber, Max. *Essays in Sociology*. Trans. C. Wright Mills and H. H. Gerth. New York: Routledge, 2007.

Weisband, Edward, and Thomas M. Franck. *Resignation in Protest*. New York: Viking Press, 1975.

Wells, Christina E. "Questioning Deference." *Missouri Law Review* 69 (2004).

———. "State Secrets and Executive Accountability." *Constitutional Commentary* 26 (2010).

Werhan, Keith. "Rethinking Freedom of the Press after 9/11." *Tulane Law Review* 82 (2008).

Wharton, Francis. *The Revolutionary Diplomatic Correspondence of the United States*. Washington, DC: GPO, 1889.

Wheeler, Burton K., and Paul F. Healy. *Yankee from the West*. New York: Octagon Books, 1977.

White, Laura. "The Need for Governmental Secrecy: Why the U.S. Government Must Be Able to Withhold Information in the Interest of National Security." *Virginia Journal of International Law* 43, no. 4 (2003).

Wiggins, James. *Freedom or Secrecy*. New York: Oxford University Press, 1956.

———. "Government Operations and the Public's Right to Know." *Federal Bar Journal* 19, no. 1 (1959).

Willoughby, Westle W. *The Constitutional Law of the United States*. New York: Baker, Voorhis & Co., 1910.

Wilson, James. *The Works*. Ed. R. G. McCloskey. Cambridge, MA: Harvard University Press, 1967.

Wilson, Woodrow. "Address to the League to Enforce Peace." In *President Wilson's Great Speeches*. Chicago: Stanton and Van Vliet, 1917.

———. *Congressional Government: A Study in American Politics*. Boston: Houghton Mifflin Co., 1901.

———. "Fourteen Points." In *Woodrow Wilson: Essential Writings and Speeches of the Scholar-President*, ed. Mario R. Di Nunzio. New York: New York University Press, 2006.

Wolkinson, Herman. "Demands of Congressional Committees for Executive Papers—Part I." *Federal Bar Journal* 10 (1949).

Wood, Gordon. *The Creation of the American Republic: 1776-1787*. Chapel Hill: University of North Carolina Press, 1998.

Woodward, Bob. *Veil: The Secret Wars of the CIA, 1981-87*. New York: Simon and Schuster, 2005.

Wright, Quincy. *The Control of American Foreign Relations*. New York: Macmillan, 1922.

Writson, Henry M. *Executive Agents in American Foreign Relations*. Baltimore: Johns Hopkins University Press, 1929.

Xanders, Edward L. "A Handyman's Guide to Fixing National Security Leaks: An Analytical Framework for Evaluating Proposals to Curb Unauthorized Publication of Classified Information." *Journal of Law and Politics* 5, no. 4 (1989).

Yoo, John. "Courts at War." *Cornell Law Review* 91, no. 2 (2006).

Zagel, James. "The State Secrets Privilege." *Minnesota Law Review* 50 (1965).

英汉对照表

A

All the President's Men 《总统班底》
American Society of Newspaper Editors 美国报业编辑协会
anonymous complaint 匿名投诉
Articles of Confederation 《邦联条例》
asymmetries of information 信息不对称
auxiliary precautions 辅助预防措施

B

British Defense Advisory Notice System 英国国防咨询系统

C

Canadian Caper "加拿大雀跃"行动
checking value 制衡价值
Civil Service Reform Act 《公务员改革法案》
Classified Information Procedures Act 《涉密信息程序法》
Commission on Government Security 政府安全委员会
Commission on the Freedom of the Press 报刊自由委员会

Committee of Secret Correspondence 秘密通信委员会

Committee on Public Information 公共信息委员会

compulsory declassification 强制解密

Confidential News Sources Policy 《秘密新闻来源保障办法》

Constitutional Convention 制宪会议

constitutional understandings 宪法谅解

Council of War 战争委员会

D

D.C. Circuit 哥伦比亚特区联邦巡回上诉法院

deep secrets 深度秘密

Defense Department Committee on Classified Information 国防部涉密信息委员会

democratic theory 民主理论

E

evidentiary privilege 证据特权

executive agent 行政特工

executive privilege 行政特权

F

Federal Communications Commission 联邦通信委员会

Federal Constitutional Court 联邦宪法法院

fire alarms 火警式监督

First Amendment 美国宪法第一修正案

Foreign Denial and Fraud Committee 外国拒止与欺骗委员会

Foreign Intelligence Surveillance Court，FISC 外国情报监视法庭

Fourteen Points 十四点原则

Freedom of Information Act 《信息自由法案》

G

garrison state 堡垒国家

Glorious Revolution 光荣革命

Government Accountability Project，GAP 政府问责项目

H

House Armed Services Committee 众议院军事委员会

House Foreign Affairs Committee 众议院外交事务委员会

House Permanent Select Committee on intelligence 众议院常设情报特别委员会

Hughes-Ryan Act 《休斯—赖安修正案》

I

implied powers 默示权力

Inre Special Counsel Investigation 《特别顾问调查》

Inspectors General Act，IGA 《监察长法案》

Intelligence Community Whistleblower Protection Act，ICWPA 《情报界吹哨人保护法案》

Intelligence identity Protection Act 《情报身份保护法》

Intelligence Oversight Act 《情报监督法案》

internal channels 内部渠道

Iran-Contra Affair 伊朗门事件

Iraqi National Congress 伊拉克国民大会

J

Jane's Defense Weekly 《简氏防务周刊》
Jay Treaty 《杰伊条约》

L

legitimate system of restriction 法律上的约束制度
Los Angeles Times 《洛杉矶时报》

M

Merit Systems Protection Board 功绩制保护委员会
mosaic theory 马赛克理论

N

National Declassification Center 国家解密中心
New York Times 《纽约时报》
nondisclosure agreement 非公开协议

O

Office of Censorship 审查办公室
Office of Intelligence Policy and Review 情报政策与审查办公室
Office of Professional Responsibility 司法部职业责任办公室
Office of Special Counsel 特别检察官办公室
official channels 官方渠道
Official Secrets Act 《官方保密法案》
Operation Merlin 梅林行动
Operation MINARET 尖塔行动
Operation SHAMROCK 三叶草行动

overclassification 定密过高

P

Parliamentary Control Commission 议会控制委员会
Pentagon Papers 五角大楼文件
philosophy of openness 公开性哲学
police patrols 巡警式监督
postpublication sanctions 出版后制裁
prepublication review agreement 出版前审查协议
President's Daily Briefing，PDB 《总统每日简报》
principle of disclosure 披露原则
prior restraint 事先限制
probable cause 合理根据
Project on Government Oversight，POGO 政府监督项目
Protecting and Reducing Government Secrecy 减少并保护政府秘密委员会

R

Revolutionary War 美国独立战争

S

Second Continental Congress 第二届大陆会议
secrecy agreements 保密协议
Securities and Exchange Commission 证券交易委员会
Senate Armed Services Committee 参议院军事委员会
Senate Committee on Foreign Relations 参议院外交关系委员会
Senate Select Committee on Intelligence 参议院情报特别委员会

shallow state secrecy 浅度国家保密
shield law 新闻保障法
smelling committee 气味委员会
Society of Professional Journalists 职业记者协会
Spanish-American War 美西战争
spillover effects 溢出效应
State Secrecy 国家保密
state secrets privilege 国家秘密特权
State Secrets Privilege 国家秘密特权
system of classification markings 分级标识系统

T

Terrorist Finance Tracking Program 恐怖主义融资追踪计划
Terrorist Surveillance Program，TSP 恐怖分子监听计划
The Federalist 《联邦党人文集》
threat inflation 威胁通胀

U

unauthorized disclosure 未经授权披露
undue secrecy 不正当保密
United States Code 《美国法典》
United States Court of Federal Claims 美国联邦索赔法院
unruly contest 不守规矩的比赛

W

warrantless wiretapping program 无证监听计划
Washington Herald Tribune 《华盛顿先驱论坛报》

Washington Post 《华盛顿邮报》

Whistle-Blower Protection Act 《吹哨人保护法案》

Whistle-Blower Protection Enhancement Act 《吹哨人保护促进法案》

Whistleblower 吹哨人

WikiLeaks 维基解密

国家安全与保密参考书目

情报与反情报丛书

《以目标为中心的网络建模》	[美] 罗伯特·克拉克	[丹] 威廉·米切尔
《情报欺骗：反欺骗与反情报》	[美] 罗伯特·克拉克	[丹] 威廉·米切尔
《情报搜集：技术、方法与思维》	[美] 罗伯特·克拉克	
《情报搜集的五大科目》	[美] 马克·洛文塔尔	罗伯特·克拉克
《情报分析：复杂环境下的思维方法》	[美] 韦恩·霍尔	加里·西腾鲍姆
《战略情报：情报人员、管理者和用户手册》	[澳] 唐·麦克道尔	
《分析情报：国家安全从业者视角》	[美] 罗杰·乔治	詹姆斯·布鲁斯
《情报分析案例·实操版：结构化分析方法的应用》	[美] 萨拉·毕比	伦道夫·弗森
《情报分析案例：结构化分析方法的应用》	[美] 萨拉·毕比	伦道夫·弗森
《情报分析：结构化分析方法》	[美] 小理查兹·J.霍耶尔	伦道夫·弗森
《情报研究与分析入门》	[美] 杰罗姆·克劳泽	简·戈德曼
《战略情报的批判性思维》	[美] 凯瑟琳·弗森	伦道夫·弗森
《情报搜集技术》	[美] 罗伯特·克拉克	
《情报：从秘密到政策》	[美] 马克·洛文塔尔	
《情报分析心理学》	[美] 小理查兹·J.霍耶尔	
《情报分析：以目标为中心的方法》	[美] 罗伯特·克拉克	

国家战略预警研究译丛
（"十三五"国家重点图书出版规划项目）

《情报与突然袭击：战略预警案例研究》	[美] 埃里克·J.达尔
《减少不确定性：情报分析与国家安全》	[美] 冯稼时
《珍珠港：预警与决策》	[美] 罗伯塔·沃尔斯泰特
《预警情报手册（完整解密版）：国家安全威胁评估》	[美] 辛西娅·格拉博
《先发制人：国际冲突的先制与预防》	[美] 迈克尔·多伊尔
《突然袭击：被袭国的视角》	[以] 伊弗雷姆·卡姆

国家安全译丛

《秘密与泄密：美国国家保密的困境》　　　　　　　　　　　［美］拉胡尔·赛加尔
《美国政府保密史：制度的诞生与进化》　　　　　　　　　　［美］戴维·弗罗斯特
《数据与监控：信息安全的隐形之战》　　　　　　　　　　　［美］布鲁斯·施奈尔
《21世纪犯罪情报：公共安全从业者指南》　　　　　　　　　［美］理查德·赖特
《恐怖主义如何终结：恐怖活动的衰退与消亡》　　　　　　　［美］奥德丽·克罗宁
《国家安全与情报政策研究：美国安全体系的起源、思维和架构》［美］伯特·查普曼
《秘密情报与公共政策：保密、民主和决策》　　　　　　　　［美］帕特·霍尔特
《网络战：信息空间攻防历史、案例与未来》　　　　　　　　［美］保罗·沙克瑞恩
《全民监控：大数据时代的安全与隐私困境》　　　　　　　　［英］约翰·帕克
《骗中骗：克格勃与中情局的无声战争》　　　　　　　　　　［美］爱德华·爱泼斯坦
《情报术：间谍大师杜勒斯论情报的搜集处理》　　　　　　　［美］艾伦·杜勒斯
《谁来监管泄密者？：国家安全与新闻自由的冲突》　　　　　［美］盖里·罗斯

其 他

《希特勒的间谍：纳粹德国军事情报史》（全译本，上下册）　［美］戴维·卡恩
《破译者：人类密码史》（全译本，上下册）　　　　　　　　［美］戴维·卡恩
《偷阅绅士信件的人：美国黑室创始人雅德利传》　　　　　　［美］戴维·卡恩
《大西洋密码战："捕获"恩尼格玛》　　　　　　　　　　　　［美］戴维·卡恩
《间谍图文史：世界情报战5000年》（精装彩印）　　　　　　［美］欧内斯特·弗克曼
《斯诺登档案：世界头号通缉犯的内幕故事》（修订版）　　　［英］卢克·哈丁
《二战后的美国对外政策》　　　　　　　　［美］史蒂文·胡克　约翰·斯帕尼尔
《金融情报学》　　　　　　　　　　　　　　　　　　　　　王幸平

……后续新品，敬请关注……